语·言·产·业·研·究·丛·书

丛书总顾问：李宇明
总　主　编：贺宏志
副 总 主 编：陈　鹏

YUYAN CHANYE YINLUN

语言产业引论

本册主编　贺宏志
本册副主编　陈　鹏

李　艳　姜国权　李少春
李赫宇　高伟毅　王　巍　编
戈兆一

语文出版社　·北京·

图书在版编目（C I P）数据

语言产业引论 / 贺宏志著. -- 北京 ： 语文出版社，
2013.12
ISBN 978-7-80241-893-6

Ⅰ. ①语… Ⅱ. ①贺… Ⅲ. ①文化产业—研究 Ⅳ.
①G114

中国版本图书馆CIP数据核字(2013)第261053号

责任编辑　李世江
装帧设计　刘姗姗
出　　版　语文出版社
地　　址　北京市东城区朝阳门内南小街51号　100010
电子信箱　ywcbsywp@163.com
排　　版　河北华尚制版有限责任公司
印刷装订　北京市兆成印刷有限责任公司
发　　行　语文出版社　新华书店经销
规　　格　787mm×1092mm
开　　本　1/16
印　　张　18.75
字　　数　269千字
版　　次　2013年12月第1版
印　　次　2013年12月第1次印刷
印　　数　1-3,000
定　　价　38.00元

010-65253954（咨询）010-65251033（购书）010-65250075（印装质量）

主　编： 贺宏志
副主编： 陈　鹏
编　者： 李　艳　姜国权　李少春　李赫宇
高伟毅　王　巍　戈兆一

语言的经济贡献度，在中国也能达到GDP的10%吗？

——序《语言产业引论》

瑞士日内瓦大学经济学家弗朗斯瓦·格林（François Grin）教授的研究表明，语言能为瑞士每年创造500亿瑞郎的收入，约占瑞士国内生产总值的10%。这是一个极富魅力的数字，我们多么希望知道，在中国，语言的经济贡献度也有如此之大吗？

语言的经济学属性，一直没有得到中国语言学界和经济学界的重视，而事实上语言一直是人类经济活动得以进行的重要因素，在某些职业、某些行业中，语言及语言知识甚至成为经济活动赖以进行的生产资料。

首先，语言能力是劳动者工作能力的重要构成要素。特别是在以智力劳动为主的生产领域。国际化时代的到来，信息化时代的到来，对劳动者的母语能力、外语能力以及利用计算机处理语言信息的能力，要求越来越高，语言能力在劳动能力中的比重越来越大。

其次，有许多语言职业、语言产业，主要是以语言、语言知识、语言技术为劳动凭借或生产对象的。例如：语言教育培训业，语言翻译业，播音业，排版校对业，导游、导医、导购等导引业，辞书编纂业，广告业，由相声、小品、书法、篆刻等构成的语言文字艺术业，语言治疗与语言康复业等。特别是在当今的信息时代，产生了一批新的语言职业和语言产业，如语言编码、字库设计、语言速录、信息检索、网络百科、网店客服等等。

语言产业是绿色产业、智慧产业，几乎不消耗自然资源，而且很多都跟高新文化、高新技术相关。它的发展前景无限，经济效益巨大，能提供海量的就业岗位，应当引起高度重视。有人估计，2010年我国的外语培训市场、翻译市场以及外语出版市场的总值接近 1000 亿元；我国手机产量约占全世界手机产量的 60%，基于输入法所产生的收入高达 8000 亿元；未来 5 年，中文语音市场将达到 1300 亿元；到 2015 年，仅网络零售平台就将吸纳 3000 万人就业，网络零售主要靠语言技术的发展和从业者的网络语言能力，具有语言产业的诸多特性。

2009 年，欧盟发布的语言行业市场规模报告指出，2008 年欧盟成员国的语言市场总产值达 84 亿欧元，其中语言技术领域的产值为 5.68 亿，电影字幕和配音领域为 6.33 亿，语言教学领域为 16 亿，会议组织中的多语言服务为 1.43 亿。该报告预测，欧盟 2015 年语言行业的实际产值可达到 200 亿欧元。欧盟是最早发布语言经济效益的国际组织，但是其语言产业的统计口径，并不完善。

这些年，教育产业、文化产业、高新产业等概念，在我国已逐渐为社会知晓，"网络就业""网络经济"的说法也开始见诸报端。但是，语言产业由于弥散在不同的领域里，虽有学界呼吁，但尚未得到社会及时回应。事实上，从语言对社会的经济贡献度看，从语言能力的劳动力性质看，从语言产业的特性和未来的发展看，都应当从经济和产业的角度对语言进行研究。

要逐步建立语言产业的概念，认证与语言相关的劳动岗位，甄别各种语言业态，用统一的口径统计语言的直接经济效益，进而做好语言经济规划，推出具有远见的语言产业发展政策和语言资源的开发保护措施，最大限度地可持续地获取"语言红利"。

当然，语言的间接经济效益也是巨大的，这种间接效益起码体现在两个方面：第一，语言能力的劳动力价值；第二，合适的语言规划为社会带来的经济效益，比如我国普通话的推广、汉语拼音的推行，就节约了巨大的社会运作成本，并产生了至今无人计算的巨大的经济效益。语言的间接经济效益，能否统计，怎样统计，恐怕还是个需要研究的学术课题。而语言经济学的建立，语言经济规划的科学性，也不能离开语言的间接经济效益的数据。

《国家中长期语言文字事业改革和发展规划纲要（2012—2020 年)》进一步明确提出，要"结合文化产业发展，注重开发语言资源，支持发展语言产业，为社会提供多样化语言文字服务"。为贯彻这一精神，2012 年 12 月 1 日，"北京语言产业研究中心"发起举办了我国第一届语言产业论坛，在此基础上，随即启动了对《语言产业导论》的修订。《语言产业引论》反映了写作团队一年多来的新思考新探索，如对“语言服务”“语言消费”等问题的讨论，同时尽可能地更新了有关的数据。我认为，北京语言产业研究中心自成立以来所开展的研究工作是卓有成效的，同时也希望他们再接再厉，围绕诸如“语言产业的经济贡献度分析”“语言服务的社会经济效益”等课题进行更为深入的研究，不断取得有意义有价值的研究成果，为促进语言经济学科的发展和推动语言产业的发展做出新的贡献。

李宇明

2013 年 10 月 23 日

序于北京惧闲聊斋

认识语言的经济学属性

——序《语言产业导论》

语言规划的主要关注对象是语言意识、语言政策和语言实践。此三者中，语言意识是语言政策和语言实践的思想基础。语言意识也称语言意识形态，是指社会对语言的认识和态度。在语言意识中，必须意识到语言的经济学属性。

事实上，人类的经济活动一开始便与语言密不可分。首先，语言作为人的本质属性之一，与劳动力密切相关；没有语言能力的劳动力，是低水平的甚至是不合格的劳动力。其次，语言作为信息的最为重要的载体，与组织经济活动密切相关；没有语言，就无法组织经济活动。第三，随着语言教育、语言艺术和语言技术的发展，语言知识也成为重要的经济资源。语言与经济活动的密不可分的关系，是语言经济学能够建立的基础。

但是，由于语言与人、与经济活动的关系太密切，密切到人们很少关注语言的经济学意义，正如空气、阳光是人们须臾不能离开的，然而在人类相当长的历史长河里，它们都没有成为商品。语言的经济属性较早引起人们有意识的关注，是语言能力与个人收入之间的关系。随着国际经济一体化进程的不断加快，人口流动的半径加长、规模加大、频率提高，移民成为当今社会的重要现象，并引发出一系列问题。研究发现，移民的语言能力同其就业状况和经济收入水平呈正相关。此类研究开垦了语言经济学的处女地。20 世纪末期，信息化浪潮奔涌而起，语言是计算机处理的主要对象，语言信息化是信息化的基础，语言、语言知识、语言技术等等，成为高新经济的重要资源和重要增长点，许多信息产业都可以视为语言产业。

人口流动和信息化，是促进语言经济发展的两大驱动力。当今世界，这两大驱动力更加强劲，人口流动几乎成为社会常态，信息化以加速度的态势发展，可以预见，语言对社会的经济贡献将会持续加大，语言的经济属性将会不断彰显，因此，社会语言意识中必有语言经济的一席之地。

当带着语言经济的眼光来观照人类生活时，蓦然发现语言经济对人类社会是如此的重要。日内瓦大学弗朗斯瓦·格林（François Grin）教授的研究表明，瑞士语言的多样性，为瑞士每年创造500亿瑞郎的收入，约占瑞士国内生产总值的10%。《2009年欧盟语言行业市场规模报告》指出，2008年欧盟成员国的语言市场总产值达84亿欧元，其中语言技术领域的产值为5.68亿，电影字幕和配音领域为6.33亿，语言教学领域为16亿，会议组织中的多语言服务为1.43亿。该报告预测，欧盟2015年语言行业的实际产值可达到200亿欧元。据报道，美国的命名产业1999年的年产值就达到了150亿美元。有人估计，全世界翻译市场年产值可达1万亿元人民币；全球英语教育市场，除大学和政府培训机构外，约有600亿美元的规模。由于语言经济学刚刚兴起，人们对语言经济的业态状况还不怎么了解，语言经济的数据采集系统尚未建立，甚至缺乏有效的语言经济计算方法，因此还无法对语言经济进行全面而科学的统计。但是仅上面的事例已经颇具魅力，由此已可窥见语言经济的巨大社会意义，感受到认识语言的经济属性的巨大社会意义。

我国正处在人口大流动时期，上亿农村人口向城市流动，劳动力国外输出渐成规模，学生出国留学人数与日俱增，境外回内地、海外来中国的学习者、投资者、工作者也逐渐增多。我国语言教育产业、语言翻译产业拥有强大活力，据统计，仅英语学习市场年产值已超过100亿元人民币，翻译市场年产值约120亿元人民币。我国信息化的发展日新月异，2012年网民即将突破5亿，手机用户9亿，其中手机上网用户3.5亿；信息产品的社会普及率速度惊人，语言信息产业具有巨大的发展潜力。

与语言经济的社会实践相比，我国对语言经济的认识显然滞后。但是近些年来，学界、业界和政界已开始关注语言经济问题，呈现出良好的发展势头。山东大学是我国语言经济学研究的首倡者，率先招收语言经济学的博士研究生，连续召开中国语言经济学论坛，并成立了语言经济研究中心。南京大学对语言经济学的理论与实践的研究，成果引人注目。广州大学对语言服务保持着浓厚的研究兴趣，今年还举办了“语言服务研究高级论坛”。国家语委对语言经济问题十分关注，认识到语言不仅是国家的“软实力”，而且也是“硬实力”。国家语委全力支持山东大学、南京大学、广州大学等高校的语言经济学研究，还于2008年12月29日支持商务印书馆成立了“中国语言资源开发应用中心”，中心的宗旨是“致力于把语言及语言知识转化为生产力和文化商品”。《国家语委“十二五”科研规划2011年项目指南》，首次把“语言经济与语言产业发展战略研究”列为重要的科研方向，表明语言经济问题已经进入国家的语言规划。在2010年、2011年北京市两会上，北京市人大代表贺宏志先生连续提出《关于发展我市语言产业的建议》和《加强语言文化建设，促进语言产业发展》的建议，语言经济的话题首次提到了地方人民代表大会的议程上。

2010年9月28日，在国家语委支持下，北京市语言文字工作委员会的研究基地——“北京语言产业研究中心”，在首都师范大学揭牌成立。这本来是一个平常的日子，但在中国语言规划史上也许会不平常，因为这是我国第一个以“语言产业”为专门研究对象的科研机构。该中心建立伊始，就着手调研北京语言产业的发展状况，建立北京语言产业数据库，思考语言产业的发展政策，并筹划举办我国第一届语言产业论坛，编辑出版《语言产业研究通迅》，翻译《2009年欧盟语言行业市场规模报告》，出版《北京语言产业的发展及政策研究》。理论与实践并重，引进与创新同举，近期与长远共谋。最令人激动的是，在中心成立仅仅一年多的时间里，就撰写了《语言产业导论》。

《语言产业导论》是第一部专门研究语言产业的著作，虽不能说字字珠玑，但却处处闪光。特别是关于语言产业的分类、语言产业的要素分析、语言产业的业态梳理及其案例征引等等，读起来引人入胜，不忍释卷。这部著作给人许多新理念、新知识、新数据，而且能够引发读者许多质疑与思考，诸如：语言真能生钱吗？语言产业真的存在吗？哪些职业是语言职业？怎样统计语言对社会的经济贡献度？哪些消费属于语言消费？语言消费与语言产业、语言职业的发展有何关系？个人如何收取语言收益？国家如何赚取语语法红利？……只提供知识的著作，培养的是被动消费型的读者，只能给社会以精神填充；而能够引发质疑与思考的著作，培养的是主动创造型的读者，能够促进社会的精神再生产，甚至引发社会行动。

在当今社会，不包含语言的经济学属性的意识，不是与时代契合的语言意识。在语言经济可能影响到10%的经济生活的今天，社会必须树立清晰的语言经济意识，仔细观察语言经济活动，全面收集语言经济数据，认识语言经济的运行规律，发展语言产业，培育语言职业，促进语言消费，使国家和个人充分赚取语言红利。

李宇明

2012年1月10日

序于北京惧闲聊斋

目　录

第一章　绪　　言

第一节　语言产业呼之欲出

一、语言的产业

《语言产业导论》，顾名思义，是对“语言产业”是什么、为什么、怎么办等问题的基本介绍和分析。

“语言产业”作为偏正词组，由“语言”修饰限定“产业”而组成，从字面理解，要么是把语言做成产业（语言本体），要么是利用语言去做产业（以语言为工具），创造一定的经济效益和社会效益。这样的产业有吗？答案是肯定的：它已经存在于人们的生活中，有产品形态的，也有服务形态的，其历史或长或短、或传统或新兴，如新东方的英语培训及托福考试、GRE 考试、雅思考试，商务印书馆的《新华字典》，奥运会、世博的各语种翻译，这些听起来都耳熟能详，还有近些年兴起来的会议速记、取名公司、字形设计，等等。

但“语言产业”作为一个概念，只是近几年来的事情，而对其作学理性的研究，则刚刚开始，处于尝试、萌芽阶段。在 2012 年之前，通过百度、Google 检索主题词为“语言产业”的网页，主要的仅有十几条，包括《研发语言产业 中国语言资源开发应用中心成立》《国内首家语言产业研究机构北京语言产业研究中心成立》《美国语言新产业调查报告——品牌命名》《2009 年欧盟语言行业市场规模报告》《汉语言文字产业陷入信息化时代维权困境》《淘金“语言产业”全国首个翻译中心落户武汉》《产业、职业、行业、基业：语言服务“四业”并论》《中国语言设备产业深度调研及未来发展趋势预测报告（2010—2015 年）》《2010—2011 年中国语言培训产业深度调研及投资前景分析》《2010 中国数字语言学习机产业深度调研及未来发展现状趋势预测报告》《2010—2014 年语言实验教学系统产业深度调研及未来发展现状趋势预测报告》《语音及语言信息处理国家工程实验室在中国科大揭牌 发展语音及语言战略性新兴产业》等，这些网页基本上出现在 2009 年以后。2012 年 1 月，随着《语言产业导论》的出版发行（首都师范大学出版社），国内对于“语言产业”的研究开始增多，对于“语言产业”的宣传也趋于升温。

上述情况表明：语言产业的很多业态形式已经存在并发挥着巨大的作用，但处于自发的、分散的状态，尚未形成独立的、具有完整体系的产业；“语言”和“产业”两个词近几年来才联系在一起，并开始形成“语言产业”这一专门术语；一些学界和业界人士开始关注语言产业，着手研究并推动语言产业的发展，但还没有出现系统的成果。实践的前行与理论的灰色在这里又得以验证。

《钱经》杂志 2010 年 7 月号刊载了一篇标题鲜明的文章《语言的生意》：全球英语教育市场，除大学和政府培训机构外，约有 600 亿美元的规模，而中国由人口基数带来的增长潜力正为全球语言供应商所虎视。到 2009 财年，纽交所上市公司新东方的总收入是 6545 万美元，净利润达到 1041 万美元，注册学生超过 100 万，而且这一数字还在持续增长中。尽管应试英语辅导和商务外语培训还是语言市场的主流，但这一现状在缓慢改变：目前的语言产业链中包含了笔译、口译、软件本地化及网站全球化、字幕和配音、语言技术工具的开发、语言教学、语言事务咨询以及多语种国际会议的服务等形形色色的参与者，生意的范围也从外语教学转向了与语言相关的各种企业活动。该文还引用了《2009 年欧盟语言行业市场规模报告》中的有关数据：经过全面深入的研究，我们估计 2008 年欧盟各成员国语言产业的总值为 84 亿欧元，未来几年的年综合增长率预计最低将达到 10%，到 2015 年将达到 165 亿欧元。和其他产业部门相比，金融危机对语言产业的影响看似相对较小。深入的研究甚至认为，2015 年的实际产值有望轻松突破 200 亿欧元，语言产业在欧洲所有产业中的增长率是最高的。如果把语言看作是一个行业的话，不同语种就可视为细分市场，从目前全球贸易“精耕细作”的趋势来看，汉语培训也可能成为重要的出口产品。随着全球化日益加深及多种语言需求的增长，语言产业应该有更多的机会和更大的市场待挖掘。

二、学界与业界的作为

让我们对近年来国内“语言产业”的呼声做一个简要的梳理吧：

教育部语言文字信息管理司前司长、北京语言大学党委书记李宇明教授，作为国家语言生活的高层管理者和著名语言学专家，在他的著作《中国语言规划论》和《中国语言规划续论》以及演讲、报告中，提出了语言资源、语言红利、语言产业、语言职业等系列命题。《新华文摘》2011 年第 12 期全文转载了他的《语言也是硬实力》一文，更是对上述命题以及“语言的经济贡献度”等相关问题作出专门评论。这些论述启发和指导了有关工作的开展。

2008 年 12 月 29 日，国家语言文字工作委员会指导下的“中国语言资源开发应用中心”在商务印书馆揭牌成立。该中心致力于把语言及语言知识转化为生产力和文化商品，延伸产业链，开拓产业新领域，加深产业与语言学科间的联系，打造中国语言产业的研发示范基地。

2010 年 9 月 28 日，“北京语言产业研究中心”在首都师范大学揭牌成立。该中心作为北京市语言文字工作委员会的研究基地，是国内第一个专门以“语言产业”命名的研究机构。该中心着手调研北京语言产业的发展状况，研究语言产业的发展政策，建立北京语言产业数据库，编印《语言产业研究通讯》，研究推动北京语言产业的发展。

2010 年 1 月、2011 年 1 月，在第十三届北京市人民代表大会第三次、第四次会议上，北京市人大代表、北京市语委办主任贺宏志博士提出《关于发展我市语言产业的建议》和《加强语言文化建设，促进语言产业发展》两件代表建议，这或许是人大会议上首次就发展语言产业提出的代表建议案。建议中提出：语言文化建设是文化建设的重要内容，文化的繁荣发展离不开语言文化的繁荣发展。语言文化在国家崛起、民族复兴中事关核心利益。语言是文化的载体，同时语言又是一切文化的基础，语言能力是人类个体综合素质的核心。语言是民族文化的基本元素，语言资源是国家的重要战略资源。建设语言文化、发展语言产业切合“十七大”提出的文化大发展大繁荣的战略目标，有助于提升国家和城市软实力、维护国家文化和信息安全及争取国际话语权。发达的语言文化是世界城市的重要内涵，打造“语言文化之都”应成为建设“中国特色社会主义先进文化之都”的重要内涵。法语区的中心巴黎、德语区的中心柏林、英语区的中心伦敦每年度都举办国际语言文化展会（博览会）。北京作为首都和国际化大都市，是中国语言文化与各国语言文化的交流中心，有着雄厚的语言资源，具有做优做强语言产业的良好基础和优势。建设世界城市，打造语言文化之都，一是拥有完备的语言教育培训体系，市民具有高水平的语言文化素质；二是拥有充分的国际国内语言文化交流，形成和谐的语言生活格局；三是拥有健全的的语言文化多样性及其保护机制，语言形态的非物质文化遗产保护成效显著；四是拥有发达的语言产业，语言资源的开发利用规模强大。随着科技进步和知识经济的迅猛发展，文化已渗透到经济发展的全过程，历史、传统、民俗等文化资源日益成为经济发展的基础资源，创意、设计、构思等文化创新日益成为价值创造的重要支点，品牌、形象、信誉等文化形态的无形资产日益成为市场竞争的关键所在。语言文化在其中占有相当大的比重。语言产业是典型的“知识经济”“低碳经济”“绿色经济”产业。发展语言产业符合北京市产业结构调整优化的方向。把目前自发的、分散的相关业态聚集在语言产业这一平台上加以培育扶植，产生聚合效应，促成自觉发展，有助于形成新的经济增长点，有助于生成新的业态形式和新兴职业，有助于扩大就业和创业。由于缺乏相应的产业政策支持和相关知识产权保护的缺位，有的方面呈现无序甚至萎缩状态。以中文信息处理产业为例，目前，世界上最好、最大的中文字库在日本，中国大陆有421款中文字库，香港有106款，台湾有296款，三者相加也不及日本字库总数的零头，日本有2973款字库。目前国内的字库厂商数量已从几十家减少到十几家，而真正具有生产规模的字库厂商更少；又如，我国数字键盘汉字输入法的知识产权和市场基本被外国厂商垄断，90%以上的手机嵌入的汉字输入法技术使用的是国外技术和专利，我们使用的每台手机都必须给付外国公司超过0.3美元的汉字输入技术专利费，每年仅此一项就要支付数亿元人民币。过度依赖国外技术，没有自主知识产权和品牌，就只能永远受制于人。因此，科学地开发利用中华语言资源，已成为当今中国文化建设中的一项迫切任务。建议市政府：组织力量开展语言产业研究，制定“语言产业振兴计划”；研究制订“语言产业促进政策”，设立语言产业发展专项资金；成立“北京市语言资源开发应用中心”暨“北京市语言产业促进中心”；每年或每两年举办“北京国际语言文化博览会”（简称“语博会”），努力打造成为世界语言文化交流传播、语言产业贸易展示的品牌盛会；规划建设语言产业科技园、国际语言文化主题公园和语言文化博物馆；建立语言产业的统计指标体系。

2009 年 10 月 24 日、2011 年 10 月 29 日，山东大学举办了两届中国语言经济学论坛，论坛旨在促进经济学和语言学的学科交叉融合，促进学术创新，推动语言经济学的发展。在首届论坛上，山东大学黄少安教授、南京大学徐大明教授、北京航空航天大学向明友教授、山东大学宁继鸣教授分别做了题为《关于语言经济学和中国语言经济学会筹委会》《关于语言经济的七个问题》《语言学中的诸经济视角》《文化传播与制度变迁》的主题报告。本次论坛是国内首次由经济学界倡议、联合语言学界共同发起的专业论坛，是经济学界和语言学界第一次就语言经济学这一交叉学科的集体对话，标志着语言经济学的研究在我国开始有组织地进行，论坛加强了经济学界和语言学界的相互理解，对促进经济学和语言学的学科交叉融合和研究的深化有着重要的意义。在第二届论坛上，中国社会科学院周庆生研究员、山东大学黄少安教授、山东大学宁继鸣教授、南京大学徐大明教授、山东大学张卫国教授、首都师范大学北京语言产业研究中心主任陈鹏教授、山东大学盛玉麒教授分别做了题为《少数民族语言在市场经济中的机遇和挑战》《语言经济学的几个基本命题》《语言与文化传播模式构建》《Language economy strategies for China》《中国语言经济学的发展状况》《语言产业的基本概念及要素》《中文信息标准化的经济学意义》的主题报告。会议期间就成立中国语言经济学会（筹）达成了初步共识。在两届论坛的基础上，2011 年 12 月 26 日，山东大学语言经济研究中心宣告正式成立。2012 年 8 月 3 日，第三届中国语言经济学论坛在新疆大学举行。黄少安教授从语言经济学及语言产业战略的宏观角度探讨了语言产业和中国的语言产业战略问题，从经济学的维度定义了“语言”和“语言产业”，描述了中国语言产业发展的现状。张卫国教授利用微观数据实证研究了外语学习的成本和收益问题。向明友教授坚信博弈语用学是一个前景广阔、令人期待的领域，语用交际和经济活动都隐含了人类行为的基本规律，跨学科理论的深入研究必然有助于我们理解这些内在规律。徐开金教授从经济主权的视野分析了语言经济安全问题。苏剑博士研究了“语言距离”即学习一国语言的难易程度对国际贸易的影响程度，认为语言距离与国际贸易量呈负相关，即两国的语言文化差异越大，贸易流量就越小，同样证实了通用语言可以有效降低交易成本，提高双边贸易流量。杨惠媛教授从语言经济学视角入手，揭示语用修辞与博弈的内在联系，举例说明修辞博弈在语言使用中的存在和价值，并揭示语用博弈发生的内在机制以及实现最佳博弈均衡的有效方法。李艳教授在语言产业视野下分析了语言消费的问题。王海兰博士认为语言传播是人类在交际动机—经济动机—交际动机这种动机的循环往复中进行语言选择和学习的结果。李现乐博士以民族地区旅游业为例阐述了开发少数民族语言经济的意义与途径，认为民族语言资源的开发与民族地区旅游业的发展具有双向互动关系。2013 年 7 月 20 日，第四届论坛在山东大学举行。李宇明教授、向明友教授、张卫国教授、田海龙教授、徐大明教授、宁继鸣教授、陈鹏教授分别做了题为《语言经济学：经济活动与语言规划的新视野》《语用规律作用关照下的语法化问题》《Speaking, Reading, Writing of English, and Earnings in China》《语言与经济生活：关于语言经济学的思考》《母语平等政策的政治经济效益》《世界语言国际推广的历史演进规律》《行业语言服务的概念分析》的主题报告。

2011 年 5 月 21 日，北京语言大学北京语言文化建设研究中心举办了语言经济及语言服务学术讨论会。时任国家语委副主任、教育部语信司司长李宇明教授在主题发言中指出，语言经济是最低碳最环保的经济形态，如果我们能论证好语言的经济价值，政府一定会对我们加强语言文化建设、发展语言产业、重视语言教育的工作给予更大的支持和鼓励。讨论语言的经济属性，绝不是排除它的其他属性，只是增加了一个分析语言和语言学的角度。对语言经济的深入研究可能会改变当今存在的某些对待外语和少数民族语言的看法，将外语学习和民族语言的保护从文化和经济发展层面上升到政治和国家安全层面。南京大学徐大明教授、广州大学屈哨兵教授、中国社会科学院孙宏开研究员、北京市语委办主任贺宏志博士分别做了题为《语言经济学与语言经济》《关于语言服务研究的几个概念系统》《关于少数民族语言资源开发的几点思考》《关于语言产业内涵及其边界的初步思考》的主题发言。北京语言大学许明博士介绍了瑞士有关语言经济的研究，南京大学李现乐博士和俞玮奇博士介绍了加拿大的语言产业概况，北京语言大学北京语言文化建设研究中心主任张维佳教授等学者就语言经济和语言服务问题表达了自己的观点。

2011 年 4 月，《国家语委“十二五”科研规划》发布。“语言资源建设与中文信息处理研究”被列为重点研究方向。规划提出：中文信息处理是智能感知前沿技术中的重要内容。结合互联网进行中文信息处理研究，搞好语言资源的基础建设，提高处理平台的整合能力。推进语义处理技术，重点研究面向互联网的汉语语义分析系统，提高我国互联网信息整体利用能力。开展中文信息处理关键技术攻关，增强中文信息技术与产品的自主创新能力，形成一批具有自主知识产权的中文信息处理核心技术和“以我为主”的中文信息处理技术国际标准，规范、促进中文计算机输入方法，加强计算机字库建设，为中文信息产业发展和国家信息化战略服务。重视对语言资源的开发利用，并向社会提供服务。“语言经济与语言产业发展战略研究”“中文信息处理发展战略研究”被列入《国家语委“十二五”科研规划 2011 年项目指南》。在 2011 年度项目申报中，作为北京市语委科研基地项目，首都师范大学北京语言产业研究中心申报的“语言产业的界定及其在新兴产业结构中的地位分析”获得立项。语言产业研究开始进入国家语委的科研管理领域。

除了学界发出的声音，我们再看看有关业界的行动：

2010 年 9 月 26 日，中国翻译协会在北京举办“2010 中国国际语言服务行业大会暨大型国际活动的语言服务研讨会”，这是继“2006 中国国际翻译产业论坛”和“北京 2008 世界翻译大会”之后语言服务行业的又一次盛会。中国翻译协会会长李肇星在书面致辞中指出，随着中外各领域交流的全面深入和全球一体化趋势不断增强，包括翻译与本地化服务、语言技术工具开发、语言教学与培训、语言相关咨询业务在内的语言服务已经成为世界各个国家、各种力量、各大跨国公司全球化战略的重要组成部分和有力武器。中国翻译协会第一常务副会长郭晓勇在《中国语言服务行业发展现状、问题和对策》的报告中指出，我国全方位、宽领域、多层次的对外开放为我国语言服务行业提供了宽阔的发展平台，包括奥运会、世博会在内的各种国际会议和活动频繁在华举行，全球500强企业有480多家入驻中国，中国经济和文化“走出去”的步伐越来越大，这些都离不开语言服务行业的支撑。

2010年11月30日，全国首个“翻译中心”——多语信息产业园在武汉光谷软件园揭牌，意在淘金“语言产业”，打造中国“译谷”，培养众多的首席语言运营官（CLO）。“十二五”期间，产业园力争实现百亿元产值，直接在本地吸纳就业3万至5万人。产业园拥有8万平方米的产业楼群，已有国内最大的翻译公司——传神联合及10多家企业入驻。作为中国奥委会官方网站唯一的多语合作伙伴，2010年传神在汉销售收入突破亿元大关。武汉传神信息技术公司总裁何恩培介绍，翻译产业属高端信息加工产业，是中国提升全球经济化地位的先导产业和战略产业。翻译市场产值可达10,000亿元，市场潜力巨大。传神开发了具有独立知识产权的“传神辅助翻译及管理平台”，经过短短6年的发展，传神已经成为亚洲第九大翻译公司。

2011年9月27日，由中国科技大学、科大讯飞联合共建的语音及语言信息处理国家工程实验室宣布成立，其战略目标是，针对语音及语言技术前沿发展趋势和产业发展的实际需求，实现技术突破，形成从原始创新到大规模产业应用的完整技术创新链条，从而引导语音及语言技术成果向相关行业推广，构建我国语音及语言战略性新兴产业研发平台，提高我国语音及语言技术领域的自主创新能力和核心竞争力。主要由语音合成及识别技术构成的智能语音技术是人工智能的研究领域之一，目前在全球范围内，仅有Nuance、IBM、微软、Google、科大讯飞等少数厂商具备较强竞争力。

2012年12月1日，为贯彻十八大精神，繁荣语言事业，发展语言产业，建设语言强国，第一届中国语言产业论坛在京举办。来自国内相关领域领导、专家学者和语言企业代表共100余人相聚一堂，献计中国语言产业发展。论坛由北京市语言文字工作委员会主办，北京语言产业研究中心承办。在论坛开幕式上，教育部长江学者黄少安教授、企业代表北大方正电子有限公司张建国先生分别就语言产业战略、中文字体产权保护做了精彩发言。教育部副部长李卫红在讲话中指出，中国是语言资源大国、语言消费大国，作为汉语区中心的北京，推动语言产业发展，建设语言产业强国，是贯彻十八大精神、建设社会主义文化强国的重要方面。希望语言文字工作者拓宽视野、融入全局，树立“大语言观”；希望各位专家学者深入调研、创新研究，献计语言产业发展；希望各位产业界企业家凝心聚力、共谋发展，打造语言产业集群。北京市副市长洪峰在讲话中指出，首届中国语言产业论坛成功举办，预示了语言产业研究站在新的起点、语言资源开发面临新的机遇、语言产业发展进入新的阶段。北京市将加强语言文化建设，研究推动语言事业和语言产业的发展，为全面建成小康社会做好语言产业新的更大的贡献。与会专家学者和语言企业代表在论坛上分别就语言产业的组织分析、语言服务与语言消费、语言信息产业与语言信息技术、智能语音技术在语言教学与测试中的应用、汉语言产业与汉语言发展、汉字排序、语言产业的概念界定及发展战略、硅谷语言产业的语言学贡献、语言经济学研究、汉语经济发展中的问题与对策、语言消费的个体差异、中文字体产权保护与未来发展、语言出版业现状与思考、语联网等话题各抒己见。大家围绕共同关心的语言产业发展趋势、语言产业的基本理论问题、中国语言产业的现状与发展战略、语言产业与语言经济、语言产业与语言文化、语言产业的产业结构等议题进行了深入而热烈的探讨。

第二节　文化建设的重镇

一、深入的探讨

《人民日报》驻西班牙记者张金江报道，西班牙充分挖掘母语产业价值，做大西班牙语产业，挖掘西班牙语的经济价值。所谓西班牙语产业，主要指的是与外国人学习西班牙语相关的产业，如针对外国人的西语教学和相关图书音像出版、语言进修旅游而提供的服务等。全球讲西班牙语的人数达4.7亿，西班牙语是世界主要语种之一。塞万提斯学院是西班牙政府设立的向国外推广西班牙语和西班牙文化的机构。近年来，随着经济全球化趋势的发展以及西班牙经济实力的增强和拉美国家的崛起，西班牙语在世界上使用得越来越广泛。一个母语非西班牙语的人，如果掌握了这一语言，在西班牙、拉美和非洲的20多个国家以及美国南部的一些州旅行时就没有了语言障碍。掌握了西班牙语，将会有更多的发展机会。目前，世界上每年有1800万母语非西班牙语的人学习西班牙语，与该语言学习相关联的产业产值每年可达1500亿欧元。从这个意义上讲，西班牙语是一个“潜力巨大的经济资源和财富源泉”。在西班牙被称为“语言旅游”的项目方兴未艾。据西班牙旅游局局长贝尔纳韦介绍，语言旅游指的是以学习西班牙语为目的的短期（1年以内）学习和旅游。近年来，到西班牙进行语言旅游的人数每年以平均10%的速度增长，2007年超过了23.7万人，带给西班牙的收入达4.62亿欧元。专家认为，应把西班牙语教学视作战略性经济资源，开发这一资源可以带动许多相关产业的发展，创造大量就业机会。

山东大学宁继鸣教授对汉语国际推广做了语言经济学的分析。随着近代经济的发展，语言与经济的联系日益密切，语言的经济性逐渐显现。语言不仅为经济发展服务，而且语言本身及其传播具有巨大的经济价值。在经济全球化时代，“强势语言和文化”在国际社会中的影响和作用，将为一个国家带来难以估量的多重收益，不仅是语言、文化和意识形态的扩张，还有经济上的巨大收益，以及国家软实力的增强。2005年7月，首届世界汉语大会在北京召开，汉语国际推广被正式纳入国家战略发展规划框架。语言作为人类经济活动中不可缺少的工具，具有与其他资源一样的经济特性，即价值（value）、效用（utility）、费用（cost）和收益（benefit），语言推广能从不同层面拉动经济的发展，产生巨大的经济效益。语言是能够帮助人们掌握其他人力资本的一种人力资本，对语言的投入是一种经济投入，将给个体和社会带来经济效应。对外语言推广属于语言教育服务出口项目，它将带动整个教育服务的出口。强势语言的水平等级考试已经成为国家外汇收入的重要来源。如英国的雅思、美国的托福和GRE等在全球掀起了语言文化产业浪潮，给英国和美国创造了巨额财富。人类最伟大的文化成果是语言文字，改变一个国家和民族的最彻底的手段是改变其语言，保持一个国家和民族文化的最持久的手段就是保持其语言。语言的强势必然进一步加强这个国家在政治、经济、文化方面的强势，因此，加强本国语言和文化的推广，已经成为各国政府特别是发达国家政府的基本国策之一。

广州大学屈哨兵教授提出“语言产业、职业、行业、基业：语言服务四业并论”的观点。语言服务产业可分成三个方面：一是语言翻译服务。截至2009年12月，我国处于营业状态的语言翻译服务企业为15039家，所消化的翻译和本地化业务年产值约120亿元人民币，约占全球外包语言服务市场产值的7%。二是语言教育服务。以我国的英语学习市场为例，市场年产值已超过人民币100亿元，潜在市场更为巨大。汉语学习在国际上不断升温，随之而来的语言教育服务产业已经成为一种必然趋势。到2010年，全球汉语学习人数超过4000万人，共有94个国家和地区开设了300多所孔子学院和300多所孔子课堂，此间所蕴涵的教师市场与教材市场极为庞大。三是语言支持服务。它是指依托互联网技术平台建立起来的一种网络语言服务，如计算机字库提供商和语言文字信息处理软件产业，其价值前景到底有多大，恐怕是一个天文数字。例如，科大讯飞占有中文语音技术市场60%以上的市场份额，其营业收入从2007年的20亿元增长到2008年的25亿元，再升至2009年的30多亿元人民币，净利润从2006年的50%增长到2009年的80%，这充分说明语言支持服务广阔的产业发展前景。有语言服务产业，就会带来语言服务的职业，如语言教师、翻译、语言广告文案策划人等，这些都是在语言服务领域中比较传统的职业角色。随着现代网络文明与手机通讯时代的到来，相应的语言服务新职业产生，如各种语言工程师。还有针对听力障碍人士康复治疗的语言服务职业，有语言康复师、言语矫治师等。职业是角色个人定位，行业是角色群体定位。如果将若干个具有同一语言服务角色定位的人聚集在一起，且这个群体的成员足以形成相对稳定的规模，那么他们的所在与所为就可以构成语言服务行业，比如说翻译，就有两个含义，一个是指一种职业，另外一个则可以指翻译行业。还有行业领域里涉及以语言作为手段的服务如旅游语言服务、销售语言服务、医疗语言服务所称的“导游”“导购”“导诊”等，随着社会分工的日益精细化，从各种“导×”序列中分化出新的语言服务职业并最终形成行业也是未尝不可能的事情。语言服务产业、职业、行业需要一个资源与规划基础，这个基础就是语言服务的基业，是语言服务发展的基础性事业，由两部分构成，一是语言资源，二是语言规划。为了推动对“语言服务”的深入研究，2012 年 1 月 7 日，广州大学举办了“语言服务研究高级论坛”。

二、语言文字工作的新开拓

十七届六中全会做出《关于深化文化体制改革推动社会主义文化大发展大繁荣若干重大问题的决定》，中共中央全会的决定第一次对语言文字工作部门的任务做出部署，提出了要求，指明了方向。十八大报告提出“推广和规范使用国家通用语言文字”“建设优秀传统文化传承体系，弘扬中华优秀传统文化”“繁荣发展少数民族文化事业”，这从三个方面对语言文字工作提出了要求，是新时期语言文字事业发展的核心任务，是新时期语言文字工作的重要内容，赋予科学保护各民族语言文字的重大使命。

《国家中长期语言文字事业改革和发展规划纲要（2012—2020年)》进一步明确提出，要“结合文化产业发展，注重开发语言资源，支持发展语言产业，为社会提供多样化语言文字服务”。

文化的大发展大繁荣，既要发展繁荣文化事业，也要发展繁荣文化产业，促进文化建设的两个方面共同发展繁荣。因此，加强语言文化建设，包括既要促进语言事业的发展，也要促进语言产业的发展。

北京市语委提出实施“一体两翼，增量推进”发展战略，夯实推广普通话、推行规范汉字、推进语言文字信息化常规工作，以语言事业和语言产业为两翼，促进语言文字工作与文化建设、经济建设的结合，以科学研究推动语言事业的繁荣，以科学研究推动语言产业的发展，科学地管理、服务社会语言生活，为北京建设世界城市和先进文化之都做出贡献。这一战略的实施，落实了国家语委“拓宽视野看作用，融入发展促发展”的工作要求，不仅拓展了语言文字工作的领域，而且使三项常规工作有了新的举措和“抓手”，从而提升语言文字工作的社会影响力和对于社会经济发展的贡献力。

语言问题不仅是国家的文化问题、教育问题，而且是政治问题、经济问题，同时也构成国家的安全问题、战略问题。语言文化建设应该全面包含语言战略、语言政策、语言环境、语言教育、语言能力、语言资源、语言产业等要素的规划与提升。

在“一体两翼，增量推进”战略的指导下，北京市语委依托首都师范大学、北京语言大学分别建立了“北京语言产业研究中心”“北京语言文化建设研究中心”，并下达了首批研究课题：北京语言产业现状及推进策略研究、北京语言文化建设状况与政策研究。后续跟进的研究项目有：行业领域语言文化建设及语言服务标准研究，北京语言文化资源普查及语言文化资源信息库建设。受有关部门委托，组织力量开展“语言产业经济贡献度研究及北京语言产业数据库开发”。2013 年，北京语言产业研究中心团队受北京电视台财经频道、北京人民广播电台新闻频道邀请，录播“语言产业”宣传节目；《人民日报》文教周刊 4 月 25 日刊文《中国语言产业亟待加速》（陈鹏、贺宏志），《经济日报》理论周刊 5 月 24 日刊文《给语言产业发展添把力》（贺宏志、陈鹏）。

《语言产业导论》的编著是北京语言产业研究中心规划的第一项研究工作，按照“语言资源分析”“语言产业概述”“语言产业的经济学分析”“语言产业的业态和案例分析”的研究思路，由研究人员分担然后经统稿完成。整合相关资料，提出一二浅见，初生之作简陋，权当抛砖引玉，以启更多探索。研究团队通过对 2012 年、2013 年的思考与探索成果进行吸收、总结，形成《语言产业引论》，作为《语言产业导论》的修订版。

我们认为：语言产业是以语言文字作为生产的原料和内容（语言本体），或是以语言文字作为加工处理的对象（以语言为工具），生产各种语言产品或提供各种语言服务的产业。

根据语言的习得、传播、交流、欣赏、信息等功能特性维度以及现代信息技术的渗透，我们认为：对应语言的习得性，语言产业形态有语言培训业、语言康复业、语文能力测评业；对应语言的传播性，语言产业形态有语言出版业、语言会展业；对应语言的交流性，语言产业形态有语言翻译业；对应语言的欣赏性，语言产业形态有语言艺术业、语言创意业；对应语言的信息性以及现代信息技术的全面渗透，语言产业形态有语言文字信息处理业。语言产业涉及语言资源、语言价值、语言技术、语言产品、语言市场、语言消费、语言职业、语言人才、语言经济等范畴。

我国的语言经济学始自山东大学于 2004 年成立语言经济学研究室。一直以来，语言经济学并不关注具体的语言产业活动，也没有明确提出过语言产业的概念。它的研究主要涉及语言的演变对经济活动的影响及其相互关系、语言政策对经济活动的影响及其相互关系、方言与当地经济活动的相互关系及其演变规律、语言与收入的关系、经济学语言自身的演变规律等问题，研究者局限在一个很小的范围。语言产业的研究将丰富与发展语言经济学，促进相关学科的建设与人才培养。

语言，是一种永远也卖不完的商品。发展语言产业，意义重大！

第二章　语言资源分析

第一节　语言资源的范畴

一、语言资源概述

语言资源的价值、意义深埋在它与文化、社会、政治、经济等各方面的联系中。资源作为生产资料或生活资料的天然来源，一般是指自然资源①。资源一向是从可以利用的属性角度来加以认识，这是自然资源的特点。经过长期的社会实践与研究，学者们认为社会生活中，同样有类似自然资源的资源，这就是社会资源，其中既包括人力资源、资本这种物质形态的资源，也包括科学技术、教育、信息、管理理论与方法、社会文化与规则等一系列非物质形态的资源。作为社会交往与沟通的符号体系的语言，也同样属于社会资源，这就是语言资源。

语言资源作为一种社会资源，有与自然资源相似的各种属性，也有与自然资源所不同的属性。自然资源是在人类存在之前即已存在的物质资源，而语言等社会资源却是在人类不断发展、进化的过程中，逐渐产生、丰富起来的资源。从理论上说，以语言为代表的人类社会资源是一个不断丰满、完善的资源体系，是不断从低级走向高级、从落后走向进步的资源体系。这种特性与自然资源不同，自然资源的质地不会因为人类的进步而变化，它将一直保持原貌，并在相当程度上，会随着人类社会不断现代化的进程，逐渐减少、衰微。这从理论上让我们看到了一个基本的事实，也就是，人类的

① 王世凯：《语言资源与语言研究》，学林出版社，2009 年 12 月第 1 版，第 3 页。

持续发展，不在于自然资源的无限度开发与利用，而在于社会资源品质的不断提升。

作为社会资源的语言资源，在这方面的意义尤其重大。原因是，语言承载着人类文明与历史、文化信息，人类的传承与进步无法离开语言资源的支持；同时，语言资源又是人类社会生活过程中，必不可少的生存工具。从这种意义上看，语言就如同空气和水。而人类之所以为人类，也在于作为符号动物的天性，在所有地球生灵中，惟人类是真正借助语言符号而生存、发展的高级动物。

作为资源的语言，已经在社会、文化、政治、经济等各个领域占据了突出的位置，乃至在一定意义上，改变了所有人类社会生活领域的面貌。它对于人类社会发展的意义与价值不言自明。如何保护、发展、开发、利用语言资源，已然成为当今社会现代化进程中的一项必须认真对待、全面关注的重要课题。特别是当它与产业相联系的时候，语言资源已经不单纯是一个工具，它更多地表现出与社会结构、关系体系的互动，社会、文化、政治、经济每个领域的进步与发展会不同程度地体现出语言的价值、语言的效用。当前，语言资源的研究，已经开始受到人们的重视。

考察语言资源的资源特性，比之自然资源，要复杂得多。比如，从社会资源不断进步的特性来看，原本失去使用效果和使用人群的语言，也就失去了存在的价值。然而，对语言资源来说，却并不完全是这样。人类的濒危语言应该受到关注和保护。原因是，语言资源是人类历史、文化的纪录，是人类传统的根据。人类不仅仅有一个光明灿烂的未来，还有一个进化演变的过去。人类的历史，与人类的未来同样具有与社会生活相联系的价值。

当前，语言资源的产业化，已经成为世界许多国家关注的领域。如何通过语言资源的利用与开发，提升社会产业总体的量值与品质，已不仅仅是一个简单的经济问题，它的价值特性远比金钱概念来得重大。强国的资质，需要强国的语言。这要求与世界大势接轨的中国，必须把语言放在重要的资源位置。

二、语言资源与社会

语言资源与社会的密切关系，既表现在语言资源随着社会的发展在不断扩张、充实，也表现在语言对社会面貌、社会现象的反应上。2008 年，北京晚报联合搜狐网、辽沈晚报等 14 家媒体推出了“改革开放 30 年十大流行语”评选活动，共分出十四个类别的流行语。“中国特色社会主义、邓小平、十一届三中全会、经济特区、家庭联产承包责任制、一国两制、经济体制改革、发展是硬道理、西部大开发、全面建设小康社会”获评“改革开放 30 周年十大流行语”，同时还评选出 2008 年不同类别的流行语，让我们能够从一个年度的时间跨度上，看到历史变迁与社会发展的轨迹。综合类的十大流行语为：“北京奥运、金融危机、志愿者、汶川大地震、神七、三聚氰胺、改革开放 30 周年、降息、扩大内需、粮食安全”；国际时事政治类的十大流行语为：“亚欧首脑会议、索马里海盗、二十国集团首脑峰会、达沃斯论坛、奥巴马当选、卡拉季奇被捕、美联储、南奥塞梯冲突、孟买恐怖袭击、中法关系”；社会问题类的十大流行语为：“三鹿奶粉、达赖喇嘛、周正龙案、3.14 打砸抢烧事件、溃坝事故、刺五加注射液、艳照门、封口费、范跑跑、猥亵门”。流行语以最快的速度向人们传递着各种社会变化的信息，成为了解和把握社会发展动向的晴雨表与瞭望孔，是对语言资源的一种充实。不过，语言资源对社会的反应又不仅仅止于眼前，甚至在千百年后，语言资源的这一价值，仍有充分的体现。人名就是如此。

语言资源在反映社会事实方面，人名的指示意义尤其突出。世界各民族的人名都有不同特征，如汉族人姓名的顺序是“姓 + 名”，英美等西方国家的人名则是“名 + 姓”；缅甸人没有姓，只有名，阿拉伯人则姓名冗长，需要把姓和祖、父、本人三代名字列在一起；俄国的女性婚后可改从夫姓，而有些野蛮部落，却禁止女人使用与其丈夫的名字相似的词。

从一些姓氏上还能看到社会沟通与交往的历史。中华民族是融合了许多民族而成的，尽管因汉化深入而已经很难看到其中明显的痕迹，然而追溯姓氏，仍可以发现它们与变迁了的社会过程的联系。比如，尉迟氏是我国唐朝的旺族，相传于阗王室在唐朝以前属于 Vijaya 一族。而根据学者研究，西藏文献中的 Vijaya 就是 Saka 语的 Visa。尉迟氏就是 Visa 的对音，所以于阗国人到唐朝来住的都以尉迟为氏。①

---

① 罗常培：《语言与文化》，北京出版社，2004 年 1 月第 1 版，第 81 页。

人名除了可分辨不同社会中人们的使用习惯以外，对于认识这个社会古代的特征和面貌也有帮助。古代姓和氏是两个不同的概念，现代的姓氏用于表示某种血缘关系，趋近于一种特定的符号，似乎并不反映什么文化特征。事实上，姓氏同民族文化的渊源最深，其起源可以追溯到夏代初年。值得注意的是，上古的姓大都从“女”，如：姬、妫、姒、妈、姚、嬴、姜、姞、嬛等，隐约反映出与母系氏族社会文化的历史关系。

三、语言资源与文化

“语言的内容，不用说，是和文化有密切关系的。……语言的词汇多多少少忠实地反映出它所服务的文化，从这种意义上说，语言史和文化史沿着平行路线前进，是完全正确的。”① 语言学家萨皮尔用了最简单的例子借以说明语言与文化之间的关联，他举例解释说：“不懂得神通论的社会，用不着神通论这名称；从来没见过或听说过马的土人遇见了马，不得不为这动物创造或借用一个名词。”②

汉语的语言资源源自象形文字。象形文字在与社会文化关联的意义上，显得更直接，对于中国历史文化的研究，有着关键性的作用。郭沫若就曾根据对甲骨文的研究，认为我国殷商时代，殷人已经发明了牛耕。通过频繁出现在卜辞中象形为“牛”与“犁头”这样的字形，郭沫若认为我国殷代已经从事牛耕了。社会文化的发展与语言的关联可见一斑。

现在和钱币有关的字，像财、货、贡、赈、赠、贷、赊、买（買）、卖（賣）、贿、赂之类都属于贝部。贝不过是一种介壳，为什么用它来表示钱币的含义呢？许慎的《说文解字》解答了这个问题：“古者货贝而宝龟，周而有泉，至秦废贝行钱。”③ 可见，中国古代曾经用贝壳当作交易的媒介物。秦以后废贝行钱，但是这种古代货币制度在文字的形体上还保存着它的蜕形。

汉语是这样，英文亦复如此。比如，英语的 pen 是从拉丁语的

---

①② ［美］爱德华·萨皮尔著，陆卓元译：《语言论》，商务印书馆，1985 年 2 月第 1 版，第 196 页。

③ 汤可敬撰（许慎原著）：《说文解字今释》，岳麓书社，1997 年 7 月第 1 版，第 849—850 页。

penna 来的，原义是羽毛（feather），最初只严格应用在原始的鹅毛笔（quill pen）。后来笔的质料虽然改变，可是这个字始终保存着，于是在古代本来含有羽毛意义的字，现在却用来代表一种有金属笔尖的文具。英语的 wall 和其他印欧系语言含有“墙”的意义的词，其基本意义往往和“柳条编的东西（wicker-work）”或“枝条（wattle）”有关系。德语 Wand 从动词 winden 演变来，原义是“缠绕”或“编织（to wind，to interweave）”。盎格鲁－萨克森语（Anglo-Saxon）的“windan manigne smicernewah”等于英语的“to weave many a fine wall”，翻译就是“编许多很好的墙”。为什么说是编墙呢？据考古学家发掘史前遗址的结果，发现许多烧过的土块上面显出清晰的柳条编织物痕迹，这就是一种所谓“编砌式（wattle and daub）”建筑。它或者用柳条编的东西做底子，上面再涂上泥，或者把泥椿在两片柳条编的东西中间。由此，可以推想，欧洲古代的墙如同中国乡村的篱笆、四川的竹蔑墙或古代的版筑一样简朴。

四、语言资源与政治

我国方言文化现象，在很大程度上是政治变迁造成的结果，与社会政治相联系的历代移民是中国方言地理分布的主要成因。汉语的六大南方方言：吴、闽、粤、湘、赣、客都是由历代北方汉人向南方迁移发端的。分化的先后次序大致对应着这样的过程：先秦时代，中原一带的华夏语言开始渗透到今湘语区和吴语区，随着北方移民的陆续增加和北方文化的强烈影响，到六朝前后形成吴语、湘语；粤语的分化是从秦始皇在岭南“谪戍五十万”开始的；闽语的产生始于三国东吴汉人成批经浦城入闽时期；而西晋永嘉丧乱①后，多次的北方居民大南移，造成赣、客方言，客家方言纵深插入南方的腹部，把湘语和吴语长久地分割开来，又把闽语限制在东南沿海，从而奠定了中国南方方言地理的基本格局。现代湘语分成所谓新湘

① 中国古代西晋晋惠帝时，朝廷腐败，发生八王之乱。永兴元年（304 年），匈奴贵族刘渊起兵于离石（今属山西），国号汉。晋怀帝永嘉四年（310 年），刘渊死，其子刘聪继立。次年聪遣石勒歼晋军十余万人于苦县宁平城（在今河南鹿邑），并俘杀太尉王衍等人。又遣刘曜破兵洛阳，俘虏怀帝，杀士兵百姓三万余。史称“永嘉之乱”。大量人口为避战乱从中原迁往长江中下游，史称“衣冠南渡”。

语和老湘语两种，新湘语是长期以来受西南官话①影响而形成的，跟老湘语不能通话，跟西南官话通话却没有多大的困难。

在北方方言南下之前，南方是少数民族语言的天下。汉语在同化当地语言的同时，也吸收了当地语言的一些成分，一直到今天我们还可以在吴、闽、粤语中找到古代越语的痕迹。

语言的政治痕迹可以通过方言表现出来，而政治语言也可以让人们清楚地看到语言资源与政治的联系。目前政治语言研究已经成为一个专门的领域。政治语言越来越多地成为语言资源涉及和关注的内容。对于政治语言的定义，要看是否涉及政治权威、政治参与者以及强烈的行动目的性。政治是有目的的行为，表现出鲜明的方向和理性化特征，通常经过政府有组织的正式的渠道发布、传播；参与的政治组织（政党、政府、公众组织、恐怖组织）、媒体、公众都包括在政治语言创制与交流的过程中，其语言都被认为属于政治语言；此外，由于政治是权威的表现，所以语言一旦涉及权威，就成为潜在的政治行为。政治语言成为学科研究的对象，表明我们的时代，语言政治化已经成了一种趋势。

正像某些学者看到的那样："政治即是语言，语言即是政治。"②政治语言在我们身边早已广泛表现和被认知，类似"精神文明""扫黄""廉政建设""反腐败""法制建设""有法必依，执法必严，违法必究""拨乱反正""政治体制改革""国有企业重组""扩大内需"这种与政府政治行为相联系的词句，以及"全国人民代表大会""全国政协""国有企业""国内生产总值（GDP）""经济适用房""政府工作报告""新闻发布会""海峡两岸关系""西部大开发战略""国库券""下岗工人基本生活保障"等政治经济专有名词，成为人们耳熟能详的日常用语，并且在不断地快速生出。

五、语言资源与经济

关于语言的经济学研究被认为少得可怜。自上世纪六十年代后，

① 官话：又称北方方言，是汉语的一个分支。现代的国语、普通话，也就是由官话演变而来。

② Lakoff, R. *Talking Power: the Politics of Language in Our Lives* [M]. USA: BasicBooks, 1990. P13

经济学家才开始注意到人类语文活动与经济学的关系。战后民族主义势力在欧洲殖民地各国的兴起，以及上世纪七十年代后期欧洲各国政府制定官方语言政策，使得部分学者开始关注“语言经济学”。不过，直到上世纪九十年代末，语言经济学所研究的主要问题还是如何在语言的“网络效应”（即规模效益）与民族国家内部的文化多元性（包括各少数族裔的政治权利协调）之间达成权衡。相关的研究涉及有关移民的外语能力与其收入关系的研究，多数族裔的语言可以在多大程度上为少数族裔带来经济上的好处，跨国公司在劳动力属地的语言政策，发展中国家外文翻译工作的比较经济效益。①直到二十世纪末，博弈论经济学大师鲁宾斯坦（Ariel Rubinstein）提出了语言的经济学分析和博弈论经济学的语言问题，语言经济学才显得重要了起来。甚至有学者从鲁宾斯坦的语言经济学已经考虑到，这是否将从动力机制上为当今西方主流经济学带来语言转向。

从语言经济学已经涉及的研究课题来看，与语言资源的关系是密切的，一些问题也是目前我国在语言资源的利用中，需要直接面对的。比如，少数民族地区的汉语推广与普及，同当地经济发展和少数民族生活状况的改善，本来就存在密切的关系。根据四川省阿坝自治州政府的相关报告，语言文字与民族的经济文化生活有着十分密切的联系，语言文字对民族的经济文化生活有着重大的影响。滞后的语言文字工作，拖了经济文化生活发展的后腿。阿坝州是少数民族聚居区，在8.42万平方公里的范围内，居住着藏、羌、回、汉等26个民族，2009年末，该地区户籍总人口89.2万人。民族多、语种多、文种多，使得语言文字规范化、标准化的问题显得十分突出。多语种、多文种的语言文字应用情况，以及各民族尚未完全掌握国家通用语言文字的现实，成为普及科技文化知识以及各民族间相互交流信息的巨大障碍。

由于民族语言文字翻译力量的局限，绝大部分科技书刊无法翻译成当地少数民族文字并印刷出版，使得仅懂本民族母语和文字的人“孤陋寡闻”，信息闭塞，影响了少数民族素质的提高；而且民族语言文字在同一个民族中也有较大的差异，例如在羌族聚居地，有“十里不同语”的说法。有的民族语言，因词汇不丰富，造成交流困

① 汪丁丁：《语言的经济学分析》，《社会学研究》2001年第6期。

难。这样的情况，加入知识经济时代现代化大生产的行列，投入社会经济市场运作几乎是不可能的。事实证明，少数民族贫困地区之所以文化落后，经济发展不起来，语言文字束缚是主要原因之一。因此，大力普及国家通用语言文字，成了这些地区冲破束缚和障碍的重要前提。

然而，事情又不是绝对的。由于当地特有的自然地理风貌，集中的少数民族语言文化、风俗习惯，又能给这里的经济发展带来机遇。正如阿坝州政府认识到的那样，民族语言文字是世界语言文字宝库中的宝贵财富，是研究一个民族历史文化的宝贵资料，民族语言文字创造了各民族独特的文化，丰富多彩的少数民族文化早已成为中华民族的共同遗产，同时具有世界性。民族语言文字对民族文化的积极影响广泛体现在阿坝州的建筑文化、宗教文化、牦牛文化、酒文化、饮食文化、服饰文化，还有独具特色的歌舞、刺绣、绘画等民间艺术各个方面，这些都是阿坝州经济发展得天独厚的人文生态环境，对其进行科学合理的开发利用，必然促进阿坝州经济落后局面的改变。

语言经济学涉及语言的经济学分析和对经济学话语本身的语言反思，与我们所说的语言资源密切相关。考察语言如何在经济活动和社会交往中，对人们的习俗、惯例、制度的形成与演化发生作用，将有助于我们了解语言资源对经济发展的作用。

第二节　我国语言资源概况

发展我国语言产业，必得了解我国语言资源的状况，对语言资源的总体面貌有了全面的把握，语言产业的规划、语言资源的利用和开发才有相应的依据。对一些特殊语言资源的了解，同样必要，因为语言战略应该是全方位的语言战略，每个语言资源的领域，都是可供开发和利用的系统。全国总的语言资源、少数民族语言资源以及手语盲文资源，都值得了解和分析。

一、我国语言资源的调查

2008 年，国家语言文字工作委员会主持发表了《保护和开发语言资源》调研报告。报告按照自然语言资源和衍生语言资源的分类，对我国的语言资源情况进行了总结。根据报告，自然语言资源是在历史过程中自然形成的、大众使用的语言，包括共同语及其方言，如我国的汉语、蒙古语、藏语、维吾尔语、朝鲜语等民族语言，日语、英语、法语、德语等世界各国的语言。报告从我国的自然语言资源角度，将自然语言资源分成甲、乙、丙三类，其中甲、乙两类为我国本土语言资源，甲类为普通话、汉语方言和古今汉字，乙类为各少数民族语言、方言和少数民族文字。

报告认为我国本土语言资源当前的主要状况反映在十个方面，即：

一是普通话在国内外的传播速度不断加快，其学习价值和使用价值都在迅速提高；二是“地方普通话”的实际交际价值得到肯定，但其语言地位并未确定，研究有限；三是社会对汉语方言的价值在重新认识，方言中的文化词语消逝快速；四是社会越来越关注简繁汉字之间的关系；五是海内外华语沟通频繁；六是60年来，少数民族语言的使用地域和人群未发生重大变化；七是双语（多语）生活逐渐成为民族地区基本的语言生活状况，并在政治、教育、文化、大众语言服务和信息化等领域发挥功效；八是少数民族语言特别是跨境少数民族语言的调查不够；九是少数民族语言的国际教育不足；十是对具有文化价值的古代汉字、历史上的少数民族文字、各种语言的拼音方案或记音符号，收集、整理欠缺。

根据报告，我国自然语言资源在外语资源上相当贫乏。全世界五六千种语言，较为全面介绍到我国来的语言多不过百种，国家能够开设的外语课程约有五六十种，能够经常使用的外语只有十几种。

衍生语言资源是指对自然语言进行研究和加工处理而形成的语言资源，是语言知识本身及其以各种形式在各个方面的应用。语言知识的应用表现在各种辞书、检字法、信息检索法、语文教科书、语言文字的规范标准、语料库、语言知识库、计算机字库、键盘输入法、处理语言文字（包括语言翻译）的软件技术等等。我国拥有丰厚的衍生语言资源、广大而迅速成长的语言信息产品市场、一定的语言信息化基础。然而，我国衍生语言资源的观念还未形成，更没有自觉将语言资源与语言经济相联系，对语言资源的研究重视不够，表现在国家一级学科没有相关概念，语言研究与语言应用脱节，语言文字信息化标准欠缺，语料库、知识库等基础资源共享困难，自主知识产权成果甚少，相关知识产权有效保护不足。

与一般化语言资源相联系的特殊语言符号系统，比如手语，也是我国语言资源整体的组成部分。手语是面向聋哑人群体的一种特殊语言资源。手语历史悠久，但正式的聋哑特殊教育却只有四百多年，可考察到的是法国第一位伟大的聋哑特殊教育家德雷佩神父，他创造发明了手语以利开展聋哑人教育工作。

据统计，我国现有聋哑人口2057万，按每个聋哑人有直系亲属四人计，需要使用手语的人口应该在一亿人左右；此外，特殊教育工作者、服务行业、政府职能部门以及手语爱好者也是一个很大的需要使用手语的群体。

我国早在上世纪五十年代后期，就开始进行聋哑人手语的规范化工作。那时，中国聋哑人福利促进会为促进聋哑人手语的统一与发展，曾邀请各地聋哑人代表、聋哑人工作者以及专家、学者召开座谈会，整理、修订出一套《聋哑人通用手语草图》（四辑），共2000幅手语草图，经过原内务部、教育部、中国文字改革委员会批准试行。这是我国聋哑人手语规范化工作的开端。①

手语可以分为自然手语和文法手语。自然手语通常是指聋哑人自发形成的手势动作，在表达结构上与有声语言的语法规则有很大差异。文法手语是指手势中既有一部分自然手语动作，又有一部分遵循一定规则设计出来的手势动作，并且基本按照有声语言的语法规则进行表达。

我国聋哑人手语过去未留下系统的文献资料，所以难以进行深入研究。不过一些手势经过前代聋哑人的语言实践一直传承使用，并记载于《中国手语》一书中。

1887年，美国传教士米尔斯和他的妻子在山东登州，后转迁到烟台开办聋哑学校，手指字母也随之传入我国。我国手指字母经历了赖恩手势、注音字母手势和汉语拼音手指字母三个阶段。“赖恩手势”是英国语言学家贝尔制订的一种手指字母，因其难于记忆和区别，没能在我国社会广为流行。1918年注音字母公布后，产生了用“赖恩手势”拼打注音字母的“赖恩手切图”和“国语注音符号发

① 中国残疾人联合会教育就业部 中国聋人协会编：《中国手语》，华夏出版社，2003年4月，第5页。

音指式”。1963 年我国实施“汉语拼音手指字母”，以汉语拼音方案的音素字母为基础，按照汉语拼音方案的拼写规则拼打汉语，与拼音文字的发展相结合。

2008 年，教育部印发《“十一五”期间在全国部分聋校开展推广“中国手语”试点工作方案（2008—2010 年）》，在全国不同地区遴选 11 所聋校开展推广“中国手语”试点工作，举办了骨干师资培训班，编写了推荐教材，制定了《推广试点工作教学指导纲要》。所试点学校于 2008 年秋季开学。各级残联亦采取多种形式开展手语研究推广工作。经过多年努力，在全国已初步形成“学手语、用手语”的社会氛围。2008 年奥运会期间，“中国手语”培训得到进一步发展，仅北京地区就有近 40 万人报名参加培训。一些院校对于手语人才的培养也颇为重视，北京大学、北京师范大学、复旦大学等高校每年均有相应研究方向的硕士、博士研究生毕业。手语高级专业人才的培养，标志着我国手语研究水平的不断提高。

我国语言资源的传播状况，表现在 2008 年的调研报告中。根据报告，我国已认定省、市级语言文字规范化示范学校 7000 余所，截至 2007 年底的不完全统计，我国从 1994 年开始的普通话水平测试的人数已达到 2200 万人次。2008 年，全球开设汉语课程的大学 3500 所，英国、法国、德国、俄罗斯、韩国、泰国、越南、印度尼西亚、马来西亚等国家已将汉语纳入本国国民教育体系。根据国家汉办①的统计，2008 年全球 78 个国家和地区创办了 305 所孔子学院，其中，亚洲 90 所、非洲 21 所、欧洲 103 所、美洲 81 所、大洋洲 10 所；国家汉办等相关单位向 109 个国家和地区派出汉语和人文社会科学类教师 1557 人，在全国招募和派出汉语志愿教师 1865 人；国家汉办及相关部门在 49 个国家和地区进行了汉语水平考试、商务汉语考试、少儿汉语考试等；海内外参加各类考试的外籍汉语学习者达 41 万人次，其中海外参加考试的达 31.6 万人次，比 2007 年增加了一倍多。

---

① 国家汉办：全称中国国家汉语国际推广领导小组办公室，与教育部对外汉语教学发展中心和孔子学院总部合署办公，是教育部直属事业单位。

二、我国少数民族语言资源

根据“中国语言文字网”的学术交流信息，我国主要少数民族的语言资源表现出不同的特点。

蒙古语言文字具有悠久的历史。蒙古语是很早以前居住在我国北部和中亚地区的蒙古部落使用的语言。蒙古文先后有六种，现行蒙古文有三种：传统蒙文、托忒蒙文和新蒙文。传统蒙文是从古回鹘文经过回鹘式蒙古文逐渐演变而来的一种拼音文字，主要通行于我国内蒙古自治区；托忒蒙文是在旧蒙文基础上改制而成的拼音文字，主要通行于新疆蒙古族地区；新蒙文亦称斯拉夫蒙文或基里尔字母蒙古文，是在俄文字母的基础上改制而成的，主要通行于蒙古人民共和国。蒙古语言文字的学习和使用自中华人民共和国成立特别是十一届三中全会以来，取得了很大的成绩，蒙古语言文字现在是内蒙古自治区的通用语言文字之一，在自治区政治、经济、文化生活的各个领域被广泛应用。蒙古语文的教与学覆盖各级各类学校教育、成人教育、干部职工教育、扫盲教育等。学校有蒙语学校、汉语学校和蒙汉合校，学生可自由选择就读。在党政机关、企事业单位，蒙语、汉语并行率达95%以上，各部门配备专职翻译。此外，自治区在上世纪五十年代和七十年代两度颁布《学习使用蒙古语文的奖励办法》。

藏语属汉藏语系藏缅语族藏语支①，是藏族的主要交际工具，与汉族和其他民族杂居或相邻的藏族人民，也兼通汉语或其他民族语言。藏文是有一千多年历史的文字，大约在公元七世纪左右，藏族人民创制了藏文。藏文从创制初期就广泛应用于宗教、政治、经济、军事等社会生活的各个方面，对于藏族文化的发展和文献的保存起了重大作用。藏文是拼音文字，经过长期的历史发展，具有完整的语法理论和较强的表达能力。藏文书面语和现代口语有一定距离，虽然各个方言区都有一套自己的语音与文字之间的读音规律，

---

① 语系、语族、语支：把源自同一单一语言的后代语言归为一类，称之为语系。语族是世界语言谱系分类的二级单位，同一语族的语言虽然在同一个语系，但它们在形成和发展过程中会有亲疏远近的差别，根据同一语系下语言演化差异大小而再细分下来的语言群组，称为语族。语支将语族进一步细分。语种是世界语言谱系分类中的最小单位，一个语种即是一种语言。

但藏文有统一的正字法①，因此不同方音的人可以用共同的书面语进行交流。

新疆是一个以维吾尔族为主体的多民族聚居地区，历史上使用过 20 多种语言，16 种文字。现在全区有 48 个民族成分，总人口约 2200 余万，语言系属可分为阿尔泰语系、汉藏语系和印欧语系。属于阿尔泰语系突厥语族的有维吾尔语、哈萨克语、柯尔克孜语；属于蒙古语族的有蒙古语、达斡尔语；属于满—通古斯语族的有锡伯语；属于汉藏语系的有汉语；属于印欧语系的有塔吉克语；此外，还有俄罗斯语等。现代维吾尔语可以划分为中心方言、和田方言与罗布方言。现代维吾尔书面标准语是在中心方言的基础上形成和发展起来的。维吾尔族使用文字的历史很悠久，古代曾使用过突厥文、回鹘文，十一世纪以后，逐渐改用以阿拉伯字母为基础的文字。维吾尔文在维吾尔族的文化发展上发挥了很大作用，保存了丰富的文化遗产。中华人民共和国成立以来，用维吾尔文出版了大量政治、经济、文化、科学、教育等方面的书籍。柯尔克孜语分为南北两种方言，柯尔克孜族人民在九世纪前使用过突厥文，后来失传，信仰伊斯兰教后，开始用阿拉伯字母拼写自己的语言。

朝鲜语是朝鲜族人民的主要交际工具。作为统一的民族语的朝鲜语在历史上很早就形成并且定型了。现在使用朝鲜语的人数，国内外合计约有 6000 多万。朝鲜文创建于 1444 年，是在朝鲜李朝世宗时，参考汉语音韵、蒙古文以及西方拼音文字创制而成，叫做训民正音，或叫正音文字。在日伪统治时期，受日本帝国主义奴化教育的影响，延边朝鲜族曾一度失去使用本民族语言文字的权利，不能公开使用本民族的语言文字。

云南是一个多民族、多语种、多文种的边疆省份，全省 25 个少数民族中，除回、水、满 3 个民族使用汉语文外，其他 22 个少数民族使用 26 种语言，14 个民族使用 22 种文字。云南省傣族人口约 122.2 万（2010 年），主要聚居在西双版纳、德宏两个自治州以及耿马、孟连、元江、新平等自治县。傣语属汉藏语系壮侗语族壮傣语支，分为西双版纳、德宏、金平三支方言，使用较多的是西双版纳

---

① 正字法：文字的形体标准和书写规则。任何一种文字都有正字法。它要求文字有一种正确的、合乎规范的写法，以保证文字的全民性和规范化。

方言和德宏方言。傣族有四种不同形式的文字：西双版纳傣文、德宏傣文、傣绷文和金平傣文。这四种文字都从印度字母脱化而来，经过发展演变，逐渐形成不同风格的文字。其中西双版纳傣文有700多年历史，通行于西双版纳、思茅傣族地区；德宏傣文有500多年历史，通行于德宏、保山、临沧傣族地区。1955年6月经政务院批准，西双版纳州开始使用新傣文。

贵州是个多民族省份，全省共有48个少数民族，其中有17个世居少数民族：苗族、布依族、侗族、土家族、彝族、仡佬族、水族、回族、白族、瑶族、壮族、畲族、毛难族、蒙古族、仫佬族、满族、羌族。这些少数民族大多有自己的语言，在日常生活中，主要以本民族语言为交际工具。全省有语言的世居少数民族人口约1200万，其中约有600万人不通汉语。各族语言内部在语音、词汇上也有小的差异，从而形成在同一民族语言里又分为若干方言和土语，其中尤以苗语的方言土语最多。瑶语有优勉、斗睦、巴哼3种方言，布依语分为黔南、黔中、黔西3种土语，侗语分南北两种方言，水语有阳安、潘洞和三洞3种土语，仡佬语有4种方言。彝族和水族有自己的文字。苗族文字是1905年英国传教士和当地苗族人根据苗语西部方言的发音特点创制出的一种拼音文字，俗称“老苗文”。这几种文字由于文字本身并不完善，加上它们的使用主要局限于宗教活动和宗教场所，因而大多掌握在少数信徒之中，在民间并没有真正推广使用。

四川也是一个多民族省份。除汉族外，有53个少数民族成份，其中世居少数民族有藏、彝、羌、苗、回、土家、傈僳、纳西、布依、满、傣、壮、白、蒙古等14个。全省民族地区有人口578万，占全省总人口的6.8%，其中少数民族人口389万，占全省总人口的4.7%。14个世居少数民族中，除回族外都使用本民族语言。藏族人口中95%使用藏语和嘉戎语，其中有40%左右的人兼通汉语。彝族人口中95%使用彝语，其中约60%的人兼通汉语。羌族人口中70%使用羌语，其中70%兼通汉语。各民族的语言都具有悠久的历史，文字则以藏文、彝文的历史最悠久。现在藏族使用传统的藏文，彝族使用经国务院批准的在传统彝文基础上改进后形成的规范彝文；羌族没有传统文字，现试行上世纪五十年代创制、八十年代完善的拼音文字，苗族试行上世纪五十年代创制的拼音文字。新中国成立前，民族文字掌握在民族上层和宗教界手中，各民族人民群众绝大多数为文盲。新中国成立后，四川民族语文工作顺利发展，在为民族地区的民主改革和社会主义建设服务方面起到了重要作用。

广西是一个多民族聚居的地区，除汉族外，有壮族、苗族、侗族、仫佬族、毛南族、回族、京族、彝族、水族、仡佬族、瑶族共 11 个世居少数民族，除回族以外，历来以本民族语为主要交际工具。壮族、彝族、侗族、水族、苗族、京族、瑶族有自己的古文字，有的文字至今还在民间流传。从上世纪五十年代起，广西开展了大规模的壮语、瑶语等语言的调查研究，先后制订了拉丁字母形式的《壮文方案》和《瑶文方案》，并在壮族聚居地区和瑶族聚居地区进行推广实验。1957 年 11 月 29 日，周恩来总理主持召开政务院第 63 次全体会议批准了《壮文方案》，并批准在壮族地区推行使用。

三、面临的问题

"语言问题"这一概念，一般指因为语言及其使用存在不合理、不妥当、不完善，而给社会交际、沟通带来困难和麻烦，或造成、引发社会矛盾与冲突等。

教育部语言文字应用研究所陈章太研究员认为：语言问题是由语言及其使用存在的问题，以及语言外部各相关社会因素构成的。就语言内部来说，语言结构系统的语音系统、词汇系统、语法系统、语义系统，以及文字系统的缺失、不完备，如语音系统的不完整、词汇的贫乏、语法的不严密、语义表达力弱、语言规范化程度不高，或是没有文字形式，以及语言文字本身长期停滞不变或是变化太大太快，都会影响、降低、削弱语言的功能、活力、地位与声望，使得语言不能很好地适应社会发展的需要和人们交际的需要，从而造成语言问题。①

就语言外部相关社会因素来说，政治、经济、文化、科技，以及语言关系、语言政策等的变化，特别是这些方面带有体制性的变化，如社会体制变化、政治体制改革、经济体制转型、科技文化重大发展等，对语言及其使用都会提出新的要求，并采取相应的措施和做法，这都可能造成语言问题。

① 陈章太：《语言资源与语言问题》，《新华文摘》2009 年第 21 期。

2008年，时任国家语委副主任、教育部语言文字信息管理司司长李宇明在《当今三大语言话题》中提到三个大的语言问题。他认为，语言沟通、语言压力、语言濒危是当前我国语言文字工作所面临的主要问题。他指出：在语言沟通问题上，方言的分歧、语言的众多，妨碍着人们的交际；语言压力，首先表现在语言翻译和语言传播需要巨大的成本，语言教育和语言学习也需要巨大的成本，双语学习或多语学习，花去社会和个人的大量资财，造成社会和个人极重的时间、精神与经济负担；目前世界上有5000至6000种语言（有人认为，人类的口头语言约有7000种），其中96%的语言，其使用者仅占世界人口的4%，语言专家估计，这96%的语言在本世纪都有消亡的可能性。

在具体实践中，这些语言问题在不同方面都有所表现。《2008中国语言生活状况报告》提到了如下需要注意的语言问题：立法语言问题、刑事法庭语言规范问题、非物质文化遗产保护中的语言保护问题、少数民族地区双语教学与社会和谐问题、中文菜单英译规范问题、网络语言问题等。这些问题既反映了语言资源本身发展、完善的问题，也反映了语言资源开发与利用过程中不可回避的问题。

第三节　语言资源的保护、利用与开发

我国的语言资源丰富多样，保护、利用和开发我国的语言资源，应该成为国家发展的重要目标。更好地推广普及普通话，有效地开发利用珍贵的方言文化和少数民族语言文化，提高对濒危语言资源进行抢救的认识，这对于发展我国的语言产业，意义重大。语言资源的保护、利用与开发的每一项工作都牵涉到整体语言资源的价值与命运。

一、我国语言资源的保护

我国语言资源的保护工作，使一些民族方言、土语焕发了生机，功效得以发挥，避免了灭绝的命运。然而，语言资源的保护问题，仍然是个大问题。前国家语委副主任李宇明教授指出：语言及其方言是国家不可再生的、弥足珍贵的非物质文化，是构成文化多样性的前提条件。这样的资源，一旦灭绝和消失，将不复存在，也难以

恢复。

语言资源从其功能、活力和价值上考虑，可以分为：超强价值语言资源，如一些跨国家、跨区域的语言，像我国的国家通用语言普通话；强价值语言资源，如许多国家、民族、地区的通用语言，像我国的蒙、藏、维、朝、壮、彝、哈等少数民族语言；一般价值语言资源，如我国大部分少数民族语言；弱价值语言资源，如我国一些使用人口很少、使用范围很窄的少数民族语言；超弱价值语言资源，如不少国家、民族、地区拥有的那些语言功能萎缩、语言活力微弱、已经濒临消亡的语言，像我国的满语、赫哲语、普标语等；已消亡但仍有某些价值的语言资源，如中世纪古罗马的拉丁语，印度的吠陀语、巴利语，英国的马恩语，印尼的古爪哇语，像我国历史上的西夏语、鲜卑语、女真语等。语言衰落、濒危的主要原因是：一是使用语言的群体的死亡；二是语言生态环境的变化，如满语、回族语言的衰亡；三是民族征服；四是因某种原因自动放弃。

网络（北京）国际在线报道，据《基督教科学箴言报》，联合国教科文组织发布了一个最新的“全球濒危语言地图”，该地图指出全球有 199 种语言处境告急，其中 18 种语言被列为“极度濒危语言”，之所以被列为这个等级是因为它们有据可查的使用者不足十人，甚至只有一人。名单上出现中国台湾一种原住民语“巴则海语”，目前该语言使用人仅剩下一名年已百岁的老人。根据联合国教科文组织报道，目前每两周就有一种语言从地球上消失，超过许多动物的灭绝速度。可见，濒危语言的保护已经成了当前世界非物质文化遗产保护的焦点问题。要开发语言市场，发展语言产业，就必须保护好作为非物质文化遗产的语言资源，这是一个需要及早重视的问题，对它们的保护也就是对中华文明之根的保存。

珍稀语言资源的保护涉及范围广泛。世界上 80% 的文化是通过口语和文字传留下来的，没有文字的民族多于有文字的民族，他们的文化主要通过口语流传下来，这些口传文化是人类非物质文化遗产的重要组成部分。联合国教科文组织已分别于 2001 年、2003 年、2005 年、2009 年、2010 年、2011 年命名了六批世界非物质文化遗产，涉及中国的有 36 项。为使中国的非物质文化遗产保护工作规范化，2006 年 6 月，国务院批准文化部确定并公布第一批国家级非物质文化遗产名录 518 项；2008 年 6 月公布了第二批国家级非物质文化遗产名录510项和第一批国家级非物质文化遗产扩展项目名录147项；2011年6月公布第三批国家级非物质文化遗产名录191项和第二批国家级非物质文化遗产扩展项目名录164项。这些非物质文化遗产，包括民间文学、传统音乐、传统舞蹈、传统戏剧、曲艺、传统体育、游艺与杂技、传统美术、传统手工技艺、传统医药、民俗等项目，其中的民间文学、传统音乐、传统戏剧、曲艺、传统美术、民俗等与语言文化直接或间接相关。在目前中国36项世界非物质文化遗产中，近半数与语言资源相关联，如：昆曲、蒙古族长调民歌、福建南音、侗族大歌、粤剧、《格萨尔》史诗、藏戏、甘肃花儿、《玛纳斯》史诗、书法、篆刻、京剧、赫哲族伊玛堪说唱等。这提醒我们，语言资源的保护工作，任重而道远。

为全面掌握语言国情，更好地保护国家语言资源，并向社会提供语言资源服务，国家语委开展"中国语言资源有声数据库"建设工作，2008年10月在苏州启动了中国语言资源有声数据库建设试点。数据库建设按照一县一点的原则，调查采录1000个单字、1200个词汇、50条语法及规定话语和自选话语等有声资料，再进行整理和加工，科学记录和保存语言、方言资料，以便将来深入研究和有效地开发利用。目前，江苏的试点工作已顺利完成，取得了《中国语言资源有声数据库建设工作规范》《方言电子文件自动检查系统》《语言资源有声数据库检索系统》等多项成果，2013年将建成江苏语言资源有声数据库。语言资源有声数据库建设是保护和利用以语言为载体的非物质文化遗产的重要举措，是一项利在当代、惠及后人的事业。继江苏之后，上海、北京、辽宁、广西、云南等地也陆续启动语言资源数据库建设工作。

二、我国语言资源的利用

早在1955年的全国"现代汉语规范化问题学术会议"上，中央便明确提出："大力推广普通话，促进文字改革和语言规范化，已经成为我国当前的迫切任务。"① 1982年，"国家推广全国通用的普通话"更是载入《中华人民共和国宪法》，推广普通话成为我国的基

① 社论《为促进汉字改革，推广普通话，实现汉语规范化而努力》，《人民日报》1955年10月26日。

本国策之一。1997 年 12 月，全国语言文字工作会议提出，我国跨世纪推广普通话的奋斗目标是："2010 年以前，普通话在全国范围内初步普及，交际中的方言隔阂基本消除，受过中等以上教育的公民自觉具备普通话的应用能力，并在必要的场合自觉地使用普通话，与口语表达关系密切行业的工作人员，其普通话水平达到相应的要求。……下世纪中叶以前，普通话在全国范围内普及，交际中没有方言隔阂。"

根据 2001 年结束的"中国语言文字使用情况调查（不含港澳台地区情况）"，全国能用普通话、汉语方言和少数民族语言与人交谈的人口比例分别为 53.06%、86.38% 和 5.46%；全国能用普通话与人交谈的人口城、乡比例分别为 66.03%、45.06%，性别上男、女使用普通话比例分别为 56.76%、49.22%；全国平时主要写简化字、繁体字和两种都能写的人口比例分别为 95.25%、0.92%、3.84%；全国会认读和拼写汉语拼音的人口比例分别为：会的 44.63%、会一些的 23.69%、不会的 31.68%。① 从调查中可见，我国能够使用普通话的人口只有一半多（53.06%），按照国家对普通话推广的的要求，我国普通话资源使用率与国家要求显然相差很多。这说明，普通话的推广和普及尽管做了大量的工作，且全国的九年制义务教育覆盖率 2003 年的统计已达 91.8%，但作为我国国家通用语言的普通话的教育却不能令人满意。

1997 年底，常月华、缎瑞隆等对河南省非师范类高等学校普通话的使用情况做过一项调查，调查发现 92% 的往届毕业生即在职工作人员认为，普通话对自己目前所从事的工作有重要或比较重要的影响，96% 的在校生认为，普通话对自己将来毕业就职有重要或比较重要的影响。这表明掌握普通话已成为个人求职谋生的重要因素。同时，他们还在郑州对旅游、饭店、邮政、贸易、机关、报社、医院、交警、法院、公司等十个行业做了调查，结果发现大部分行业 80% 以上的调查对象都认为，普通话对于他们所从事的工作重要或比较重要。这反映了当前社会各行业对普通话的普遍需求。②

① 《中国语言文字使用情况调查资料》，语文出版社，2006 年 11 月。

② 常月华、缎瑞隆等：《关于河南省非师范类高等学校普通话使用情况的研究报告》，《语言文字应用》2000 年第 3 期。

然而，普通话并未因为人们觉得重要、国家又下大力气推广而成功普及，是什么原因呢？有专家学者认为，目前多数国人对国家的语言政策知之甚少，其中包括干部、学生甚至教师。在许多方言区，特别是广大农村，由于旧的习惯势力和狭隘的地方观念仍根深蒂固地影响着人们，还有很多人认识不到推广普通话的重要现实意义，对推广普通话不以为然，使用普通话的意识非常淡薄，有的地方甚至干脆排斥普通话。推广普通话的宣传工作也做得很不到位。可见，继续提高人们对推广普通话意义的认识，争取社会各界群众的理解，积极宣传、普及普通话知识，仍然是一项重要工作。

普通话利用的现状，构成我国语言资源利用上的一个焦点问题。“中国语言文字使用情况调查”还没有反映港、澳、台的情况，这些地方的普通话（或称国语）的推广、利用，将存在更多、更复杂的问题。不能有效地使用语言资源，就无法达到有效的沟通，也将无法使汉语推向整个世界市场。

当然，语言资源的利用，同样还涉及到对方言资源、少数民族语言资源、外语资源的利用，这些问题有待更深入的探讨。

三、我国语言资源的开发

推广使用普通话是我国语言资源利用的现实问题之一，与此同时，如何开发我国语言资源，是促进我国语言产业发展所面临的问题。

李宇明教授在《当今三大语言话题》中认为，信息化已经成为挽救语言消亡的重要因素，因此开发语言资源，应当首先使被开发的语言资源跟上信息化的步伐，才能使语言资源长久地发挥作用。要想跟上信息化的步伐，语言文字的标准化、规范化十分重要，它是语言资源利用与开发的根据，也是语言文字信息化的基础。我国民族方言的开发已经取得很大成绩，对于民族文化传播，适应经济、文化、社会发展的需要，发挥了显著作用。

在蒙古语言文字的规范化、标准化方面，1979 年正式确定了蒙古语基础方言和标准音。我国蒙古语言分为三个方言，即东部方言、中部方言、西部方言，以中部方言为我国蒙古语的基础方言，以锡林郭勒盟正兰旗的察哈尔土语为标准音。内蒙古教育出版社出版了一部标准音词典。1997 年内蒙古自治区成立“蒙古语标准音工作委员会”，制定了语音规范原则。蒙古语言文字的信息处理工作在少数民族语言文字信息处理领域中起步较早、发展领先，我国少数民族文字计算机信息处理工作，首先就是从蒙古文开始的。

近30年来，藏语文规范化、标准化工作取得了重大进展，比较突出的方面是词典编纂，陆续出版了一批藏文辞书，主要有《格西曲扎藏文辞典》《藏文大词典》《藏汉口语词典》《汉藏对照词汇》《藏汉词汇》《藏汉词典》等。1996年举办了“全国藏文印刷字体审定会”，审定通过了22种藏文印刷字体。藏文于1984年实现了信息处理，后来又开发出与汉英文兼容的藏文操作系统，实现了藏文精密照排。1993年开始藏文信息技术标准化工作，着手起草和制定国际标准。在国家有关部门的组织协调下，经过藏文专家、计算机专家、信息技术标准专家们的共同努力，完成了藏文编码国际标准最终方案的制定。1997年10月着手研制《藏文编码字符集 辅助集》。藏文软件开发于1998年列入自治区863计划。

1982年，我国境内的柯尔克孜和哈萨克两个民族决定恢复使用传统的阿拉伯字母形式的文字，上世纪六十年代使用阿拉伯字母形式设计的拉丁字母形式的新文字只作为一种拼音形式予以保留。新疆维吾尔自治区于1988年成立“民族语言名词术语规范审定委员会”，专门从事维、哈、蒙、柯、锡伯等民族语言名词术语的规范审定工作。在计算机信息处理技术研发方面，1988年出台国家标准《信息处理—信息交换用维吾尔文编码图形字符集》。上世纪九十年代初，新疆民语委牵头组织有关单位的专家制定了计算机信息处理维、哈、柯、锡伯等文种的三项国家标准，成为国内相关民族语言软件开发共同遵循的标准。1996年研发出计算机锡伯文、满文文字处理和轻印刷系统，填补了国内空白。1998年着手研制新疆多文种文字处理软件系统。

1977年以前，我国的朝鲜语尚未制定明确的规范原则，只依照朝鲜的朝鲜语规范。1977年，根据国务院的决定，东三省成立了朝鲜语文工作协调小组，统一管理中国朝鲜语文工作。自此，朝鲜语的规范化工作走向正常轨道。1977年至1985年制定了朝鲜语规范原则和规范方案，1986年成立朝鲜语规范委员会。延边地区朝鲜语信息处理工作始于1985年，延边电子信息中心完成国家标准《信息交换用朝鲜文字编码字符集》研制任务，并成立了中国朝鲜语信息处理学会，研发朝鲜语信息处理系统，现已在朝鲜语字母排序、键盘排序安排等方面取得了突破性进展。延边医学院研发出朝文电脑激光照排印刷系统。

贵州省境内的少数民族语言资源的开发工作自新中国成立后开始进行，分别为苗族、布依族、侗族创制了拼音文字，并在这几个民族的聚居区内试行推广。信息处理方面，贵州民族学院开发了彝文软件，用于彝文文字处理。

彝语旧称罗罗语，属汉藏语系藏缅语族彝语支，分为北部、东部、南部、东南部、西部、中部6个方言，方言下又分次方言。彝族以本民族语言为主要交际工具，现讲彝语的约有400万人。彝族原有一种拼音文字，旧称爨文，历史悠久，创始于两汉而集大成于唐宋。1988～1989年，四川省民委、民语委组织有关单位研制了《信息交换用彝文编码字符集》《信息交换用彝文15×16点阵字模集及数据集》两个标准，1995年又研制了《信息交换用彝文24×24点阵字模集及数据集》标准，国家质量技术监督局先后批准颁布实施了这3项标准。彝文实现了计算机信息处理，实现了在网上浏览彝文信息。

1990年12月，广西壮族自治区民族古籍办公室与广西科学院计算中心联合研发“古壮文信息处理系统”。1993年12月25日，“古壮文信息处理系统”在北京通过技术鉴定。

云南省民语委成立以来，先后帮助哈尼（2种）、傈僳、纳西、景颇（载瓦）、苗（2种）、壮、白、瑶、独龙等10个民族新创12种民族文字或拼音方案，帮助彝、傣、拉祜、苗、景颇等5个民族改进、规范了7种民族文字。德宏傣文、景颇文、载瓦文、哈尼文、拉祜文、川滇黔苗文、佤文等7种民族文字方案，已由云南省人民政府上报国务院审批成为正式文字。上世纪九十年代以来，云南省有关单位从信息处理的角度对云南省少数民族文字进行开发利用和研究，现在，拉丁字母系统的少数民族文字基本上都能用计算机进行处理，非拉丁字母系统的少数民族文字计算机处理功能还有待完善。

第四节　语言文化发展与国家综合实力提升

资源的保护、利用与开发成效关系着国家和民族在世界竞争格局中的胜算。语言资源作为一个国家“软实力”的重要成分，已经在经济、文化、政治等领域越来越多地脱颖而出，显现出其潜在的“硬实力”本领。语言资源在国家崛起、民族复兴的进程中，起着独特的作用。

一、国际语言资源的应用

语言的特性、历史、新的活力，被有关专家视为了解语言的三个方面。每种语言都是一件特殊的语言样本，具有其他语言无法代替的语言学上的认识价值。比如：汉语的平上去入的声调系统及其变调特点，极为罕见；哈萨克语关于马的毛色的词语有350多个，形容骏马的词语有100多个，有关马的其他特征的词语达600多个；从语言的历史角度可以看到原始汉语分化的方向、区域、特点。

现代汉语的发展，就词汇和语法而言，受到了英语、日语、俄语等语言的较大影响。西方世界经济、科技的发展，带来了西方语言边界的扩张，大量外来语也因此进入汉语体系。一百多年来，欧美科学技术、新发明及其带来的经济、文化生活的变化造就的新生事物众多，如“engine（引擎）”和“motor（马达）”，世界经济“一体化”带来的“WTO”，与石油和汽车行业密切相连的“OPEC”，反映经济发展状况的“GDP”，还有超市（supermarket）、台风（typhoon）、嬉皮士（hippies）、艾滋病（aids）、桑那浴（sauna）、啤酒（beer）、拷贝（copy）、做秀（show）、幽默（humor）、托福（TOFEL）、芭蕾舞（ballet）、卡片（card）、因特网（internet）、呼啦圈（hulahoop）、猎头（headhunting）这样的常见词语，以及与计算机、信息行业发展相关联的词语，如在线（online）、网络（network）、电子邮件（email）、网络用户（user）、主页（homepage）、网页（webside）、链接（link）、软件（software）、硬件（hardware）、网上销售（etailing）、网迷（cybernaut）、蓝牙（bluetooth），等等，它们给汉语语言资源带来的冲击与充实都是显而易见的。根据华生在线网的介绍，从数量来看，改革开放30年来汉语外来词新增数量达数千个。

日本比中国更早接受西方的文明，因此也较早地引进了一些西方词句，并通过汉语翻译过来。现代汉语中的日语“外来语”，数量多得惊人。据统计，我们今天使用的社会人文学科方面的名词术语，有70%是从日本输入的，这些都是日本人对西方相应语词的翻译，传入中国后，便在汉语中牢牢扎根。“离开了日语‘外来语’，我们今天几乎就无法说话。”① 比如：科学（science）、革命（revolution）、领导（leader）、教育（education）、专制（autocracy）、社会（society）、哲学（philosophy）、资本（capital）、进化（evolution）、经济（economy）、文学（literature）、民主（democracy）、阶级（class）、自然（nature），等等。

国外语言资源在中国的应用，是历史发展过程中的必然现象。它从某种程度上，通过语言资源的应用，把一个国家历史发展过程中的强弱与先后地位标示了出来。中国近代历史上的落后，在汉语语言上也打下了烙印。不过，使用和引进别国的语言为我所用，并不是件丢人的事情。鲁迅先生讲“拿来主义”，为了能够尽早赶上先进国家的发展，主动地接近和有选择地吸收，总比固步自封、闭门造车好得多，日本在这点上的做法值得我们学习。在中国近现代历史上确实也有为了抵制外国语言而弃之不用的情况。著名学者严复针对从日本引进的西方“外来语”的译法，就曾不以为然。比如：日译“经济”一词，严复译做“计学”；日译“社会”，严复译做“群”，相应的“社会学”也就称为“群学”；日译“资本”，严复译做“母财”；日译“哲学”，严复译做“理学”；日译“进化”，严复译做“天演”②。这或许是出于民族自尊与气节，或许是出于学术上的意见相左。但是，效果看来并不甚好，我们现在用到的这些词语，主要还是从日本引进的。这是因为，文化的一个重要特征就是，它是全人类可以共享的，语言资源同样如此。

二、语言资源与民族的话语权

我们所处的时代，是一个充满商机的时代，是一个市场经济的时代，也是一个民族话语权面临发展机遇的时代。语言原本是一种工具，在市场经济时代，如果这种工具能够带来足够的商业机会和商业利润，自然就会有更多的人去使用这种工具，这种工具也就自

① 王彬彬：《隔在中西之间的日本——现代汉语中的日语“外来语”问题》，《上海文学》1998年第8期。

② 同上。

然拥有广泛施展作用的舞台。比如我国改革开放之初，由于经济发展始于东南沿海，特别是广东省，于是广东话（粤方言）对争相下海从商的人们具有了很大的吸引力，一些粤方言语音、语调在内地也被人们广泛模仿。现在同样的情况再次出现，中国融入国际市场，加入世界贸易组织，中国经济飞速发展，国外便兴起中文学习热，汉语的影响已经遍及世界各个角落。到2004年，全球汉语学习者（母语非汉语者）达6000多万，参加中文托福HSK考试的人数已过百万人，涉及120多个国家，韩国已经有3.5万人到中国留学，美国近1000所高校设有中文课程，日本有近200万人学习中文，马来西亚有6万名非华裔入读华文小学，印尼各地开设的中文补习班不下300家，澳大利亚新南威尔士州学习中文的学生达1.7万人①。从这些事实中不难看出语言作为一种实力的反映而表现出的活力。英语之所以能广布世界，成为世界性语言，就是因为历史上曾经有一个强大的大英帝国，在这个帝国支持下的贸易遍布世界各地。

中国历史上也曾经有过强盛的时期，因为国力的强盛，接触的世界民族也很多，如印度、伊朗、波斯、马来、暹罗、缅甸、安南、匈奴、突厥、蒙古、高丽、日本等，汉语也在这些民族的语言中留下自己的痕迹。如蒙古语发音“兀真”的词，来自汉语的“夫人”，“领昆”为汉语的“令公”；阿拉伯语中的tufan借音自我国广东话的“大风”；马来语中的angkin，借自汉语的“红裙”，bami借自汉语的“白面”；英语中silk，借自汉语的“丝绸”，我国学者罗常培认为china取自“秦”的对音，英文指“瓷器”，最早的时候称之为“chinaware”，转化自“ware made of china”，后来省略了“ware”，变成现在的“china”。② 世界是因为与中国的贸易往来而更多地了解认识了中国，中国是因为当时强大的文明而影响了世界。可见，作为工具的语言，不仅仅是工具的作用，还表现着民族的存在，争得更多的民族话语权，把民族的声音传向世界。国力的强盛就是在这个意义上，提高了语言工具的重要性和价值。

然而语言并不只是被动地被用作工具，它可以通过革新、创造使自己拥有更为广泛的语言市场和更为众多的使用群体。“话语权不

---

① 周年洋：《强势的经济 强势的语言》，《北方经济时报》2004年7日15日。

② 罗常培：《语言与文化》，北京出版社，2004年1月第1版，第49页。

是自然而来的，甚至不因国力强大、科技昌盛、教育发达就自然拥有。有许多国家富得流油，可是在国际上并没有什么话语权。"① 这跟语言资源自身恐怕有很大关联。语言资源自身存在着如何改进、完善和灵活地适应差异语言人群的问题。中国的语言国际传播战略值得认真思考和设计。有关专家认为，当前汉语的传播有三大战略：首先，应当处理好汉语简繁体的关系；其次，调整普通话在"大华语"② 范围内的弹性，使得身处世界各地的华人，能更为便利地使用，更好地推动汉语向世界传播，因为"大华语"范畴的世界各地华人，他们是传播汉语的排头兵与先锋；第三，汉语拼音的使用与完善，因为外国人使用和掌握汉语有相当的困难，汉语拼音无形中成了一个能够让他们比较容易接近和接受的中介，使得他们认识汉语的能力和兴趣也会不断提高，所以传播汉语仅仅靠汉语文字是不够的。因此，汉语在作为工具的同时，还肩负着通过完善和发展自己，主动争取民族话语权的使命。

三、强国的语言与语言强国

《强国的语言与语言强国》中提到："理论上语言是一律平等的，现实中语言是有强有弱的。"文章从历史的角度论证了国家强弱与其语言强弱的关系。如，古罗马帝国的强盛，确立了拉丁语在欧洲古代的"超级语言"地位；法兰西的崛起，使法语成为17世纪欧洲的外交用语；大英帝国和美利坚合众国的兴起，使这个在1600年前后还只是世界上的一个小语种国家的语言，超越了法语的使用范围，一跃而成世界上第一大语种，到今天几乎成了"世界通语"。语言强盛的状态既是国家强盛的象征，也可以促进国家的发展和强大。这是语言自身的功能决定的。语言是人类主要的交际工具，80%的信息是经由语言文字来传递的。③ 它已经不仅仅止于"软实力"的概念，在某种意义上成了一种"硬实力"。一种强大的语言体系，在

---

① 李宇明：《中国的话语权问题》，《第四届全国语言文字应用学术研讨会论文集》，四川大学出版社，2007年7月，第9页。

② 在普通话的影响下，形成的超越方言的、带有区域特色的华人共同语，如新加坡和马来西亚的华语。

③ 李宇明：《强国的语言与语言强国》，国际汉语教育学会网，2009年5月15日，http：//www. isclp. org/showinfo. asp? id = 205

某种程度上造成对经济与市场的垄断，不能接近和掌握这种语言的人群无法有效从事相关商贸活动，无法学习这一语言体系内的文明与科技。如果这个人群想要融入这个市场，就要消耗大量的语言学习成本，就要遵守和服从语言强国的语言规则，语言成了不战而屈人之力、服人之心的利器。正因如此，"许多大国都在有计划地实施各自的语言战略，并努力扩大语言的国际影响。美英等国通过贸易、媒体、教育、文化等途径向世界倾销英语，法国努力协调有 34 个国家和 3 个地区构成的法语区（Francophonie）的语言问题，西班牙利用西班牙语世界（Hispanidad）这一概念向世界进行语言传播，日本、韩国建立基金会不遗余力地推进日语、韩语的国际传播"①。那么中国有没有成为语言强国的条件呢?《强国的语言与语言强国》认为，有三方面的优势可供思考：首先，中国具有人口优势，中国海内外以汉语为母语的人口达 13 亿，汉语是世界上使用人口最多的语言；其次，中华民族的文化优势，中国的文化已经在世界范围广为传播，中国古代文化的经典理念和思想成为世界范围尊崇的对象，孔子四海亲仁的思想，孙子兵法克敌制胜的战略，人类历史上的建筑奇迹长城，改变世界命运的四大发明，以及种种奇妙诱人的中华民族的文化成就，包括养性修心立人的书法，都使得汉语语言具有相当大的吸引力；第三是潜在的经济价值，随着中国综合国力和国际地位的不断提高，中国市场经济的不断发展，汉语资源的经济价值也越来越高，因为不懂汉语，就没办法进行经济交流。

怎么使中国成为语言强国呢？有关专家认为应当注意三点：一是提高普通话和规范汉字的社会声望；二是加快中国语言文字信息处理的研究；三是努力推进汉语的国际传播。这几点对语言资源的规范化和标准化都有着特别的要求。语言资源的价值，事关和谐的语言生活、民族的团结和文化的传承，与国家强盛相关联。中华语言资源的问题，乃千秋大业，不可不察。

① 李宇明：《强国的语言与语言强国》，国际汉语教育学会网，2009 年 5 月 15 日，http：//www. isclp. org/showinfo. asp？id＝205

第三章 语言产业概述

第一节 语言资源、语言价值与语言经济

一、语言的资源特征

二十世纪中叶以来，语言在社会发展中的作用越来越显著，人们逐渐认识到语言是一种特殊的资源。一方面它具有一般的资源特性，即可利用性和稀缺性；一方面它又不能套用一般经济学的成本效益理论去分析对待，它特别具有地域传承性、可利用的无限性、可再生性、可习得性、累积性等特点。从语言结构的角度，语言资源可以分为语音资源、词汇资源、语法资源、语义资源、语篇资源和文字资源等。李宇明将语言资源分为自然语言资源及其文字、衍生语言资源（自然语言的衍生品，如辞书、检字法、语料库、字库、输入法、翻译软件等）和语言能力等三方面。他认为语言能力决定着信息获取与表达的能力，影响着思维水平和文化水平，有了一定的语言能力，母语才能延续和发展，外语才能引进和使用，各种衍生的语言资源才能创造和合理运用。因此，语言能力应看做国家重要的语言资源①。

与自然资源一样，语言资源具有可利用性和稀缺性。语言资源的价值不必多说，语言资源的稀缺性有一些自身的特点：其一，语言资源不仅有数量和内容的限制，如果不加以保护和开发，如果没有不断的创新，它就会不断萎缩，直至成为某种文化遗迹或是完全消亡。这就是文化资源的特性，如果不理它，它会自行消亡。其二，

① 李宇明：《中国语言规划续论》，商务印书馆，2010 年 2 月第 1 版，第 326 页。

语言资源既是在那里，并不就等于个人的语言能力，并不就等于社会的语言运用水平，必须通过学习、善加应用，语言资源才会很好地实现它的使用价值。无论是对个体，还是对社会，语言应用水平和实力的提升几乎具有无限的空间，从这个角度讲，语言资源如何能更充分地转化为语言实力，更能说明语言资源的稀缺性，或者说，语言能力是稀缺的。

自然资源被使用的过程往往是一个资源消耗的过程，它的稀缺性意味着被使用、被消费的有限性。而语言资源的使用过程如同所有的文化资源的使用过程一样，可以无数次的被重复，语言资源不是在使用过程中被消耗，而是在使用过程中被实现、被传播、被丰富甚至被创新。自然语言资源还具有民族性、地域性、传承性、时代性、累积性等特点。

二、语言的经济价值和文化价值

以前对语言价值的理解多从交流工具的角度来衡量，而对语言文化价值深层的基础性和广泛性缺乏全面的考察。随着社会的发展和人类自我认识的深入，尤其伴随着信息经济的发展和全球经济一体化的大趋势，语言价值的深层性和多重性越来越显著。

在 20 世纪西方哲学史的进程中，出现了认识论的语言学转向以及本体论的语言学转向，前者以分析哲学为代表，后者以存在主义哲学为代表，语言学取得了长足的发展。人们对语言、符号、思维、文化之间关系的认识更加深刻。人们认识到，语言是存在的家园，语言是思维和文化的密码。

随着二十世纪以来全球社会经济的快速发展，语言在社会各领域的广泛使用越来越显著，人们越来越意识到高效、合理使用语言的重要价值。进入二十一世纪以来，国际上，随着世界经济一体化的进程，国与国之间的经济交往空前频繁，经济竞争日趋激烈；在国内，经济活动异常活跃，高速经济增长持续保持，这些都对国民语言水平和相关企业的多语交际能力提出了新的要求。信息技术、互联网技术、移动通讯技术的发展，一方面大大促进了语言信息化的进程，为语言的保护、传播、开发和利用带来了技术革命；一方面也突显了语言、信息在经济文化发展中的重要地位。另外，随着我国综合国力的提升，国家文化软实力的提升日益迫切，民族语言文化的国际影响力和传播力也显得越来越重要。

综上所述，语言的经济价值、文化价值，乃至本体价值日益受到人们的关注，语言研究、语言教育、语言实力、语言产业等越来越受到社会的重视。为了简化起见，我们把语言的价值分为两大类，一是其经济价值，即语言产品的经济收益；一是其非经济价值，诸如语言的信息价值、教育价值、政治价值、心灵价值等等，我们统称为文化价值。语言的经济价值是语言在使用过程中所体现出来的经济效用，语言的文化价值是语言在使用过程中所体现出来的文化效用。这只是一种概念分析，在实际过程中，语言的经济效用往往是由于其文化效用才得以实现。

三、语言的个体价值和社会价值

我们还可以从个体和社会两个方面来考察语言的经济价值和文化价值。

对个体而言，语言的价值就是语言能力，从经济学的角度说它是一种人力资本。所谓人力资本，指的是凝集在劳动者身上的知识、技能及其所表现出来的能力。它对生产起促进作用，是促使生产增长的主要因素，是具有经济价值的一种资本，称之为人力资本。一个个体的语言能力决定了他的表达能力、沟通能力甚至思维能力，可以说，语言能力是个人人力资本的基本方面，对于教师、记者、编辑、律师、主持人、演员、管理者、谈判员等与语言运用密切相关的从业人员来说，它更是核心方面。

在激烈竞争的市场经济中，复合型人才越来越重要，而复合型人才的一个重要能力就是他必须是一个好的“讲述者”。如果能够把复杂的问题用简单的语言解释给别人，让人听懂，那么他得到客户订单的机会就更大，因为他知道该对客户讲什么、怎样讲。同时，你让客户得到的信息越多，你就越是一位出色的讲述者。让客户了解业务，甚至比业务本身还重要。① 语言能力好的人就可能更好地胜任本职工作，并且拥有更好的升职前景。要成为某个行业的高级人才，没有相当高的语言水平是不可能的。高水平的语言能力会使

---

① ［美］托马斯·弗里德曼著，何帆等译：《世界是平的》，湖南科学技术出版社，2006 年，第 224 页。

自身在事业发展中处于有利的竞争地位。

随着世界经济一体化的形成，国与国之间的经济往来和文化交流越来越频繁，这对人才的多语能力提出了更高要求。具备了多语种交际能力，可以跨越国界、民族和文化来进行无障碍的沟通和交流。同时，在从事科学研究时，有助于获取最新信息，增加学术交流机会和效率，掌握世界最新动态，促进科研成果的消化吸收。拥有多语能力是研究成果进入世界性平台的前提条件。对第二、第三种语言的掌握，已成为增加个人人力资本储备的重要方向。个体的语言知识和语言技能不是与生俱来的，必须通过教育和训练得来，通过经济投资和精力投入的方式得来，这就是一种语言经济行为。语言技能特别具有地域性和生长性特点。你了解本国语言，但到了国外，你的语言能力就几乎是零了。即使在国内，你到了外地，如果听不懂当地的方言，别人也听不懂你的口音，你的某些语言能力也就随之丧失了。个人的语言习得基本有两条线，一是针对某种语言（主要是母语）的运用能力的提升，一是在母语之外掌握其他语言，即第二、第三语言的学习。个体在语言习得的过程中会考量某种语言的使用价值，而某一特定语言经济价值的高低取决于该语言在各种职业和部门活动中使用的重要程度和广泛程度。所以，个体对其语言习得的规划实质上也是对自身人力资本结构的规划。

当然，语言的个体价值并不仅仅体现在人力资本方面，它还有文化的、心灵的、精神的价值，个体的语言素质和语言能力很大程度上决定了他内在精神生活的广度和深度。

语言还具有巨大的社会价值。先从经济的角度来看，语言不仅对个体有经济价值，对社会整体的经济发展也有巨大的促进作用。首先，一个国家国民语言能力的整体提高可以为经济的发展创造有利的条件，经济的竞争是以语言竞争为重要环节的。在历史发展过程中，英语随着英国的殖民扩张成为世界强势语言，随着美国的崛起而进一步成为世界通用语言。当前，很多国家把国民的英语能力作为经济发展的重要因素。近年来，随着中国综合国力的增强，汉语的国际地位逐渐提高，外国人学习汉语的热度不断提升，我国政府对汉语的国际传播也给予了空前的重视。语言的发展不仅是文化和意识形态的发展，还有经济上的巨大收益和国家软实力的增强。其次，为满足人们提高语言能力的需求，各种语言学校竞相开办，语言培训服务、语言辅导服务、语言图书出版等发展迅速，与之相关的语言技术运用也不断更新，这些语言产业的发展增加了社会就业机会，促进了产业结构的优化和调整，刺激了第三产业的发展。再次，语言能力的提高，如对第二外语或国际通用语言的掌握，有助于降低国际贸易中的交易成本，因为交易成本中的一些构成如信息成本、谈判成本、监督成本等与语言相关。进行国际贸易时如果掌握对方语言，则可以比较容易地获取对方的经济、政治、法律、政策等方面的信息，并能有效识别和分析信息，从而降低信息搜集成本和信息的不对称。谈判双方在谈判过程中如果使用相同的语言，则会减少一些不必要的成本，如翻译成本、机会成本等，谈判效率也会更高。因此，语言的共享可以大大提高经济合作的便利，降低合作的风险，扩大双方共赢的区域，增加建立经济合作关系的可能性，从而更有效地推动资源在全球范围内的整合和配置。目前，国内大型企业高层管理人员的多语能力比较弱，这已成为企业国际化发展的障碍。①

再从文化的角度来看语言的社会价值：首先，语言发展水平很大程度上是一个国家文化发展水平、教育发展水平的基础和前提。其次，语言是文化的载体，也是思维的载体，语言资源的保护有利于促进一国文化的保护、传承和传播，语言水平的发展有利于促进一国科学、文化、艺术的繁荣和发展。再次，语言的实力是一个国家综合实力的重要方面，强国的竞争不仅在于市场、产品、技术方面，还体现在语言上。一个国家的国际影响力不仅反映在经济和科学技术的发展上，语言的推广和传播程度也是一国综合国力的重要标志。强势的语言将为一个国家带来难以估量的政治、经济、文化等多重收益。一个国家的语言实力既是其综合实力的基础性的部分，同时也是其综合实力提升的结果，二者相互促进。

一个国家的语言实力应该包含以下几个方面：一是国家标准语言或公共语言的推广普及程度；二是国民的平均语言能力和语言素质；三是语言教育和语言培训的发展水平；四是语言资源的保护水平，包括传统语言资源的整理、特殊语言资源的维护等；五是语言资源的利用水平和开发水平，包括语言创新水平（学术、思想、艺

---

① 雷小兰：《语言的经济价值分析》，《西安交通大学学报》2009 年 11 月。

术、创意等各种语言创新）、语言技术的研发水平、语言产业的发展水平等；六是语言在国际上的影响力和传播力。全面提升我国的语言实力，特别是提升汉语在国际上的影响力，我们任重道远。

四、社会发展与语言发展

语言社会作用的突显得益于社会的发展，而社会的发展也得益于语言的发展。一方面，社会经济的发展对语言的使用和创新提出了新的要求，另一方面，语言的发展又会促进社会经济的发展，这就是语言发展与社会发展的互动关系。这里主要说说社会发展会刺激语言的发展，也会要求语言的发展。

新的社会生活要求新的语言表达，或者说它会孳生出新的语言作品。比如：没有贞观之治就很难有盛唐诗歌的繁荣；没有市民社会、世俗生活的发达，也很难设想明清小说、戏剧的兴盛；没有当代大众电视文化这种新型的语言平台，很难设想会有脱口秀主诗人、品牌电视节目主持人的大红大紫。新的语言反映新的时代。自进入21世纪以来，新生事物层出不穷，新语汇频繁诞生。曾经的热词是改革、开放、下海、特区、待业、二道贩子、盲流、民工、电脑、大哥大，而今天的热词是互联网、全球化、与国际接轨、酷、伊妹儿、粉丝、牛市、秒杀、被、新媒体、国学。新语汇外来词越来越多，充分体现了全球化经济大潮的冲击，以及文化交流的频繁和深入。

经济的发达和活跃能够激活语言，促使语言传播。如果一个国家或地区的经济能持续保持高水平的发展，那么它的语言必然越来越具影响力，并趋向普及。英语能成为国际语言，当然得益于英国在18、19世纪的强盛以及美国在20世纪以来的强盛。汉语越来越受到国际关注，也正由于中国近几十年来持续的经济增长。经济生活的繁荣对语言的运用就会提出更高的要求。可以作一个简要的分析：首先，经济的发展会极大地刺激各种交流活动，诸如信息沟通、商务谈判、业务洽谈等，语言交流的合理高效在其中占有重要地位。其次，企业的产品宣传、形象塑造、品牌打造，诸如广告设计、品牌命名、确立企业核心价值等活动，都与语言的运用有着密切的关系，可统称为广告语言运用，已成为企业运作的重要组成部分。再次，随着经济的繁荣发展，对于个体来说，个体的人力资本已成为个体在激烈的职业竞争中赖以立足的基础，而较好的语言能力是个体人力资本的重要组成部分。个体在提高自身综合职业素质的过程中，提升自己的语言能力已经越来越重要。如以北方方言为基础发展起来的汉语普通话，是我国的国家通用语言。现在，要闯一闯全国的大市场，不会说普通话就会受到一定的局限。反过来，一个北方人在会说普遍话的基础上，又会说一点广东话，那么就会对他在广东的经济活动大有帮助。最后，随着全球经济一体化的大趋势，随着国际经济交流的日益频繁，经济活动对多语交际能力提出了迫切要求。

经济生活的繁荣还促进语言的融合、整合，既会促使一个国家民族通用语的形成，也会促使世界流行语言如英语在世界范围内变得更趋一致。没有良好的多语交际能力就无法融入世界经济活动之中。正如1992年9月17日《中国日报》一篇文章题目所言：More-language means better business。

五、语言经济

这里说的语言经济不是指用最少的语言表达最丰富的内容，而是指通过加工、处理语言材料生产出语言产品并从中获得收益的经济行为。语言企业生产语言产品，个人、社会对语言产品有各种各样的需求，他们通过消费语言产品来满足语言需求，从而产生语言经济行为。瑞士经济学教授 Franois Grin 认为，语言的价值可以从两个维度来看，即市场价值和非市场价值、个人价值和社会价值。语言的市场价值反映在价格或类似的因素中，如学会某种语言，可以更方便地与会说该语言的人进行信息交流和商品交易，由此获得更高的利润，或者掌握某种语言的员工，在其他方面相同的情况下，因为懂得这种语言而机会更多收入更多。这表明学会某种语言就具有了一定的市场价值。范俊军、肖自辉认为，语言资源的经济价值体现在对语言资源进行开发和利用使之商品化和产业化，可以直接或间接地创造经济效益；而语言产品的经济价值在于语言产品有助于人们形成和提高语言能力、提高自身在社会中的能动性，从而创造和增加个人财富，如多语型人才在现代社会更受欢迎，语言能力强的人能获得更高的经济收入。[1] 具体地说，某特定语言（汉语、英语、法语等）或某特定语言能力（写作能力、谈判能力等）的经济价值的高低取决于该语言或该语言能力在各种职业和各部门活动中被使用的广泛程度和重要程度。

按照徐大明教授的说法，对语言经济行为可以作如下区分：一是本族语言经济和外族语言经济；二是利用语音的语言经济和利用语义的语言经济；三是个体的语言经济和社会的语言经济；四是以语言为直接产品的语言经济和以语言为工具手段的语言经济。[2]

本族语言经济就是母语产业，对我们来说就是汉语产业或其他少数民族语言产业。外族语言经济就是外语产业，时下，我国的外语产业特别是英语产业发展迅猛，因多语种交际需求而生的翻译产业走向繁荣。从语言构成来说，有利用语音（如语音信息处理）、语义（如语义识别、资源库）的语言经济，还有利用语形（如语形识别、字库设计）的语言经济。个体的语言经济主要是个体语言能力习得、语言产品（特别是语言技术设备）的个体消费等需求，而社会的语言经济则较为复杂，语言资源的保护、通用语言的规范、语言数据库的建设、尖端语言技术的研发等属于社会语言经济。

以语言为直接产品，就是以语言本体为最终的产品形态，此类语言经济活动主要是语言培训、语言翻译、语言艺术、语言创意、语言出版及相关语言服务等。传统的语言出版、书法艺术是典型的以书面语言为直接产品的语言经济行为，口译、朗诵、相声、授课等是典型的以口头语言为直接产品的经济行为。语言培训稍为复杂一些，它是以提高人们的语言能力为目标的经济行为，提供的是一种综合的语言产品，包括课堂讲授和语言学习方案。作为语言创意的广告也兼有书面语言产品和口头语言产品的性质。

有一类特殊的语言产品是以语言为处理内容、处理对象的语言技术及其设备，包括语言培训技术、语言交流技术、语言出版技术、语言康复技术等等，其产品形态是各种语言科技设备和软件，如语言学习设备、语言翻译设备、语言通迅设备、语言处理软件等等。此类语言产品的最终形态不是语言本体，而是处理语言的设备和软

---

① 李现乐：《语言资源与语言经济研究》，《经济问题》2010 年第 9 期。

② 徐大明：《关于语言经济学的七个问题》，《云南师范大学学报》2010 年第 9 期。

件，通过向客户提供与语言运用相关的技术、软件或高科技产品，获取相应的经济利益，可称之为以语言为工具手段的语言经济行为。

有了语言需求、语言消费和语言产品就意味着有了语言市场和语言经济。有了一定的市场规范，有了一定数量的语言企业，就会形成语言产业。语言市场、语言产品、语言技术、语言人才和语言企业构成了语言产业的基本要素。

第二节　语言产业的基本概念

一、语言产业的形成

我们对语言产业概念作如下初步的界定：语言产业是以语言为内容、材料，或是以语言为加工、处理对象，生产出各种语言产品或提供各种语言服务的产业形态。语言产业基本上可以分为两大类，一是生产语言内容、以语言本体为直接产品的语言产业，一是处理语言内容、以语言设备和技术为直接产品的语言产业。目前，较为典型的语言产业业态主要包括语言培训、语言出版、语言翻译、语言文字信息处理、语言艺术、语言创意、语言康复、语言会展、语言能力测评等。

相关的企业、生产规模及市场均要达到一定的数量和水平，才可能形成相关产业。随着语言企业、语言技术、语言产品和语言市场的不断发展，我国语言产业正在形成，并极具发展前景。当前，我国语言产业开始受到关注主要有以下几个方面的因素：

其一，语言在经济发展和文化发展中的作用日益显现。随着我国经济和社会的快速发展，无论是经济增长，还是文化繁荣，乃至综合国力的提升，都对国民语言能力、语言社会应用总体水平、语言教育水平等提出更高、更广泛的要求。语言能力已成为个体能力的重要组成部分，语言实力的竞争已成为国家竞争中的重要方面。

其二，多语交际能力日显重要。随着广泛而深入的世界一体化进程，国与国之间的交流、人员间的跨国交流日益频繁，这种交流的价值也日益突显。多语交际能力已是语言能力特别是高端语言能力的重要内容。

其三，汉语的文化地位不断提升。随着汉语国际地位的提升、民族文化本位的诉求、母语基础地位的自觉等等，国人对母语能力、外国人对汉语能力的需求已在不断提升。

其四，语言技术拉动语言产业的发展。互联网、移动通讯、多媒体、数字化等新技术的发展带来了现代语言技术的发展，语言技术被应用到语言文字信息处理过程中，现代语言设备产业应运而生。在现代语言技术条件下，语音处理、语言识别、机器翻译、语言康复等成为崭新的语言产业领域。传统语言产业的主干是语言教育、语言出版和语言翻译，语言技术的飞速进步给传统语言产业带来了革命性的影响。

据欧盟委员会于2008年委托一家研究机构完成的《欧盟语言产业规模研究报告》介绍，2009年欧盟语言产业收入将超过100亿欧元，未来若干年每年增长率在10%以上，语言产业已成为几个增长率最高的产业之一，预计到2015年，欧盟语言产业规模将达到200亿欧元。

近年来，我国的语言产业也有相当的发展。以外语产业（包括培训、出版和翻译等业态）为例：2005年，我国外语培训市场规模约150亿元，2007年增长到约200亿元，2010年则升至约300亿元，从事外语培训的机构达5万多家。我国翻译服务市场年产值也是迅速攀升，2003年为110亿元，2005年为200亿元，2007年则达到300亿元，有翻译公司近3000家。在北京市，1998年以前以翻译公司、翻译中心或翻译社的名义注册的企业不过109家，而2005年年底达到了800家以上。我国外语出版市场也是一火再火，在大学出版社中，外语教学与研究出版社、上海外语教育出版社一直名列前茅即可见一斑，外语出版目前的年产值至少应在150亿元以上。

随着中国经济的发展，中国市场在世界经济中的地位不断提高，汉语热不断升温，我国对外汉语培训的市场也快速增长。汉语水平考试（HSK）成为世界上最重要的第二语言或外语水平测试之一，已经在全球42个国家设立100多个考点。到2007年，有来自184个国家的近17万名各类来华留学人员，在全国各地的教学、科研机构中学习汉语。2003年，作为中国在海外的对外汉语培训机构“孔子学院”开始设立，到2009年12月为止，已在全球88个国家和地区建立了282所孔子学院和272个孔子课堂。2009年，美国有4000多所中小学开设了汉语课，1000多所大学开设了汉语专业，法国各类学校学习汉语的人数近5万人，澳大利亚有700多所中小学开设汉语课。由此可见汉语培训市场的广阔前景。①

我国的语言文字信息处理技术自二十世纪八十年代以来开始获得较快的发展。激光照排、汉字输入法、校对软件、机器翻译、速录器、汉字识别等技术不断涌现，它们的每一个方向都会带来巨大的产业前景。比如汉字输入法，一开始在计算机产业里的份额并不大，但由于它与手机运用相结合，其前景就难以估量了，手机汉字输入法的产值保守估计将达到8000亿元。我国手机产量约占全世界手机产量的60%，可见这是一块怎样的蛋糕。在汉字识别领域，基于先进的汉字识别技术，汉王公司2008年净增利润5500多万元。汉字字库、汉语语音测试等技术产品均有非常巨大的市场前景。

经过近30年的发展，我国已经涌现出一批较具代表性的语言企业，如外研社、上海外教社、语文报刊社等语言出版企业，新东方、国际雅思等语言培训企业，王码五笔、汉王科技、北大方正、科大迅飞等语言设备企业，北京传神等语言翻译企业。

二、语言产业与文化产业、信息产业等相关产业概念

并没有一个公认的十分严格的文化产业概念。文化产业有它的丰富性和不确定性，文化产业概念经常与内容产业、版权产业、智慧产业、创意产业等相联系。我们在此对文化产业的概念也提出一种理解：文化产业的基本内涵应该是生产文化产品、提供文化服务的企业集合，从内在结构上说，文化产业可以分为内容产业（提供文化内容）和媒介产业（提供处理内容的设备）两个相互支撑、相互融合的部分。这样，文化产业就不仅提供文化内容，也提供处理、承载文化内容的设备和技术。这些设备和技术只处理内容而不直接生产内容，可是，它们对于文化产业的发展非常重要，我们不妨将其放入文化产业。

基于这样一个广义的文化产业概念，我们认为，语言产业基本上从属于文化产业，或者说是文化产业中的一种，正如语言是文化的一项内容。如果把文化产业仅仅理解成提供某种文化内容的话，有的语言产业就不一定是文化产业，诸如翻译机器、语音设备、语

① “中国语言生活状况报告”课题组编：《中国语言生活状况报告·汉语国际传播状况》，商务印书馆，2010年。

言测试设备、字形识别技术等等。我们采用广义的语言产业概念，如前所述，语言产业不仅包括生产语言内容的业态，也包括生产处理语言内容的语言设备的业态。正如文化产业是从生产和处理文化内容的角度来理解一样，语言产业也要从生产和处理语言内容的角度来理解，它的内容核心是语言，它的社会运作形式是产业。换句话说，语言产业是用产业的方式来运作语言。

语言产业在文化产业中占有特殊地位，因为在各种文化信息或文化内容中，语言信息或语言内容有着特殊地位。对此，可以从两个方面来了解：一是在许多综合的文化产品中，语言内容是一个重要环节，诸如在教育、传媒、游戏、影视、戏剧、曲艺表演等活动中，语言表现是一个重要因素；二是语言在整体文化活动中具有基础性地位和深层性地位，因为语言水平决定了交流水平、思维水平和创造潜力，语言在整体文化活动中的这种渗透性，决定了语言产业也融贯在整个文化产业之中。

信息就是事物的某种表征，它可以是符号的，也可以是非符号的，可以是自然的，也可是人工的。自然语言无疑是一种经典形态的信息，它是我们最频繁面对的、最需要高效运用和处理的信息对象。语言产业不外乎是在生产语言信息或处理语言信息，在这个意义上，语言产业也是某种信息产业。当代尖端的语言信息技术就是人机对话，让机器来准确理解自然语言，是人工智能的核心部分。再进一步，就是用机器来模拟和复制人的自然语言机能系统。

从制作语言内容或创新语言内容的角度看，语言产业是内容产业；从制作新的语言内容的过程是一个知识创新和智慧运用的过程看，语言产业是知识产业或智慧产业；从创新语言内容蕴含文化创意或思维创意的角度看，语言产业是创意产业；从研发语言技术、制造新型语言设备来看，语言产业就是高新科技产业。所以，对于语言产业，我们可以从多个维度、多种角度去考察、去解释。

三、语言服务与语言产业

语言服务的概念不好界定，因为几乎所有的语言行为都可能是语言服务。服务可以是客观的也可以是主观的。一定要给出一个界定的话，可以给出主观的动机式的界定：一种语言行为如果它有明确的服务对象和服务目标，它就是一种语言服务。这里强调的是语言行为的服务性动机，至于能否满足对象的真实要求从而达成服务目标则是另一个问题。在这个定义里面，没有无意识的语言服务。

语言服务可以实现的功能非常丰富，诸如叙述、说明、告知、讲解、指示、命令、劝说、引导、教化、安慰、提醒、娱乐、表演等等。对语言服务的分析可以采取多种角度：表现形态可分为四种类型——口头语言、书写语言、标识语言和体态语言；服务主体可分为三个层面——国家、单位与个人；经济性质可分为有偿的语言服务和无偿的语言服务；从主导性上分析有两种类型——专业语言服务（专门的）和行业语言服务（伴随的）。

专业语言服务是提供专业语言产品的语言服务，有时语言服务本身就是一种语言产品。营利性的专业语言服务发展到一定程度就形成语言产业，也可以称作语言服务业或语言服务产业，如语言培训、语言出版、语言翻译等。非营利性的专业语言服务主要是由国家、社会提供的公共语言服务，如语言政策、语言规划、语言规范标准、语言资源整理、通用语言推广、语言研究等。

行业语言服务是在行业活动过程中的语言服务，这种语言服务在行业、职业活动（如交通、医疗、商场、饭店、银行等）中是辅助性、伴随性的。比如，患者去医院看病，他的最终目的是治病，但在治病的过程中会面对医生、护士等医务工作人员的语言服务。又比如去饭店，客户要消费的最终产品是食物，但同时会接受饭店环境、菜单、服务员提供的各种语言服务。语言产品的概念在这里很重要，是区分专业的语言服务和行业活动中语言服务的关键（见下图）。行业语言服务在行业活动过程中虽不是主导性的，却具有特殊的地位。

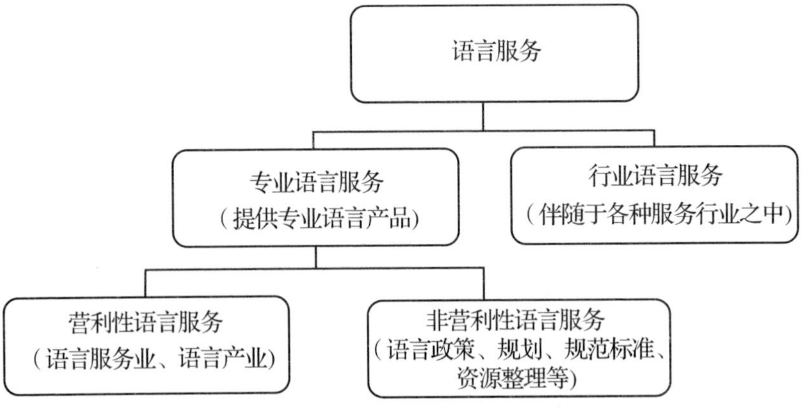

人们随时随地面临着各种各样的行业语言服务，它渗透在我们的日常生活当中。行业语言服务具有三种主要的直接的社会效应：一是生活效应：它影响着我们的生活质量，在日常生活中，我们要么接受各种各样的语言服务，要么对外提供某种语言服务；二是文明效应：语言服务是文明程度的体现，礼貌、友好、亲切、和谐的语言交流方式是良好人际关系的反映，从另一个角度说，良好的语言沟通、语言交际会塑造良好的人际关系；三是经济效应：顺畅的语言沟通，良好的语言交际，优质的语言服务，就会获得更好的经济效益。

四、语言产业的分类

语言产业大致可以分为提供语言内容的产业和对语言内容进行处理的产业，前者是语言内容产业，它的产品指向是语言本体，如语言培训、语言出版、语言翻译等；后者是语言处理产业（包括软硬件），它的产品指向是各种语言设备和技术，如录音设备、翻译设备、文字识别设备、文字输入法、文字处理软件等。

再稍加细分的话，语言产业可以分为语言能力产业、语言内容产业和语言处理产业。语言能力产业是围绕语言能力的习得、维护和评测来展开的产业，包括语言培训、语言康复、语言能力测评等业态。语言内容产业是对语言内容进行整理、复制、组合、翻译、创新等的产业，包括语言出版、语言翻译、语言创意、语言艺术等业态。语言处理产业是利用各种软、硬件技术和设备对语言进行储存、书写、传递、显示、复制、翻译、识别、理解等的产业，包括字库、输入法、文字处理软件、字形识别、语音识别、机器翻译等业态（见下页表格）。

值得注意的是语言处理产业在语言能力产业、语言内容产业中的渗透，各种语言处理技术已被广泛运用在语言培训、语言出版、语言翻译、语言能力测评之中，这些语言能力产业、语言内容产业的发展对语言处理技术不断提出新的要求，从而刺激语言处理产业的发展，而语言处理产业的发展势必为语言能力产业、语言内容产业注入新的活力，甚至带来革命性的变化。

语言产业分类	内　涵	形态举例
语言能力产业	语言能力的习得、维护、测评	语言培训、语言康复、语言测试
语言内容产业	语言内容的整理、创新，语言创作	语言出版、语言翻译、语言创意、语言艺术
语言处理产业	利用设备和技术对语言进行储存、复制、显示、识别、翻译等处理	输入法、屏幕书写、字形识别、语音识别、字库、文字处理软件、机器翻译

关于文化产业，有一种核心层、外围层和相关层的分类方式：文化产业核心层涉及初始文化资源，如新闻服务、书报刊出版发行、音像及电子出版物发行、版权服务、广播电视服务、电影服务、文化创作及表演等；文化产业外围层依托文化资源，如互联网信息服务、旅游文化服务、娱乐文化服务、文化艺术商务代理、广告和会展文化服务等；文化产业相关层涉及与文化资源相关的科技产品，如文化用品、文化产品的生产和销售。与此大致比拟的话，语言内容产业是语言产业的核心层，语言能力产业是外围层，语言处理产业是相关层。这种分法有一定的道理，但要防止不自觉地弱化外围层和相关层的产业地位。我们认为，在未来语言产业的发展中，语言处理产业将占有异常重要的地位，因为它是拉动整个语言产业的前沿性、革命性的因素。

目前，较为显著的语言产业业态主要包括语言培训、语言出版、语言翻译、语言文字信息处理、语言艺术、语言创意、语言康复、语言会展、语言能力测评等。语言培训、语言出版、口头语言翻译属于较传统的语言产业，而以数字技术、互联网技术、信息技术等为基础的语言文字信息处理产业则是新型的语言产业。新的语言技术在传统语言产业中的广泛应用将实现传统语言产业的现代转型。

第三节　语言产业的要素分析

一、语言产品

理解语言产品是理解语言产业的核心，我们首先了解一下涉及语言的各种产品形态，表示如下：

产品形态	名称	内容举例	载体举例	备注
最终产品形态为语言	广义的语言出版（包括所有的文字和有声语言产品）	图书、报纸、杂志、音像制品	纸张、磁带、光盘、硬盘、电脑、电子书	
	狭义的语言出版（仅针对语言教育、语言研究、语言行为的语言产品）	语言类和语言教育类图书、报刊及音像制品	同上	语言产业
	播音、主持（特殊的有声语言产品）	广播电视新闻、节目主持	广播、电视	
	语言艺术（主要以语言或文字表现为对象的艺术）	相声、朗诵、小品、书法	表演、书法作品、电子产品	语言产业
	语言创意	广告、命名		语言产业
	人工语言翻译	口译、笔译		语言产业
	语言记录	速录、录音		语言产业
	其他口头语言应用	演讲、讲座、报告、谈判、辩护		
最终产品形态为教育	广义的教育（语言表达、内容讲解是任何教育过程所必需）	教学、讲授	课堂、视频、网络	

产品形态	名称	内容举例	载体举例	备注
	语言教育、语言培训（培养、提升语言能力）	同上	同上	语言产业
最终产品形态为艺术	文学艺术	影视文学、戏剧文学创作	文学作品、广播影视、舞台表演	
最终产品形态为技术或设备	狭义的语言技术和设备（专门处理语言的技术和设备）	机器翻译、文字输入法、字库、汉字识别技术、语音合成技术	各种设备	语言产业
	广义的语言技术和设备（可以处理语言但并不限于处理语言的技术和设备）	录音设备、多媒体终端显示设备、通迅设备	同上	

该表所显示的分类不一定周延，它旨在梳理和介绍与语言产品相关的更为宽泛的产品背景。凡是在备注栏中标明“语言产业”的，可以基本确认它们属于较严格意义上的语言产业。

在语言产业活动中，可以尝试将语言产品分为纯语言产品、语言科技产品和综合语言产品三大类：

语言产品
- 纯语言产品（最终产品形态为语言，如语言出版、语言翻译、语言创意等）
- 语言科技产品（最终产品形态为设备或技术，如字库、语音处理设备等）
- 综合语言产品（最终产品形态是教育、艺术等，如语言培训、语言康复、语言能力测评、语言艺术、语言会展等）

纯语言产品是以语言为最终内容呈现的产品，它可以是文字形式，如语文工具书、笔译；可以是声音形式，如口译、朗诵；可以是综合音像的呈现。语言科技产品是指专门或可以用来对语言文字进行各种处理的软硬件技术或设备，如翻译设备、语言记录设备、语言传输设备、语言文字处理软件、语音处理设备、语言矫正设备等等。纯语言产品提供语言内容，语言科技产品提供处理语言内容的技术和设备，对语言进行诸如存储、复制、录放、翻译、传输、识别、显示等加工处理。综合语言产品以语言为主导兼有其他内容，如语言表演艺术、语言会展；语言培训、语言康复也列入其中，因为语言培训是提供语言示范、传授语言学习方法的系统工程，语言康复涉及语言训练、语言治疗等更为复杂的行为。

二、语言需求

语言需求是语言消费的基础，也是语言产品生产与供给的前提。在语言需求、语言产品、语言消费所构成的链条上，三者之间的关系是：基于对语言需求的认知与把握，语言产品的供给者不断推陈出新，满足并引导语言消费；同时，在语言消费中，消费者也不断产生多元化的语言需求，从而刺激语言产品的生产与供给。三者之间形成一个相互影响的循环系统，这个系统就是语言产业。

我们可以从三个方面来分析语言需求的动因：

1. 内在动因。从人类自我需求来看，生存、安全、自我实现等方面的需求都是以信息、情感等需求的满足为支撑的。例如，通过人际交流的方式，获取信息、实现情感沟通；通过对大众传播媒介产品的消费，如通过新闻节目满足信息需求，通过影视剧、相声小品等满足情感需求。无论是人际交流还是大众传播，作为表达者和接受者的个体的人，都需要具备一定的语言能力，才能够实现顺畅的人际交流和对大众传媒产品的有效解读。

2. 外在动因。从社会发展背景来看，经济、文化、科技的发展，也不断强化和拓展着语言需求。例如，随着经济全球化，中国与其他国家的经济联系日益紧密，催生了政府、企业以及个体对于语言翻译的需求；人们认识到掌握一门甚至几门外语的重要性，相应产生了接受语言培训的需求；为语言培训提供辅助教材，又出现了对语言出版的需求。随着计算机技术及数字技术的发展，通过语言处理技术，输入法、屏幕书写、字形识别、语音识别、字库、文字处理软件、机器翻译的出现，可以满足人们对语言进行储存、复制、显示、识别的需求。随着社会、文化的发展，个体对于精神文化产品方面的需求不断增加，相应产生了对语言艺术、语言会展的需求。

3. 延伸动因。一部分个体因为先天或后天原因导致语言表达和接受能力的缺失，为了能够进行正常的语言交流，相应产生了语言康复的需求。语言康复旨在满足个体获得进行语言交流能力的需求，为各种语言障碍和交流障碍提供诊断、治疗服务。语言障碍是指在口语和非口语的交流过程中，言语应用出现障碍，如当一个儿童在语言运用技巧上有缺陷，未达到同龄儿童基本水平，就可以被判断为其存在语言缺陷问题。

一部分个体、群体在语言消费基本需求的基础上，产生了更高的消费需求，如在广告、命名、饰品及旅游产品设计等行业中对语言文字元素创造性运用的需求，我们可以称之为语言创意需求。在广告中，耐人寻味、令人拍案叫绝的广告语是决定广告传播效果、提升品牌影响力的重要因素；命名是以语言文字为主要符号，创意化地为各种机构、组织、产品以及个人取名；在饰品及旅游产品设计中，将汉语古文字和少数民族语言文字作为设计元素，形成独特的创意，也日益成为一种语言创意形式，满足人们审美和收藏的需求。

此二者是以消费者的基本语言消费需求为坐标原点，分别向左右两端延伸所框选的部分消费主体及其消费需求，因此，将这种需求动因称为延伸动因。

语言需求可以分为个体需求和群体需求：

个体需求：包括提升自身母语写作、阅读及口语交流能力的需求；提高自身外语水平，增强跨语言交际、跨文化交流能力的需求；语言类及综合类文化艺术产品的欣赏需求；语言存储、复制、传输、识别、显示等语言处理需求及由此产生的对语言处理技术和设备的需求；命名、广告等语言创意消费需求；语言翻译需求等。

群体需求：群体需求可以进一步细分为某个集体的需求和整个社会的需求两个层面。其一，集体的需求，指企业、事业单位和社会团体的语言需求，具体包括语言翻译需求；命名、广告需求；语言存储、复制、传输、识别、显示等语言处理需求及由此产生的对语言处理技术和设备的需求。其二，社会的需求，指政府部门和相关研究机构着眼于国家和民族语言的长远发展，所产生的语言资源保护、开发利用需求；公民语言能力建设需求；语言法律法规建设需求；增强语言国际影响力的需求；推广国家通用语言文字的需求；提升语言文字标准化的需求等。

可见，我们的语言需求主要包括以下几大类：语言学习的需求

（即提高母语能力和外语能力）；语言翻译的需求（口译、笔译、同声传译、机器翻译等）；语言文字信息处理的需求（存储、复制、录放、传输、识别、解读、显示等）；语言阅读、欣赏的需求（语言艺术作品）；语言创意产品的需求（个人和单位的命名、广告）；语言政策，语言规范标准，语言资源整理和保护的需求；语言研究的需求；特殊语言服务的需求（速记、密码破译、手语、盲文）等等。

三、语言消费

为了满足如此种种的语言需求，相关语言企业就会设法提供相应的语言产品，而用户或消费者购买语言产品就是语言消费。近年来，语言消费问题开始引起研究者的关注。徐大明教授将企业在为消费者提供服务时所伴随的语言作为“语言服务”，将消费者在餐馆、商场、银行、医院等场所购买产品或服务时所接受的语言服务作为“语言消费”的内容，“调查显示：消费者对服务业的语言服务并不满意，服务业对语言服务也不太重视；与此同时，部分消费者有为语言服务额外消费的意愿，而服务业并不了解这一商机。因此，要提升语言服务和促进语言消费，首先要提高语言意识，特别是语言服务意识和语言消费意识”①。我们认为，实际上，这里提到的“语言服务”是一种“伴随式”语言服务，亦即前文所述的行业语言服务，而非专业语言服务。因为，消费者在就餐、购物等过程中所进行的是饮食消费或购物消费，并非以消费语言产品为目的，在这一过程中，消费者所接受的“语言服务”也就并非典型的“语言消费”，服务人员的语言能力虽然会对交易产生影响，但在大部分情况下仍只是一种辅助因素，语言消费的目标应该指向语言产品。

语言消费是指人们消费语言产品的行为，那些以语言内容、语言培训、语言运用和语言处理作为核心主导要素的产品才是语言产品。这一界定是以明确“语言产品”的内涵和外延为基础的。内涵上，明确了将“以语言内容、语言培训、语言运用和语言处理作为核心主导要素”作为判断“语言产品”的标准，把握这一标准，才能将语言产品与其他产品区隔开来；同时，根据这一标准，可以对语言产品的外延进行清晰地划定，避免出现界定过宽或过窄的问题。这

① 徐大明：《语言服务与语言消费可扩大内需》，《中国社会科学报》2012年4月23日。

样，语言消费可以是对语言出版、语言翻译、语言创意等语言内容产品的消费，也可以是对输入法、语音合成技术等语言科技产品的使用，还可以是接受语言培训、语言康复、语言能力测评或欣赏语言艺术。

围绕语言产品而形成的供求机制就是语言市场。一个成熟的产业，就会有一个成熟的市场。一个成熟的语言市场应该让有明确语言需求的人可以方便地得到自己想要的优质的语言产品，同时，优质的语言产品又可以最大程度地刺激消费者合理的语言需求。所以，好的语言产品是语言市场的关键，再往下推就是要有好的语言企业。从生产者的角度看，语言企业应该充分了解消费者的多元语言需求，并合理引导语言需求，生产出多元化的高质量的语言产品。从消费者的角度看，应该有合理的语言需求规划，并能便利地获取语言市场信息，从而获得可靠的语言产品。从市场管理的角度看，应该对语言产品的生产、流通、消费等环节有一整套相关的政策制度规范体系，如产品标准、政策支持、信息服务等。

徐大明教授指出，在语言市场上，语言产品的质量如何规范、语言产品如何合理标价、消费者如何方便获得有保障的优质的服务等等都是这个市场能否繁荣起来的重要条件。比如，翻译服务是一项典型的语言服务，如果有一个发达的翻译市场，翻译的档次、质量标准和对应的价格就会比较明确、统一，人们就会比较放心地进入这个市场，交易额就会随之上升。如果翻译服务也像出租车服务一样普通，这个市场就会很快活跃起来。① 我国语言市场的繁荣和成熟还需要一个过程。

“语言消费”作为一个新提出的概念，还有待得到社会各界的认知和了解。目前，对语言消费状况的研究尚面临一些制约因素：

一是产品间存在一定的交叉，消费者在消费语言出版产品时，可能会同时也在消费语言翻译产品，如外语学习和考试相关的图书和音像出版物；在消费语言翻译产品时，可能同时也在消费语言艺术产品，如译制片中的配音等。

二是消费者的数量难以确定，如广泛运用于银行、医院、机场、车站、会展场馆等场所的语音合成产品等，虽然购买产品的企事业单位的数量可以基本测定，但产品消费者的数量却很难准确测算，

① 徐大明：《关于语言经济学的七个问题》，《云南师范大学学报》2010 年第 9 期。

虽然他们并未为语音产品的消费直接付费，但是在统计中，却不应忽视这一庞大消费群体的存在。

三是伴随式消费价值难以测算，例如餐饮、旅游、商场等企业，服务人员语言服务能力的提升给企业销售带来的利润增加，还未有引起足够的关注。这种语言服务是作为其他商品和服务交易活动的伴随状态存在的，良好的语言服务有助于优化交易氛围，促成交易产生，美化消费体验，刺激重复消费。但目前，分行业的语言服务规范和标准还有待制定。在消费者的购物、旅游、就医等活动过程中，导购、导游、导医的伴随式语言服务到底将在多大程度上影响消费者的消费体验和消费行为，还需要进行科学、有效地研究。

四、语言技术

语言技术是指运用或处理语言的技术，除了软性的语言软件、语言教学法等，大部分体现为硬性的语言设备或语言工具。比如纸和笔就是古老的语言书写技术，而现在可以运用数字化、信息化的书写技术，电脑、电子书、手机等可以用来完成无纸化的文字书写。传统的语言出版离不开印刷和纸张，而现代数字化出版则可以应用数字化的电子设备。以前是一个书包装十来本书，而现在放进一个小小的电子设备，一个书包可以装成千上万种书。过去的现场语言翻译只能依靠人工来完成，而现在可以通过机器实现对多种语言进行互译。由此可见语言技术对于语言应用的重要性。现代语言技术的发展造就了新型语言产业的形成。

对语言技术可以从狭义和广义两方面去理解。狭义的语言技术是指专门用来处理语言的技术，如翻译设备、语音设备等；广义的语言技术是指可以用来但不限于处理语言的技术，就拿笔来说，它可以用来写字，也可用来画画，或者书写其他符号。声音处理设备也是如此，它可以用来处理语音信息，也可用来处理其他声音信息。电子技术、多媒体技术、数字技术、互联网技术、移动通讯技术和终端显示技术等的发展为语言文字信息处理带来了革命性的影响，但这些技术大多是广义的信息技术，不一定是专门的语言技术。不过，由于信息与语言的密切关系，信息技术与语言技术之间有时难以严格区分，我们这里讲的语言技术不局限于狭义的语言技术。

对语言技术难以作出精确的分类。从内容上，语言技术大致可以分为：一是语料（字词、语段、语篇、语义群）技术，用以对语言材料进行收集、分类、整理、检索、贮存等；二是语形技术，如文字输入、语形识别、文字复制等；三是语音技术，如语音识别、语音合成等；四是语义技术，如机器翻译、自动文摘、人机对话等，如何让机器能理解自然语言，从而实现自如的人机对话，语义技术是其中的关键技术，也是人工智能的关键；五是语言记录技术，如速记、复制；六是语言显示技术，特别指用电子屏幕显现语言的技术；七是语言传输技术；八是语言测评技术；九是语言生理、语言机能技术，如人体语言机能的康复、人体语言机能的机器模拟。

从应用上，语言技术可以分为语言信息技术、语言教学技术和语言研究技术。语言信息技术的目标是实现自然语言的计算机理解和生成，研究领域是人—机对话；语言教学技术的目标是实现教学的媒体多维化和网络远程化，研究领域是人—人对话；语言研究技术的目标是实现语言研究自身的计算机程序化，研究领域是语言研究工具。① 现代语言技术的发展主要是语言信息技术，我们可以把数字化技术、信息技术、计算机技术、互联网技术、移动通讯技术等在语言领域中的应用统称为语言信息技术，未来语言产业的发展很大程度上取决于语言信息技术的发展。

对语言技术的狭义理解就是指语言文字信息处理技术。语言文字信息处理技术是对自然语言进行信息化处理的技术，它利用电脑等信息化设备和软件对自然语言进行输入、输出、存储、转换、识别、搜索等处理。语言文字信息处理技术的基本目标是人机互动，利用机器设备来理解和处理人的自然语言，所以它是一种人工智能。可以分为文字信息处理技术和语音信息处理技术两大类，其基础理论是计算语言学（Computational linguistics）。也可以将计算语言学分为两部分，即理论计算语言学（Theoretical computational linguistics）和应用计算语言学（Applied computational linguistics），应用计算语言学基本上等同于语言技术或自然语言处理技术。语言技术不仅涉及语言学领域，还涉及计算机科学、声学、数学、信息学等多学科领域。激光照排、机器翻译、语音识别与合成、键盘输入、文字识别、字库

---

① 岳金星：《语言科学、语言技术与语言哲学的互动》，《北京理工大学学报》2009年第4期。

字形设计、文字检索、搜索引擎等都是各种形态的语言技术。从上个世纪五十年代中期开始以后的30年，我国的语言技术研发主要集中在机器翻译领域。上个世纪九十年代初以来，汉语自动分词技术和语言资源库建设得到发展。随后，信息检索技术、自动文摘技术、语音处理技术也开始快速发展。我国目前在中科院、北京大学、清华大学、上海交通大学、中国科技大学、哈尔滨工业大学等单位均设有专门的语言技术研究中心，新的语言技术研究成果不断涌现。

五、语言职业

产业与职业密切关联，新的产业会造就新的职业，而新的职业人才的不断涌现又会促进新产业的发展。语文教师、编辑、播音员、主持人、翻译、文秘、导游等是传统的语言职业，而随着新型语言产业的出现，新的语言职业也随之产生，诸如文字处理软件设计师、语言信息工程师、文字艺术设计师、语言康复师、广告创意专家、命名专家、语言测评专家、语言规划专家等等。新的语言职业的不断产生正是语言产业逐步走向繁荣的一种标志。

例如，随着社会对速录需求的日益增长，2003年，劳动和社会保障部正式将“速录员”增列为一个新职业。速录员需要通过培训和考试才能上岗。速录已广泛应用于会议、论坛、法庭审讯、记者采访、电视直播等领域，有的高校已将“计算机速录”增列为新的招生专业。据有关统计，目前我国速录产业的人才缺口很大，供给量与需求量之比是1∶1000，该行业发展空间巨大。在美国，速录技术是文秘人员必备的技能。在德国、法国、韩国等国家，速录行业的薪资水平相当高。一个新产业的兴起，必然会带来新的职业形态，随之形成新的职业培训方向。

如今命名产业在美国已经成为一种热门产业，《财富杂志》认为它是美国增长最快的新产业之一，并且还走上了国际市场。美国的这一语言服务产业起源于上世纪七十年代末期，上世纪九十年代中期以后发展迅猛，产值以几何数量级增长。据统计，1985年美国命名产业产值是2.5亿美元，1999年高达150亿美元，占同年美国广告业总值的6%。① 命名产业催生了命名专家这一职业，命名专家往

---

① 贺川生：《美国语言新产业调查报告：品牌命名》，《当代语言学》2003年第5期。

往是掌握多种语言的语言学专家。正因为吸引了一大批语言学高级人才进入到命名职业中，才很快实现了命名产业的繁荣。

语言文字信息处理产业是语言产业的前沿，它的发展对相关语言技术人才的需求十分迫切，需要一批既懂语言，又懂信息技术、数字化技术等高新技术的复合型人才。北京大学率先整合相关院系，建立语言信息工程系，下设语言信息处理专业和计算机辅助翻译专业。语言信息处理专业培养的是具备软件工程技术基础和语言学理论基础、通晓软件开发的主要技能和方法、拥有开发自然语言处理的应用软件系统能力的高级工程技术人才；研究自然语言的自动化信息处理技术，也就是人类语言活动中信息成分的发现、提取、存储、加工与传输技术，具体的应用领域包括机器翻译、文献检索、信息提取、自然语言的人机接口等。计算机辅助翻译专业培养学生熟练运用双语作为交流工具的能力，强化作为翻译师的职业技能，并使其精通机器辅助翻译的原理和应用技术及相关的自然语言处理技术。未来一段时间，语言信息工程方向的学科建设和人才培养会受到更多单位与部门的重视。

当一个新的产业发展到一定程度，它会对相关职业人才产生迫切需求，而能否出现一批优秀的职业人才将是这个产业能否繁荣兴旺的关键。在语言产业发展的初期，让从业人员有合理的薪酬待遇，有良好的发展平台和提升前景，是语言产业增强职业吸引力、获得快速发展的重要因素。在这个过程中，除了语言市场的自发因素之外，政府相关的支持政策也相当重要。当语言职业体制（培训、测评、认证等）的系统化建设达到一定程度，语言产业的发展就拥有了稳固的保障。

六、语言企业

影响语言产业发展的因素有许多，但从集中表现上看，语言产业就是语言企业的集合，具有一定数量的有活力有影响的语言企业，是语言产业形成一定规模和水平的标志。品牌语言企业集群的出现是语言产业走向繁荣的标志。一个良好的语言企业的背后肯定有良好的语言人才、企业管理、政策环境、语言产品、语言市场等多种要素的支撑。

目前，正是一批新型的语言企业的涌现才引起整个社会对语言经济和语言产业开始关注，诸如以外研社、上外社为代表的外语学习出版企业，以商务印书馆为代表的中文学习出版企业，以新东方为代表的语言培训企业，以学术期刊网为代表的资源库企业，以汉王科技、科大迅飞为代表的语言设备企业，以北京传神为代表的语言翻译企业等等。未来语言产业的发展势必会催生更大规模的、拥有最新语言技术的语言企业，也会相应催生一批优秀的语言企业家。

第四节 中国语言产业的发展机遇和发展战略

我国语言产业必将迎来快速增长期。在这个高度竞争的全球化时代，无论是个体语言能力的提高，还是国家文化综合实力提升、文化产业发展、教育发展和知识创新，都会对语言资源的开发和应用产生增长式需求。当前，我国语言产业正在从传统向现代过渡，特别是随着语言技术的不断更新，将迎来语言产业的全新发展。

一、影响当前语言产业发展的主要因素

影响我国当前语言产业发展的主要因素有以下几点：

1. 充分认识语言资源的文化价值和经济价值、个人价值和社会价值。当前，无论是个体还是社会、政府对语言价值的认识都还缺乏足够的深度和广度。比如，社会的语言能力在一定程度上决定了整个文化产业的发展水平，也决定了知识创新的水平；还比如，母语能力决定了我们对文化传统的理解能力和创新能力，母语能力实际上是我们对文化进行继承和创新的深层基础；再比如，智能技术的核心就是语言技术。

2. 完善语言市场。语言市场的发展水平决定了语言产业的发展水平，在规范和完善市场机制上，政府可以积极加以引导、规划，并及时制定相关政策、标准、规范。比如，对新型语言产品及时制定质量、价格标准，制定语言服务行业规范，加强母语教育在基础教育中的分量，健全语言能力测评体系等。当前，大多消费者对消费语言产品还缺乏认识和应有的规划，还意识不到语言产品对于提升自身人力资本的重要性，语言企业和相关机构应加大宣传力度，积极引导消费者了解语言产品的价值。

3. 语言技术的研发和应用。语言技术是语言产业的核心，语言

技术的研发程度决定着语言产业的未来，新型语言产业的主体就是各类语言技术的研发和应用。对此，政府和企业应该集中资金、人才进行重大技术攻关。语言技术的进步关乎整个语言产业链的优化。

4. 积极培养语言人才。未来语言产业发展的关键在语言人才，尤其是语言技术人才、语言企业管理人才及语言产业战略管理人才，特别需要懂语言、有技术、善管理的复合型人才。应该有一个系统规划和长效机制来保障语言人才的培养，多渠道、多层次培养语言人才。

5. 制定合理的语言产业政策。政府应该从提升国家语言实力的战略高度来促进语言产业的发展，制定合理的、支持性的产业政策来推动语言产业的发展。政府可以在组织管理、人才培养、技术研发、知识产权、生产经营等方面加强体制建设和配套政策的制定，给重点项目以资金支持，建立国家级产业基点，建立语言产业科技园，建立语言资源保护与开发中心。相关措施和政策支持将迅速刺激语言产业的发展。

二、我国语言产业的发展机遇

从各方面看，我国语言产业的发展正处在一个重大战略机遇期，不容错失。

其一，国内社会、经济总体快速发展的机遇。新时期以来中国社会进入一个全新的快速发展期，不仅是经济上持续增长，中国社会正不断发展成多元的、开放的现代社会。在这样一个社会快速发展的进程中，语言事业、语言经济和语言产业的繁荣是其中必不可少的重要环节。语言产业是一种特殊产业，它是一个全面支持语言学习、语言处理和语言应用的产业，它的成长所带来的不仅是经济效益，还有语言使用效率的提高，语言使用能力的增强，语言处理能力的提升，它引发的是社会、文化各方面的正效应。

其二，全球化进程的机遇。全球化进程引发了前所未有的多语交际需求，是语言产业发展的重大契机。据统计，2005 年，我国外语培训市场规模约 150 亿元，2007 年增长到约 200 亿元，2010 年则升至约 300 亿元，从事外语培训的机构达 5 万多家。目前，全球年翻译产值达数百亿美元，美国占 50% 以上，亚太地区占 30% 左右。中国翻译协会发布的《中国语言服务业发展报告 2012》显示，我国语言服务业从 1980 年至 2011 年，翻译企业总数从 16 家发展到 37,197 家，2011 年产值为 1576 亿元人民币，比 2010 年增长 26%，预计在“十二五”期间将保持年均 15% 的增长速度。我国外语出版市场也增长迅速，外语出版目前的年产值至少应在 150 亿元以上。2010 年我国的外语培训市场、翻译市场以及外语出版市场的总值接近 1000 亿元，其中英语市场占据了绝对主导地位。另外，我们在全球语言服务市场中所占的份额还很少。

其三，汉语国际影响力增强的机遇。随着中国国际地位的提升，汉语的世界影响力日益增强，这就意味着世界范围内对汉语的需求会不断增加，汉语经济会获得前所未有的发展机遇。汉语学习在国际上不断升温，随之而来的语言教育服务产业已经成为一种必然趋势。据国家汉办（孔子学院总部）发布的信息，截至 2012 年年底，全球已建立 400 所孔子学院和 535 个孔子课堂，分布在 108 个国家和地区。2012 年，各国孔子学院和课堂注册学员总数共计 65.5 万人，举办各类文化活动 1.6 万多场，参加人数 948 万人。参加各类汉语考试学生数达到 50 万人次，外籍汉语学习人数已超过 4000 万人，此间所蕴涵的教师市场与教材市场极为庞大。汉语水平考试（HSK）已成为世界上最重要的第二语言或外语水平测试之一，发展势头强劲，截至目前国外考点达 361 个，辐射 85 个国家，国内考点达 164 个。2012 年共计有来自 200 个国家和地区的近 33 万名各类外国留学人员分布在全国 31 个省、自治区、直辖市的 690 所高等院校、科研院所和其他教学机构中学习汉语及其文化。尽管如此，目前我们对外汉语培训的产业化程度仍然较低，产业化水平还不高。

其四，语言信息技术发展的机遇。语言技术特别是语言信息技术的发展，拉动了新型语言产业的发展，大大刺激了语言产业的繁荣和整合。在现代语言技术条件下，语音合成、语音识别、文字识别、机器翻译、语言康复等将成为新兴的语言产业领域，同时，给出版、培训等传统语言产业也带来了革命性的影响。我国手机产量约占全世界手机产量的 60%，据保守估计，基于输入法所整合的手机应用平台、手机进入端口、运营商、手机生产商所产生的收入高达 8000 亿元。可是，一个严峻的事实是手机汉字输入法的专利权的 90% 是国外的。科大迅飞在语音产业上的成长，也许可以给我们一些鼓舞。科大讯飞成立于 1999 年，当时，我国的中文语音技术市场完全垄断在国外公司手里。经过不断努力，科大迅飞逐渐成为我国语音产业实体公司中的领头羊，到2011年，科大讯飞占有国内中文语音技术市场60%以上份额，在电信、金融、电力、社保等主流行业的份额更达80%以上，开发伙伴超过1500家，以科大讯飞为核心的中文语音产业链已初具规模。中国互联网络中心预测，未来5年，中文语音市场将达到1300亿元。在这一市场上，中国企业仍然面临不小的竞争。

其五，调整产业结构，大力发展文化产业的机遇。我国未来的经济增长在很大程度上取决于产业结构的优化升级，而文化产业的发展是其中的重要环节。语言产业有其特殊性，它基本属于文化产业，又不完全属于文化产业，它有一部分属于纯粹的技术领域。语言产业作为一种信息产业、知识产业、绿色产业，顺应了产业结构调整的发展需求，并应成为其中的重要环节。十八大报告强调要推动文化事业全面繁荣、文化产业快速发展，明确提出如下战略任务：加强重大公共文化工程和文化项目建设，完善公共文化服务体系；促进文化和科技融合，发展新型文化业态。《国家中长期语言文字事业改革和发展规划纲要（2012—2020年）》提出要充分挖掘、合理利用语言资源的文化价值和经济价值，注重开发语言资源，积极发展语言产业，为社会提供多样化语言服务。例如，中国有3000余万的盲人聋哑人，还有100多万言语残疾人士，如口吃症患者及由于其他损伤和疾病而引起的诸如失语症、语言发育迟缓等患者，不言而喻，他们都程度不同地存在着语言障碍，对语言诊断、治疗、康复以及盲文、手语相关产业有着庞大而特殊的语言消费市场需求，语言治疗师也将成为一个响当当的职业。

其六，综合国力提升的机遇。一个强大的国家必然同时是语言的强国，我们很难设想一个经济强国竟然是一个语言文化积弱的国家。一个国家提升其综合国力的过程也必然包含着增强其综合语言实力的过程。如前所述，一个国家的语言实力应该包含以下几个方面：一是国家标准语言或通用语言的推广普及程度；二是国民的平均语言能力和语言素养，包括国民的多语多言能力；三是语言教育和语言培训系统的发展水平；四是语言政策、语言制度的完善以及语言资源的保护水平；五是语言资源的利用和开发水平，包括语言创新水平（学术、思想、艺术、创意等各种语言创新）、语言技术的研发水平、语言产业的发展水平等；六是语言在国际上的影响力和传播力。全面提升我国的语言实力，特别是提升汉语在国际上的影响力，还任重道远。

三、我国语言产业的发展战略

时不我待，把握机遇，实现我国语言产业又好又快地发展是我们的必然选择。

1. 新视野——确立语言资源意识、语言经济意识和语言产业意识。要认识到语言在文化中的基础地位和核心地位。语言的特殊地位决定了语言产业的渗透性和弥漫性，语言产业的水平提升，不仅带动产业进步、经济发展，同时会对国家语言实力的提高乃至整体社会文化的发展带来巨大贡献。

2. 新战略——首先要在国家层面制订我国语言产业的发展战略。基于产业发展、经济发展和提升国家语言实力的目标，在国家层面上研究和制定我国语言产业的发展战略和发展规划；其次，在重点城市、重点区域、重点项目等各层次方向上制定战略规则，形成一个系统的立体的战略方案。

3. 新管理——在整体战略规划的基础上，政府要在政策制定、体制建设、组织管理、协调引导、人才培养、配套措施等方面积极有为。在目前这个阶段，政策支持措施和引导协调，既有规划管理的作用，又能起到初期的拉动、启动作用。

4. 新基业——加强语言基业建设，促进语言产业发展。语言基业包括语言制度体系、公共语言的规范化建设、基础语言教育（主要是全日制母语教育和外语教育）体系、公共语言资源维护体系、公共语言服务体系（如测评、传播）等，是语言产业发展的基础条件和环境条件。社会的信息化每前进一步，都向语言的规范化提出新的要求，比如文字编码的有效实施必须建立在一个共同的语言文字标准规范的基础上。特别要建立和完善对于语言技术（如中文字库技术）的知识产权保护法律法规与政策体系。中华字库、有声资源库等各种类型的语言资源库当成为重要的建设热点。

5. 新技术——拓宽语言学研究和语言技术研究视野，高度重视语言技术的研发。要重视语言学研究与语言信息技术研究的结合，一个是研究层面的整合：即基础语言学、计算语言学、语言信息技术三个研究方向的整合；一个是产学研的整合：即语言研究、语言技术、语言产品三个方向的整合。语言技术是语言产业的核心，语言技术的研发程度决定着语言产业的未来。对此，政府和企业应该集中资金、人才进行重大技术攻关，尤其是一定要掌握基于母语的各种语言信息处理技术的主导优势。以新的语言技术和语言设备为内核的语言文字信息处理产业的发展成为引领语言产业发展的龙头。语音、语形、语义技术领域的拓展，多种新型技术的融合将带来巨大的产业发展前景。

6. 新体制——创新体制，积极培养新型语言产业人才。如前所述，未来语言产业发展的关键在语言人才，尤其是语言技术人才、语言企业管理人才及语言产业战略管理人才，特别需要懂语言、有技术、善管理的复合型人才。应该有一个系统规划和长效机制来保障这种语言人才的培养。

7. 新突破——在重点区域、重点项目、重点基地上率先突破。选择基础好的区域，发展重点项目，建立语言信息技术研发中心，建设语言产业聚集区或语言产业科技园区，推动若干重点项目，支持一批品牌企业，以点带面，以拉动整体语言产业的发展。

第四章　语言产业的经济学分析

人类的语言是如何产生的呢？恩格斯指出“语言起源于共同劳动”，人类在进化和发展的过程中逐渐产生了语言。人类的语言是何时产生的呢？菲利浦·列伯曼在《人类说话的进化》（1984）中推断：人类的远祖大约在9万年前的某个时候开始“说话”，大约在3.5万年前的某一时期开始使用语言。我国学者认为人类语言产生的时间更早，四、五十万年前的北京人“由于集体劳动的需要，他们已能用分音节语言讲话”。[①]

语言对人类社会的影响极其深远。

首先，语言是人类文明和社会活动的载体。物理学、化学、生物学等自然科学和哲学、历史学、经济学、逻辑学等社会科学无一不是通过口头的或书面的语言来描述、记载并传承下来的。在经济学领域，亚当·斯密的传世名著《国富论》得以广泛流传，成为现代政治经济学的起点，语言起到了重要的作用。亚当·斯密非常讲究语言艺术，因此这部著作有着经典的语言，同时被翻译成九种语言，从而使说不同语言的人能够读懂这部著作。

其次，语言是经济活动中的交际工具。“语言是最重要的交际工具。需要在语言范围内理解交际手段，而非通过交际手段理解语言。”[②] 亚当·斯密指出：“从来没有一个人看到一只狗与另一只狗进行公平的、有意识的骨头交易”，因为“交易需要语言”。[③]

最后，语言在一定程度上决定了个体劳动收入的高低。2000年

---

① 陶大镛主编：《社会发展史》，人民出版社，1982年版，第13页。

② 刘利民：《哲学视域中的语言问题》，《外语学刊》2006年第6期，第1页。

③ 转引自鲁宾斯坦著，钱勇、周翼译：《经济学与语言》，上海财经大学出版社，2004年版，第46页。

F. Grin 等人通过电话采访的方式，收集了在瑞士掌握英语对收入影响的数据。在研究中，英语被分为听、说、读、写四种不同的技巧，根据掌握情况的不同，每种技巧又分为四个等级：熟练、良好、一般、无。下表说明了这种关系：

	男性		女性	
	全职调整收入	收入	全职调整收入	收入
熟练	148	150	149	143
良好	128	129	143	132
一般	112	116	119	110
无	100	100	100	100

可见，无论男性还是女性，英语水平高收入水平也高，英语水平低收入相对也低。①

赵本山的小品、郭德纲的相声和周立波的海派清口都是语言艺术的表演。语言不仅使他们成为名人，也为他们带来了如广告代言和巡回演出等经济上的巨大收益。从 1993 年开始的以英语培训为业务的新东方学校，如今发展成为新东方教育集团。语言的经济价值不言而喻。

第一节　语言经济学与语言产业经济学

一、语言经济学的基本概念及研究范式

（一）语言经济学的基本概念

作为研究语言与经济之间关系的交叉学科——语言经济学是在 1965 年由美国经济学家 Jacob Marschak 在 Behavioral Science 杂志上发表的题为《语言的经济学》的论文中提出的。他在致力于信息经济学的研究时揭示了语言的经济学性质，认为语言作为人类经济活动中不可缺少的工具，具有与其他资源一样的经济特性，即价值、效用、费用和收益。他认为经济学与探求语言方面的优化具有密切关系，对这四个方面的分析及其相互关系的探讨成为语言经济学的

① 林勇，宋金芳：《语言经济学评述》，《经济学动态》2004 年第 3 期。

重要内容。①

经济学家 Selten 和 Pool（1991）以博弈论方法解释语言现象的文献正式为语言经济学奠定了理论基础，并且通过博弈论使得语言的经济学分析与语言的哲学和政治学、语言的社会交往理论以及符号交往的社会学等已有的西方学术传统融合起来。②

经济学家 Grin（1996）将语言经济学定义为“理论经济学的一种范式，在对表征语言变量的关系研究中，使用经济学的概念和工具。它主要（但不是专门地）侧重于经济变量起作用的那些关系”，“经济学的特点不在于它研究的话题，而在于研究那些问题所采取的方法，从这个意义上说，把经济学的论证推理方法应用到语言问题就成为语言经济学的一部分”③。按照 Grin 的观点，语言经济学的研究体系是围绕着传统“经济变量”及相关问题，如“多语言社会的经济成本与收益”、“基于语言的不平等”以及“语言和民族主义”等来进行的。

经济学家鲁宾斯坦（2000）认为经济与语言之间存在着某些联系，研究经济的方法可以用于研究语言，这是因为“经济理论是人们对在人类相互作用中的常规性进行解释的一种尝试，而人类相互作用中的最基本的、非物理性的常规性就是自然语言。经济理论仔细地分析了社会体制的设计。语言——从部分意义上讲——也是一种交流的机制。经济学试图将社会制度解释为从某些函数的最优化过程中所衍生出的常规性，这一点可能对语言也是适用的”④。这表明鲁宾斯坦的语言经济学研究是从主流经济学和博弈论中最优化选择的常规范式来探究语言的性质、形成机制和演化过程。

尽管经济学家们用不同的语言来解释语言经济学的内容，但是他们的基本观点是一致的。周建设教授在研究语言哲学问题时指出：

---

① Marschak, J. *Economics of* language [J]. Behavioral Science. 1965, (10): 135 - 140.

② Selten Reinhard & Jonathan Pool. *The Distribution of Foreign Language Skills as A Game Equilibrium.* in R. Selten (ed.), Game Equilibrium Models [M]. Berlin: Springer - Verlag, 1991: 64 - 87.

③ Grin F. *Economic Approaches to Language and Language Planning* [J]. International Journal of the sociology of language. 1996, (special issue): 121.

④ 鲁宾斯坦著，钱勇、周翼译：《经济学与语言》，上海财经大学出版社，2004 年版，第 6 页。

“语言哲学是用哲学方法研究语言问题的学问，或者说，是对语言问题进行哲学分析的一门学问。用哲学方法所研究的语言问题，就是语言的哲学问题。”① 结合“语言哲学”的概念，我们认为，语言经济学是理论经济学的一种范式，是从经济学的视角出发，运用经济学的理论、原则和方法来研究语言的一门交叉学科，或者说语言经济学是用经济学方法所研究的语言问题。

（二）语言经济学的研究范式

语言经济学的研究包含以下几种范式：

1. 语言的人力资本理论分析

Marschak 和 Grin 的语言经济学理论是基于西方的人力资本理论和教育经济学而提出的。人力资本理论认为，语言不再只是身份的标识和潜在的有价值的技巧，而是植根于人的一种语言属性。语言技巧和其他技巧一样，可以看成是个人和社会通过投资可以获利的经济资源。用于劳动力国内流动和移民入境时智力引进的费用可以看作是人力资本的构成成分。当一个国家或地区不同移民的数量达到一定程度时，不仅产生了语言交流上的问题，语言学习这种人力资本投资在人们的经济活动中（特别是移民劳动收入及其分配上）的作用也将越来越明显。Albert Breton 从民族主义的角度开启了经济学对双语和多语现象的研究，相关的研究还有有关移民的外语能力与其收入的关系研究、使用多数族裔的语言可以在多大程度上为少数族裔带来经济上的好处、跨国公司在劳动力属地的语言政策、发展中国家外文翻译工作的比较经济效益等等。② Grin 进一步指出：语言环境与经济活动的相互关系和影响（其中包括语言与劳动收入的关系），语言与经济发展的关系，语言的“网络效应”与语言的动态发展即语言的变迁，语言经济学中的语言政策分析和语言规划等内容也应该包含于语言经济学的研究范围之内。③

---

① 周建设：《语言研究的哲学视野》，《首都师范大学学报（社会科学版）》2002 年第 2 期，第 27 页。

② 汪丁丁：《语言的经济学分析》，《社会学研究》2001 年第 6 期，第 86 页。

③ Grin Frangois. *The Eeonomies of Language*: *Survey*, *Assessment and Prospects*. International Journal of the Sociology of Language [J]. vol. 121, 1996.

2. 语言行为均衡的博弈论分析

鲁宾斯坦利用经济学的方法和工具来研究自然语言的结构、演化及其对人类偏好和行为交往方式的影响。他还尝试性地使用主流经济学的博弈论模型和博弈论中演化博弈的一些方法来探究语言的语义、语用和结构等语言学中的问题。他说，“语言被认为是一种行为现象，而且，如果它不能服务于人们的需求，演化力量将会发生作用，以改进其功能”，“造成一个‘好’均衡的出现，使得信息得到传递和利用”①。这就是说，任何词语的特定含义均是通过某种语言演化的最优化过程而形成的演化均衡来确定的，而在博弈论的语言中，任一话语的共同理解方式都可以被认为是一种语言的说话者之间博弈均衡的结果。由此我们看到了鲁宾斯坦利用基本演化博弈论来解释自然语言中的术语的出现所做的尝试。尽管他还没有找到有力的证据证明其观点，而且用建模的演化力量来解释词语意义的产生是否具有说服力还存在争议，但是他原创性地采用博弈论分析的方式来解释语言行为的均衡，这种研究打破了人们思维定式，为语言学的研究提供了新的视角。

3. 语言的制度经济学分析

制度经济学将经济学研究领域拓展到非经济行为的研究，强调对于经济制度的分析，并把制度用于社会现象的分析与研究。索绪尔认为，作为一种符号系统，语言本身是一种制度，更是一种“社会制度”②，因为它具有规范人们语言表达的功能。与其他社会制度不同的是，语言是一种基础的社会制度③，一切人类制度基本上都是通过语言来记载或者通过语言来表达的，可见，语言既是一种特殊的社会制度，又是人类其他制度的信息承载物。制度的型构、制定、维系、存在、改变及其现实的约束力，都和语言有着密不可分的关系。我们可以从制度经济学的角度把语言看成是一种“元”制度。人类的全部活动都限定在特定的制度关系之中，人与人的语言交往也存在制度方面的问题。因此，作为“元”制度的语言可以从

---

① 鲁宾斯坦著，钱勇、周翼译：《经济学与语言》，上海财经大学出版社，2004 年版，第 35 页。

② 费尔迪南·德·索绪尔：《普通语言学教程》，商务印书馆，1980 年版，第 31 页。

③ Searle John. *What is an Institution*, Journal of Institutional Economics [J]. 2005, 1: 1

制度经济学的角度入手，将制度应用于语言的分析与研究。

4. 语言合作原则的博弈论分析

Grice 的“合作原则”理论的目的是用来描述那些解释交谈话语的规则。鲁宾斯坦认为博弈论与“合作原则”在本质上存在着相似性。他说，“Grice 的理论本质上是对代理人对自己所认为的他人思考方式的描述。这正是策略推理的定义，而且是博弈论的本质”，“该理论可能也适用于知情代理人与不知情代理人之间相互作用的其他形式，在这种情况下，知情代理人采取了一个旨在影响听者的后续行动的行动（不必然是话语），它与博弈论的相似之处是很明显的”。鲁宾斯坦列举了“辩论”这个现象，用以说明“合作原则”不能发挥作用的情况，而博弈论则不仅能解释符合“合作原则”的现象，还能对“辩论”这个不符合“合作原则”的现象提供解释——“这就是给定辩论的长度和辩论者的兴趣，那么，合作原则试图创造一个环境，使得最好地引发信息成为可能。”① 可见，博弈论不仅可以用作对语言合作原则的分析，而且能对语言的合作原则起到补充的作用。

5. 语言经济原则的经济分析

经济原则可以概括为“以最小的代价换取最大的收益”②。“经济原则不仅体现在语言的演变当中，也渗透到语言内部的各个层面之中。付出的成本低而得到的效率高，这是人类生活的普遍追求。”③ 鲁宾斯坦基于主流经济学精神来建构语言或词语形成中最优化法则，他认为，“经济学试图将社会秩序解释为从某些函数的最优化过程中所衍生出来的常规性，这一点对语言也是适用的”。而且，语言本身是一个函数，而不是变量，因此可以用最优化选择来“解释自然语言的特性是如何与某种‘理性’目标函数的最优化相一致的”④。进而从自然语言所出现的二元关系入手，运用数理逻辑法则得出结论：人的语言或思维结构中实际存在着某种线序最优二元关

①④ 鲁宾斯坦著，钱勇、周翼译：《经济学与语言》，上海财经大学出版社，2004年版，第56、13页。

② 姜望琪：《Zipf 与省力原则》，《同济大学学报（社会科学版）》2005年第1期，第87页。

③ 张云秋、周建设：《语法结构的经济原则》，《外语研究》2004年第6期，第9页。

系，即“当且仅当一个二元关系是线序时，它可以让（语言的）使用者能够指出全集的任意子集中的任意元素。在标示每一个子集的每一元素上，线序是最有效的二元关系”，[①] 而且在语言结构——也就是人们的思维结构——中存在着大量的这种看似最优化的（“最经济的”）二元线序关系。博弈论经济学家鲁宾斯坦以当代经济学中常见的演化论为依据，认为演化赋予语言以意义，并且演化过程生成了语言或人思维结构的线序优化特征。在这里我们看到了从经济学角度出发，运用数理逻辑法则来解释语言的经济原则的可行性。

二、产业经济学的基本概念和研究内容

（一）产业经济学的基本概念

产业指的是具有某种同类属性（即生产同类或有密切替代关系的产品或服务）的企业集合。产业经济是指发生在产业中的经济活动，不包括纯技术活动和其他社会活动。

亚当·斯密的劳动分工理论和部门理论中存在着产业经济学的萌芽，1776 年他出版了《国富论》一书，系统地论述了由竞争机制自发决定的价格体系如何创造出一个理想的市场秩序和具有“帕累托”最优状态的经济社会。此后，1879 年新古典经济学家马歇尔率先出版了《产业经济学》一书，最早把产业组织概念引入到经济学中，并把产业经济定义为产业内部的结构，从而被看作是产业经济学的创始人。

产业经济学在欧美国家也被称为“产业组织学”，是现代西方经济学中以产业分析的需要和营业政策的实践为背景而新兴起的一门应用经济学科。它是以“产业”作为研究对象，探讨在以工业化为中心的经济发展中产业间的关系结构、产业内的企业组织结构变化规律及其研究方法，进而分析经济发展中内在的各种均衡问题的应用经济学科。产业经济学是为制定国家经济发展战略服务，为制定以推动经济发展为目标的产业政策服务的经济理论。

① 鲁宾斯坦著，钱勇、周翼译：《经济学与语言》，上海财经大学出版社，2004 年版，第 17 页。

（二）产业经济学的研究内容

从理论层面看，产业经济学研究的主要内容包括六个方面：产业组织理论、产业联系理论、产业结构理论、产业布局理论、产业发展理论和产业政策研究。产业组织理论研究产业内的企业关系结构；产业联系理论研究国民经济各产业部门之间的关系结构，也就是投入产出经济学；产业结构理论研究随着经济的发展而发生的资源在各产业部门间分配的改变；产业布局理论研究一个国家或地区的产业布局对整个国民经济的影响；产业发展理论研究产业发展过程中的发展周期、产业转移、资源配置等问题；产业政策研究旨在探讨国家根据国民经济发展的内在要求，调整产业结构和产业组织形式，从而提高供给总量的增长速度，并使供给结构能够有效地适应需求结构要求的政策措施。产业政策主要包括产业结构政策、产业组织政策和产业区域布局政策三个方面。因此，可以说产业经济学是揭示产业的发展和变化、产业内部企业之间的相互作用、产业与产业之间的相互联系等产业本身所特有的经济规律的学说。从学科层面看，产业经济学包括农业经济学、工业经济学、数量经济学、区域经济学、金融学、财政学、劳动经济学、国民经济学、国际贸易学、服务经济学等应用经济学科。

三、语言产业经济学的基本概念

（一）语言与文化

首先，语言是人与人之间相互了解和沟通的桥梁和纽带，既是文化的有机组成部分，又是一种文化和价值的基本载体，更是一个民族文化特征的体现。作为一种特殊社会现象的语言是随着社会的产生而产生、随着社会的发展而发展的。语言中蕴含了前人的全部劳动和生活经验，体现了人们对客观世界的认识和态度，记载了民族和社会的历史发展过程中长期积累下来的生活方式、传统习惯和思维方法。

其次，文化的形成和表达离不开语言，一切文化活动和文化创造都离不开语言，都是由以语言为基础的思维能力支配的。一个民族的文化是这个民族的人民长期创造和积累的结果，语言是民族文化得以记录和保存、得以继承和发展的重要手段，一个民族的语言反映了一个民族的文化风貌。古德诺夫（H. Goodenough）在《文化人类学与语言学》（Cultural Anthropology and Linguistics）中对语言和文化的关系进行了阐述："一个社会的语言是该社会的文化的一个方面，语言和文化是部分和整体的关系，语言作为文化的组成部分，其特殊性表现在：它是学习文化的主要工具，人在学习和运用语言的过程中获得整个文化。"① 人们只有通过语言才能掌握人类社会的文化知识，在学习一种民族语言的同时，也就是在学习这一民族的文化。

最后，文化是语言形成和发展的基础，文化制约语言的使用。语言不能脱离文化而存在，不能脱离社会继承下来的各种做法和观念而存在。语言深深地蕴含在民族文化之中，并且反映民族的信仰与情感。不同的民族有着不同的历史演变和发展过程以及不同的风俗习惯和文化背景，也形成了世界上丰富多彩、千差万别的语言。语言中的句法结构、词汇意义等许多方面都包含着文化因素，因此现代文化人类学家认为，语言是文化行为。因此，要学习一个民族的语言就必须要了解这个民族的文化，"不了解语言当中的社会文化，谁也无法真正掌握语言"②。只有了解了一个民族的历史发展与文化习俗才能真正发挥语言的交际功能。可见，各种各样的社会文化都是由语言来体现和表达的，语言的发展也深深地受到社会文化的影响和制约。语言和文化之间的关系是相辅相成、密不可分的辨证统一关系。

（二）语言产业与文化产业

联合国教科文组织把文化产业定义为："文化产业就是按照工业标准，生产、再生产、储存以及分配文化产品和服务的一系列活动，从文化产品的工业标准化生产、流通、分配、消费的角度进行界定。"2003 年 9 月，文化部《关于支持和促进文化产业发展的若干意见》将文化产业界定为："从事文化产品生产和提供文化服务的经营性行业。文化产业是与文化事业相对应的概念，两者都是社会主

① 转引自王福祥、吴汉樱：《文化与语言》，外语教学与研究出版社，1994 年版，第 301 页。

② 王佐良：《翻译中的文化比较》，《翻译通讯》1984 年第 1 期，第 2 页。

义文化建设的重要组成部分。文化产业是社会生产力发展的必然产物，是随着我国社会主义市场经济的逐步完善和现代生产方式的不断进步而发展起来的新兴产业。”

科技的发展提高了人类的生产力水平，不仅把人类从繁重的生产劳动中解放出来，而且也使人类的物质生活得到了极大的丰富，从而使人们能够更多地关注精神文化的的需求。为了刺激大众消费，文化产品制造商通过包装和炒作等传播手段，制造出易于被大众接受的潮流文化，并通过大众传播媒介进行推销。这一行为因为以刺激大众消费为目的而具有商业性。这种情况使得文化日益成为一种产业，在国民经济中扮演着越来越重要的角色，影响着人们生产方式和生活方式的各个方面；同时产业也利用文化来促进自己的发展，产品的竞争越来越倾向于注重产品的文化内涵及其对公众意识的迎合和引导，即通过增强产品的文化内涵来提升产品的竞争力，形成了所谓的“文化搭台，经济唱戏”。

语言是文化的载体，是人类最重要的交际工具，80%的信息由语言文字来负载和传递，语言与文化有着相辅相成的密切关系，因此语言也能够走向产业化，形成语言产业。语言产业是以语言为内容、材料，或是以语言为加工、处理对象，生产出各种语言产品或提供各种语言服务的产业形态，涉及语言教育培训、语文出版、翻译、语言文字信息处理、语言表演艺术与书法艺术、语言创意、语言康复、语言会展、语言能力评测认证等具体业态。翻译公司、签名设计公司、商标设计公司、音像制品公司等与语言相关的公司都已蓬勃地发展起来。

语言产业是一个新兴的产业，具有广阔的发展前景。欧盟委员会委托一家研究机构完成的《欧盟语言产业规模研究报告》指出：2008年，包括软件本地化和网站国际化在内的口笔译市场总值为57亿欧元，语言技术工具领域的产值为5.68亿欧元，电影字幕和配音领域为6.33亿欧元，语言教学领域为16亿欧元，会议组织中的多语言服务为1.43亿欧元。2009年欧盟语言产业收入超过100亿欧元，未来若干年每年增长率都将在10%以上，语言产业已成为几个增长率最高的产业之一。预计到2015年，欧盟语言产业规模将达到200亿欧元。

随着全球化趋势的加快，对多语言服务的需求将不断增加，由此将会带来语言产业的飞速发展，并将推动产生许多新的职业。这是因为产业与职业相对应，有产业就要有职业，二者相辅相成。新的语言职业如语言速录师、语言治疗师、语言工程师等。语言职业是高附加值的职业。加强语言职业的梳理和语言教育体系的改革，对于促进就业有着重要的意义。

2012 年，北京市文化创意产业实现增加值 2189. 2 亿元，比上年增长 10%，占地区生产总值的比重为 12. 3%。按照国际惯例，占比超过 5% 的产业即为支柱性产业，可见文化创意产业已经成为北京市的支柱产业，而语言产业在其中应该占有相当的比重。

语言技术的发展将促进语言产业的发展，并将带来人类生活的巨大改变。

（三）语言产业经济学

语言产业经济学是以语言产业为研究对象的经济学，它与语言学、经济学、语言经济学、经济语言学、产业经济学等学科有着紧密的联系。目前学术界对于语言产业经济学还没有明确的定义。“产业经济学从作为一个有机整体的‘产业’出发，探讨在以工业化为中心的经济发展中产业间的关系结构、产业内企业组织结构变化的规律以及研究这些规律的方法。”① 我们借此认为，语言产业经济学是从作为一个有机整体的语言产业出发，研究语言产业与其他产业之间关系和语言产业内企业组织结构变化规律的一门学科。

经济学基本原理包括宏观和微观两个层面。宏观层面主要是使用国民收入、经济整体的投资和消费等总体性的统计概念来分析经济运行规律，微观层面主要研究个体消费者、企业或者产业的经济行为及其生产和收入分配。语言产业经济学的研究也应该包括宏观和微观两个层面。宏观层面主要研究语言产业经济在宏观经济总量中所占比重，产业发展对国内生产总值（GDP）增长的贡献率等与宏观经济统计相关的问题，以及财政、货币政策等宏观经济政策对语言产业的影响。微观层面主要研究语言产业单个经济体的行为，涉及对语言企业生产行为和语言产品的分析等。

知识经济是建立在知识和信息的生产、分配和使用基础上的经

---

① 史忠良：《产业经济学（第二版）》，经济管理出版社，2005 年版。

济形态。知识产业是知识经济的支柱，开拓和发展新的知识产业，是知识经济社会发展的内在要求。语言产业经济是一种典型的知识经济形态。在二十一世纪这个知识经济时代，在世界经济全球化的趋势下，随着多语言服务需求的不断增加，语言产业经济的快速发展将成为一种必然的潮流。

四、语言产业经济学的研究对象、内容与方法

（一）语言产业经济学的研究对象

语言产业为满足社会对语言产品与语言服务的需要而兴起。语言产业经济学是产业经济学的一个分支。随着经济全球化和科学技术的发展，人类经济活动的深度与广度在不断地拓展。经济学家从不同的角度展开了对人们经济生活的深入、系统的考察和研究，极大地促进了经济学理论体系的发展。经过学者们半个多世纪的研究和探索，产业经济学已经形成了较为完整的学科体系，不仅使经济理论体系得以丰富和完善，而且使人们对经济现象的认识更加全面而深入，对指导人们从事经济活动的实践起到了非凡的作用。因此，在语言学、经济学、经济语言学、语言经济学和产业经济学等研究基础上产生的语言产业经济学及其发展，一定会推动语言产业实践的发展。

语言产业经济学是一个崭新的研究领域。与其他学科一样，它要以特定领域的客观规律作为研究对象，这一特定领域就是区别于其他产业形态的语言产业。语言产业具有自身独特的产生、发展和变化的规律，与国民经济其他产业之间存在着相互依存、相互促进的关系，语言产业内部各行业也同样存在着相互之间的关系。这些规律、关系及其特殊性就构成了语言产业经济学的研究对象。

（二）语言产业经济学的主要内容

语言产业经济学的研究对象决定了它的主要内容。这些内容具有区别于其他学科的特殊性，但作为产业经济学的一个分支，还具有产业经济学的一些共同点。产业经济学的主要内容包括产业发展理论、产业组织理论、产业联系理论、产业结构理论、产业布局理论和产业政策研究六个方面。以此为基础，语言产业经济学的主要内容也应该包括语言产业发展研究、语言产业组织研究、语言产业

联系研究、语言产业结构研究、语言产业布局研究和语言产业政策研究六个方面。语言产业发展研究的主要内容包括语言产业的发展历程、现状，语言产业产生和发展的内因与外因，语言产业产生和发展过程的特殊性，语言产业增长方式，语言产业发展战略等等。语言产业组织研究主要探索市场机制下的语言产业组织形态。语言产业联系研究借助于产业经济学的产业联系表，主要研究语言产业与国民经济其他产业间的相互关系。语言产业结构研究的主要内容在于语言产业内部的劳动力、资金和自然资源各要素之间的关系，以及语言产业结构发展变化的规律。语言产业布局研究关注一个国家或地区的语言产业布局对整个国民经济的影响，通过系统分析语言产业布局的现状、存在的问题和已有的经验，探讨语言产业发展必备的环境支持，研究语言产业布局的指导思想和原则。语言产业政策研究的主要任务是研究政府如何采取有效措施来引导、扶持和调控语言产业的发展。语言产业是一个新兴产业，国家语言产业政策的指导和支持对于语言产业的健康、可持续发展至关重要。此外，国内外语言产业比较研究也十分必要，通过研究不同国家语言产业发展的特点和规律，从中借鉴有益的语言产业发展经验，以促进我国语言产业的发展。

（三）语言产业经济学的研究方法

作为产业经济学的一个分支，语言产业经济学的研究方法必然遵循经济学的研究方法，尤其是产业经济学的研究方法。同时，语言产业经济学又是一门语言学与经济学的交叉学科，研究背景涉及语言学、经济学、产业经济学、语言经济学等学科，因此，语言产业经济学还涉及语言学、文化学等学科的研究方法。

语言经济学以经济学的一般理论为指导，在深入研究语言现象的基础上，研究语言活动中的各种经济现象、经济关系和经济规律。从现有语言经济学的基本范畴来看，通过对语言产品、语言需求与供给、语言市场、语言价格、语言消费、语言投资、语言经济效益、语言经济发展战略等的研究，探索语言经济活动的客观规律。对语言经济现象的研究是语言现象伴随社会经济发展到一定阶段以后才开始的，也就是说人们对语言现象的经济性质的认识，并不是一开始就存在，只有在语言现象发展到一定规模，出现了专门提供语言产品和语言服务的企业时才产生的。

随着语言产业的发展，语言经济学亟需从产业经济学角度来解释语言产业发展中出现的新现象。语言产业经济学以语言学、语言经济学、产业经济学等为学科背景，研究语言产业与其他产业间、语言产业内部各要素间的种种关系，从而探索和总结语言产业发展的基本规律。语言经济学侧重于理论研究，语言产业经济学侧重于实践研究。语言产业经济学的研究，即对语言产业经济发展规律的研究，是语言经济学进入实践领域的需要，也是语言产业实践对语言经济理论研究提出的要求。

第二节　语言产业与新兴产业结构

一、产业结构的定义及分类

“产业结构是指生产要素在各产业部门间的比例构成和它们之间相互依存、相互制约的联系，它包括三次产业之间的比例关系及其内部各行业部门的比例关系。”① 英国著名经济学家科林克拉克研究了经济发展与产业结构变化之间的关系，提出了世界上较为通用的三次产业分类法。这种分类法是根据社会生产活动历史发展的顺序把全部经济活动划分为第一产业、第二产业和第三产业。产品直接取自自然界的部门称为第一产业，对初级产品进行再加工的部门称为第二产业，为生产和消费提供各种服务的部门称为第三产业。第一产业就是广义的农业（包括种植业、林业、牧业和渔业），第二产业就是广义的工业（包括采掘业，制造业，电力、煤气、水的生产、供应业和建筑业），第三产业就是广义的服务业（包括除第一、第二产业以外的其他各业）。第三产业通常分为流通业和服务业两大部分。其中服务业又分为三个层次，分别是：为生产和生活服务的部门、为提高科学文化水平和公民素质服务的部门和为社会公共需要服务的部门。三次产业分类法是应用经济学领域广泛使用的分类法。此外，联合国颁布的《全部经济活动的国际标准产业分类》（ISIC）

① 顾铭德著：《长线是金：基本面与股价走势分析》，四川人民出版社，1999 年 10 月第 1 版，第 198 页。

规定的国际标准分类法、战略关联分类法、国家标准分类法以及资源密集度分类法等也是较为普及的分类方法。

资源密集度分类法是按照各产业所投入的、占主要地位的资源的不同为标准来划分的。根据劳动力、资本和技术三种生产要素在各产业中的相对密集度，把产业划分为劳动密集型、资本密集型和技术密集型产业。

国际标准产业分类为使不同国家的统计数据具有可比性。现在通行的是1988年联合国第三次修订的《全部经济活动的国际标准产业分类》（ISIC）。这套国际标准产业分类分为A－Q共17个部门，其中包括99个行业类别。这17个部门为：A. 农业、狩猎业和林业；B. 渔业；C. 采矿及采石；D. 制造业；E. 电、煤气和水的供应；F. 建筑业；G. 批发和零售、修理业；H. 旅馆和餐馆；I. 运输、仓储和通信；J. 金融中介；K. 房地产、租赁业；L. 公共管理和国防；M. 教育；N. 保健和社会工作；O. 社会和个人的服务；P. 家庭雇工；Q. 境外组织和机构。

二、新兴产业结构

纵观世界各国现代经济发展的历史，产业结构的调整呈现以下几种特征：

1. 产业结构合理化，即在现有技术基础上所实现的产业之间的协调。涉及产业间各种关系的协调，如各产业间在生产规模上比例关系的协调、产业间关联程度的提高等，还包括产值结构的协调、技术结构的协调、资产结构的协调和中间要素结构的协调。

2. 产业结构高度化，即产业结构根据经济发展的历史和逻辑序列从低级水平向高级水平的发展。包括在整个产业结构中由第一产业占优势比重逐级向第二、第三产业占优势比重演进；由劳动密集型产业占优势比重逐级向资金密集型产业、技术知识密集型产业占优势比重演进；由制造初级产品的产业占优势比重逐级向制造中间产品、最终产品的产业占优势比重演进。

3. 产业结构合理化和高度化的统一。产业结构合理化是产业结构高度化的基础；产业结构高度化是产业结构合理化的必然结果。

在上世纪七十年代前后，西方发达国家产业结构的变化出现了新的趋势。在整个产业的各种行业中，传统行业逐渐被新兴行业所取代，新兴行业不断从传统行业中脱颖而出，逐渐成为主导性行业。

新兴产业是相对于传统产业来说的。“传统产业是泛指自‘工业革命’以来所建立起来的、大规模的、以常规能源为动力的、以机器技术为重要特征的行业，主要包括纺织工业、钢铁工业、汽车工业、电力工业及造船工业等。传统产业多为劳动密集型或资金密集型的行业”，“新兴产业是由新技术革命引起的以电子技术为重要特征的新兴工业群体，主要包括信息工业、电子计算机工业、原子能工业、激光工业、高分子化学工业、宇航工业、新型材料工业等。新兴产业多为技术密集型或知识密集型的行业。与传统产业相比，新兴产业具有技术变化和设备更新快、质量要求高、投资风险大等特点，它使经济结构、产业结构和产品结构等发生了重大变化”。① 新兴产业是国家财政投资重点支持的产业，新兴产业的发展能够带动经济快速增长，促进社会的全面进步。

一般来说，新兴产业可以分为三类，第一类是“新技术产业化形成的产业”，第二类是“用高新技术改造传统产业而形成新产业”，第三类是“对原来认为是社会公益事业的行业进行产业化运作”。②

新兴产业结构是指生产要素在各新兴产业部门间的比例构成和它们之间相互依存、相互制约的联系。

文化产业被誉为二十一世纪的黄金产业，并已成为一些发达国家的支柱产业。这一新兴产业的快速发展，正在对产业结构调整产生深远影响。在这一过程中，越来越丰富的文化要素和不断增长的文化需求与新技术不断整合，从而带来文化产业的繁荣。文化与技术之间的互动成为其中的重要机制。很多技术开发着眼于把抽象文化体现在具体产品中，文化成为技术开发的一个重要兴奋点，新技术造就文化传播的新形式。

数字信息技术和网络技术的应用与普及，带来了文化生产、文化传播和文化创新的重大革命。以数字技术、互联网技术、信息通

---

① 伍新木、张秀生主编：《简明最新经济知识手册》，湖北人民出版社，1987年6月第1版，第213页。

② MBA智库百科，http：//wiki. mbalib. com/wiki/% E6% 96% B0% E5% 85% B4% E4% BA% A7% E4% B8% 9A

讯技术为主要特征的现代科技，与文化产业相融合，打通了通讯、传媒、娱乐等多个领域，融合了影视、报刊、图书、移动通讯设备等多种载体，不断催生出新兴文化业态。文化产业与互联网融合、对接，衍生出网络游戏、网络视听、网络出版、网络动漫、网络文学、网络广播、网络杂志、网络电视、博客等文化新业态；文化产业与移动通讯网融合、对接，衍生出手机短信和彩信、手机广播电视、手机出版、手机报刊、手机动漫、移动多媒体广播电视等文化新业态；文化产业与广播电视网融合、对接，衍生出车载移动电视、有线数字电视等文化新业态。在产业融合的大趋势中，文化产业的规模和边界将进一步扩大，文化产业的内涵将不断丰富，新兴文化业态将不断涌现。技术的突破和进步，历来是推动文化生产发生历史性变革的强大动力。造纸术引发的书写材料革命，促进了文化的交流和教育的普及，印刷术的诞生使人类的精神产品摆脱了时空局限，成为文化传承、兴盛的重要里程碑；摄影技术的发明和运用，开创了影像传播的历史，使人类视觉艺术进入了一个新境界。

自上世纪以来，伴随着文化产业总体规模的不断发展，新闻、出版发行和版权、文化艺术服务和广播电视等传统的文化产业“核心层”的比重有所下降，而由网络文化、文化休闲娱乐、其他文化服务等现代文化产业构成的“外围层”和由文化用品、设备及相关文化产品的生产、销售所构成的文化产业“相关层”所占的比重不断上升，成为文化产业新的增长点。

有学者指出，文化产业推动产业结构调整的机制主要有三：一是渗透机制，指文化产业的发展促进文化理念渗透到传统产业的设计、生产、营销、品牌和经营管理等环节，从而改变传统产业的价值创造链条，使传统产业提供的产品更加富有文化含量、文化品位。二是转换机制，指随着文化产业的发展，资源逐步从传统产业流入文化产业，并由此加剧传统产业之间的竞争，使传统产业融入更多的文化元素，从而促进传统产业的结构调整。三是提升机制，即文化产业通过提升工业、服务业的文化含量与经济价值，提升整个社会经济的质量，进而促进经济增长方式的转变。提升机制是建立在渗透机制和转换机制基础之上的，它带来产业结构质的飞跃。在这一机制作用下，产业对文化的需求从简单的吸收、组合过渡为文化要素的挖掘与创造，文化成为传统产业动态比较优势、竞争优势的核心要素。①

三、语言产业的定位

语言产业是语言与经济的有机结合。语言产业在产业结构的分类中处于什么样的位置呢？1962 年，美国经济学家弗里茨·马克鲁普在《美国的知识生产与分配》一书中首次提出了“知识产业”的概念。在进行了实际测算之后，他得出如下结论：1958 年知识产业约占美国国民生产总值的 29%，约为 1364 亿美元；1959 年美国从事知识产业的劳动力已占全部劳动力的 31.6%。他认为，知识产业应包含教育、研究开发、传播业、信息设备业、信息传播业。此后，学术界将知识产业详细划分为五个部分：第一，包括正规教育和家庭、社会的教育在内的教育是知识产业中最主要的组成部分；第二，支撑经济发展基础产业的高新技术的研究与开发；第三，出版、印刷、图书、报刊、电视、电影、广播、戏剧、电报、电话和邮政等传播交流工具；第四，打字机、电子计算机、现代通信技术、自动控制系统和信号装置等信息机械；第五，专家咨询、档案存储、贸易谈判、个人理财以及法律、医疗、会计、审计等知识含量较高的新兴服务业。也有专家把“知识产业”从服务业中独立出来，作为与第一产业、第二产业和第三产业并列的第四产业。

语言产业是一个涉及教育、翻译、出版、艺术等多个领域的产业群，而知识产业内在地包含着语言产业的全部内容。因此，我们认为，语言产业属于知识产业的一部分，同时，它也是一种新兴产业。语言产业的发展将会直接拉动教育、文化、艺术、出版、服务等上下游产业。语言产业中的翻译产业、语言教育培训产业等都是具有巨大发展潜力的产业。2005 年来中国访问的英国财政大臣戈登·布朗曾指出，随着中国崛起为主要市场，出口英语及其教学法可能很快就会成为第一外汇来源，超过金融服务。过去五年，英国教育出口收入增长近一倍，每年已逾 100 亿英镑，相当于英国全年国内生产总值的 1%。布朗表示，这一数字还在激增。预计到 2020 年，教育出口收入对英国经济的常年贡献可能超过 500 亿英镑，即接近 2% 的国内生产总值。另据英国文化协会的一份报告指出，到

① 焦斌龙：《文化产业怎样推动产业结构调整》，《世界发明》2008 年第 1 期。

2015 年，全世界将有多达 20 亿人学英语。① 英国教育出口的收入主要来自英语语言教育及相关教材和教法所形成的语言教育培训产业的出口。我国的外语教育产业的发展也非常迅速。“根据中国社会调查所报告，到 2010 年我国外语培训的市场总值将会达到 300 亿元，当前国内外语培训市场的市场总值大约是 150 亿元，全国的外语培训机构总数量达到了 50,000 家。在中国加入世界贸易组织（WTO）、2008 年北京奥运会、2010 年上海世博会、中国成为世界制造业中心等外语利好因素的推动之下，我国外语培训的市场将在相当一段时间内保持高速的增长。”②

语言教育培训产业、翻译产业既是典型的知识产业，也属于人力密集型产业，对于发展经济、促进就业、改善收入分配结构都有着积极的意义。

第三节　语言产业政策与语言产业发展

“产业政策是指一国政府为了促进本国的经济发展，根据产业发展规律的客观要求，综合运用经济手段、法律手段以及必要的行政手段，调整产业关系，维护产业运行，促进产业发展，达到对社会资源的最优配置，重新调整产业经济活动的一种政策导向。”③

语言产业是一个新兴产业，还没有像传统产业那样诸如产业基金、科技投入等方面的产业扶持政策。制定相应的产业政策对于具有巨大发展潜力的语言产业来说十分必要。结合产业政策的定义，我们认为，语言产业政策是国家产业政策的一部分，是指一国政府根据经济活动规律以及语言产业发展规律的客观要求，综合运用经济手段、法律手段以及必要的行政手段，调整语言产业与国民经济其他产业之间的关系，以及语言产业内部各要素之间的关系，维护语言产业有序运行，引导和促进语言产业发展，实现社会资源对语言产业的优化配置的政策系统。

制定并完善语言产业政策是语言产业得以健康发展的根本保证。

---

① http://finance.sina.com.cn/roll/20050223/13161377794.shtml

② 水木清华研究中心：《2008 年中国语言培训行业研究报告》。

③ 刘吉发主编：《产业政策学》，经济管理出版社，2004 年 9 月第 1 版，第 3 页。

具有预见性和导向性的语言产业政策可以为语言产业的发展提出科学合理的目标以及政府应对语言产业发展中的新情况的对策，可以优化资源配置，促进市场结构和市场机制的完善，从而推动语言产业的发展。

制定并完善语言产业政策应从加强产业扶持政策、有计划地培养人才、规范市场管理、建立产业集群园区、加强技术研发和知识产权保护等方面入手。

1. 加强产业扶持政策。作为新兴产业，语言产业的发展离不开政策的支持。应该制定并逐步完善语言产业扶持政策，积极为语言产业的发展创造条件，使其能够迅速地发展起来。主要应着力于科技扶持政策、财政税收扶持政策、金融扶持政策。

制定科技扶持政策。科学技术是第一生产力。科学技术应用于生产领域，能够推动生产力的发展，极大地提高生产效率，促进经济的快速增长。由政府组织高等院校、科研机构和企业研发机构进行语言产业相关科技的研发，并积极促成科研成果的转化应用。组织制定语言产业中长期发展规划，把语言产业的发展纳入经济发展的总体战略之中。

制定财政税收扶持政策。财政税收是最有效的政府调节手段。语言产业的发展需要国家财政和税收方面的支持，如为语言产业相关企业的发展提供财政补贴，为语言产业的技术研发与交流提供财政补贴，或者减免语言产业相关企业的税收等等。

制定金融扶持政策。建立健全金融服务体系，为语言产业的发展提供贷款优惠，为语言企业的发展拓宽融资渠道。

2. 制定人才培养政策。语言产业有着巨大的人才需求。政府制定引进人才和培养人才的政策，建立开放流动的用人机制和激励机制，加强语言产业相关的学科专业建设，形成人才与产业发展的良性互动。

3. 制定规范市场管理的政策。市场是语言产业生存与发展的基础，语言产业通过市场来为消费者提供语言产品与语言服务。因此，政府应制定语言市场规范管理的政策，对语言市场的经济活动进行监管，营造统一、公平、规范化的语言市场环境，保障语言市场的有序运行和健康发展。

4. 建立语言产业科技园区。实践证明，建立产业园、科技园是促进新兴产业发展的一条成功经验。园区能有效发挥产业聚合与辐射效应以及产业政策扶持效应，迅速带动产业的繁荣与进步。

5. 注重保护知识产权。语言产业属于知识产业，对于知识产权的有效保护是语言产业健康发展的重要保证，必须加快语言产业领域知识产权的立法，并加大执法力度，依法惩处侵权行为。

第五章　语言产业的业态与案例分析

第一节　语言培训业

一、语言培训业概述

“培训业是21世纪朝阳产业之一”的观点，已成为越来越多人的共识。自1996年以来，在培训需求的不断刺激下，我国培训市场产生了多元化的衍生产品，消费人群迅速扩大，总体市场规模有了飞跃性的增长，培训的举办主体也由最初的学校和行业企业，逐步扩展到各方面的社会力量，包括培训公司或个人办学等。同时，随着外资企业不断进入中国市场，以及留学人数的不断攀升，众多外资培训机构也陆续进入中国，与国内大大小小的培训机构展开竞争。

至2004年，城市居民人均教育培训支出达1012.85元，以7.4%的比例高居家庭消费支出的第一位。2009年3月出版的《2010—2015年中国教育培训市场调查与发展前景分析报告》① 显示，中国培训业规模以每年30%的速度递增。全国培训机构大概有10,000家，其中，北京有2000家，上海有1500家，广州有1000家，三地培训机构的数量之和约占全国总量的一半。2007年，中国培训业收入达到1000多亿元。目前，中国教育培训的潜在市场规模达3000亿元，并保持着迅猛的发展态势。另据《2007—2010年中国培训市场发展预测与投资分析报告》指出，当时的英语培训市场总值约为150亿元，相当于一个中等城市的年产值。

① http：//bjyouth. ynet. com/article. jsp？ oid = 63603731

（一）培训业的特征

广义的培训业包括所有与应用教育、职业培训、技能传授等相关的有意识的传播实践，其重点在于授业，而不是传道和解惑。培训（Training）是指由雇主向雇员提供其完成本职工作所必需的基本技能的学习活动的过程，因为雇员当前的知识、技能、能力和态度等与其所从事的职务要求是有距离的，培训的任务就是弥补这种距离。培训通过一系列正式和非正式的学习活动，关注员工的个人成长，重点在于改善员工当前职务上的知识、技能、能力和行为。这一概念界定由美国乔治·华盛顿大学里奥纳德·那德勒教授于1989年提出。

可见，培训是一种有组织的知识、技能、标准、信息、信念等的传递和管理训诫行为。目前，国内的培训以技能传递为主，时间侧重于上岗前。为了达到统一、规范、标准化作业，通过目标规划设定、知识信息传递、技能熟练演练、作业达成评测、结果交流公告等流程，让员工接受一定的教育训练，达到预期的水平提高目标。① 或者可以说，培训是指采用不同于正规学校教育的形式，以增进受训者的劳动技能、提高生产能力或满足素质提升、休闲娱乐等需要为目的的各种学习和训练活动。

我们认为，培训业是服务业中的一个重要产业类型，它与教育服务业联系密切。广义的教育服务业包含了大部分培训服务，但由于培训业的迅速发展，其广度和深度不断得到拓展和延伸，传统意义上的教育服务业已经不能完全包含它，这使得它逐步发展成为一个独立的、具有自身特殊性的产业形式。

（二）培训业务的大致类型

根据培训的举办主体、主管单位、形式内容等方面的不同，可将培训业做如下分类：一是教育系统的培训业；二是劳动系统的培训业；三是公立高校中的培训业；四是中小学举办的文化体育艺术补习辅导培训；五是政府部门举办的培训；六是各类社会团体举办的培训；七是各类公司企业举办的培训。

目前，前三类所占比例最大。三者之和约占培训产业市场的

① http：//baike. baidu. com/view/9787. htm？ fr = ala0_ 1_ 1

70%。其中，教育系统的培训业主要指在教育行政管理部门登记和审批的各级各类民办非学历教育培训，包括综合、外语、职业技术、艺术、考试助学等类型，举办者有个人、企业、社团组织、事业单位、党派等。

劳动系统的培训业主要指在劳动和社会保障部门登记和审批并接受其管理的培训机构，以职业技能培训为主，包括技工学校、就业训练中心等，办学主体有劳动和社会保障部门、国有经济单位等。

公立高校中的培训业主要有以下几类：高级管理类培训，如高级管理人员工商管理硕士（EMBA）、总裁班等；管理类专项培训，如项目管理、物流管理等；高新技术培训，如材料技术、建筑工程技术培训等；各种职业资格认证、国际学位认证、考试培训；个性化的培训，如政府干部培训、企业培训；各种研修班等。从培训层次上看，包括专科、本科、研究生层次的非学历教育，出国留学前的非学历教育，继续教育，成人非学历教育，非学历远程教育等。

（三）语言培训业的缘起及其演变

自上世纪九十年代以来，国际教育服务贸易获得了飞速发展，为教育水平比较发达的国家带来了巨大的经济利益。另一方面，随着全球经济一体化进程的加快，各国对熟悉国际行业规范和国际法律、了解国际惯例、精通多国文化和思维方式的国际型人才产生了巨大的需求。

语言是进行国际教育服务贸易的重要工具，语言培训是国际教育服务贸易的重要组成部分。在很多国家，尤其是英语国家，比如美国、英国、加拿大、澳大利亚、新西兰、爱尔兰等，英语培训在某种意义上已成为这些国家文化教育输出的重要收入来源。据2005年2月在中国访问的英国财政大臣戈登·布朗表示，随着中国崛起为主要市场，出口英语与其教学方法可能很快就会超过金融服务，成为英国重要的外汇来源。布朗指出，中国目前学英语的人数已经超过英国本土学生的人数，他预测到2020年，英国卖到海外的教学产品如书籍与音像品每年可达100亿英镑。英国文化委员会发现，2010年全球已有约20亿人学习英语。现在，英语教材及相关方面的收入已经超过英国的石油和船运收入。

随着我国对外开放的深度和广度的进一步拓展，也意味着国外语言培训机构将进一步加强对中国教育服务市场的竞争，他们会想方设法地吸引更多的中国学生接受其教育培训服务。自 1999 年以来，英国、澳大利亚、新西兰、加拿大、荷兰等国家的教育服务机构纷纷在中国的北京、上海、广州、深圳、西安、沈阳、大连、武汉、青岛、成都等大都市举办教育展览，吸引了大量的中国学生和家长前去参观、咨询，起到了很好的宣传促销作用。这对我国的语言培训机构是一个严峻的挑战。

除以上所列举的国家外，近年来，美国的一些语言培训机构、语言学校加快了开拓中国市场的步伐。在中国，随着国际大型企业进入中国市场以及中国企业走向海外，相应都产生了对员工进行英语培训的需求。美国的语言培训企业敏感地把握了这一商机，将中国作为其商务英语培训的重要目标市场。同时，与中国高校开展语言培训方面的合作，也成为美国语言培训机构拓展市场的一种重要方式，例如，作为全球三大教育集团之一、全球最大的英语考试培训机构之一的美国卡普兰教育集团（KAPLAN），于 2010 年 11 月借助与浙江大学的合作进入中国市场，由卡普兰教育集团旗下的卡普兰大学与浙江大学继续教育学院合作开展语言培训、托福模考等教学培训项目，从而成为中国留学英语培训市场上一个重量级的产品提供商。①

对外汉语培训是我国教育服务贸易的重要内容。随着中国经济快速发展和国际交往不断增加，中文的应用价值在不断提升。可以说，学好中文，就拥有了进入世界上一个重要的、广阔的市场大门的钥匙。因此，学习汉语的热潮正在全球范围内兴起，汉语水平考试（HSK）已成为世界上最重要的第二语言或外语水平测试之一，目前已在全球 86 个国家设立了 525 个考点。近年来，世界上参加汉语水平考试的人数大幅度增加。随之，对外汉语教学研究受到了越来越多的关注，经历了由不自觉走向自觉、由经验型向科学性的转变。

从 1950 年接受第一批外国留学生开始，新中国的对外汉语培训事业的发展变化是惊人的，特别是最近十年，国家有关部门加大了

---

① 张凯、罗卫平：《全球最大教育集团进军浙江培训市场》，每日商报 2010 年 11 月 3 日。

对对外汉语教学工作的关心、支持和领导，采取了一系列重大举措，使得来华留学生数量猛增，对外汉语培训规模不断扩大，教学层次逐渐完整，现已形成完备的教学体制。根据教育部发布的消息，2012 年，共有来自 200 个国家和地区的 328,330 名各类来华留学人员，分布在全国 31 个省、自治区、直辖市（不含台湾省、香港特别行政区和澳门特别行政区）的 690 所高等院校、科研院所和其他教学机构中学习。

同时，对外汉语培训与国际接轨的速度也日益加快。世界各地孔子学院的相继建立，标志着对外汉语培训已经融入了世界文化交流和发展的洪流中，并且成为一股有影响力的重要力量。汉语教育已经被不少国家纳入主流教育体系，汉语教学在很多国家的外语教学中的地位普遍提高，汉语学习者的学习动因也发生了变化，由从前的迷恋中国文化魅力和底蕴，转变成而今的把汉语作为一种语言技能、一种实用工具。

从目前来看，我国语言培训，尤其是英语培训在未来一段时间内将保持高速发展。同时，随着外资培训机构的不断涌入，语言培训业的竞争将更加激烈。中国的语言培训业虽然面临着多方面的挑战，但同时也获得了引进吸收境外教育服务资源、加快自身发展的难得机遇。

（四）语言培训业的界定与细分

语言培训是一种有组织的语言知识传授和文化认知的行为，旨在通过目标规划设定、语言知识和技能的习得、作业达成评测、结果交流公告等流程，让学习者通过一定的教育训练，达到所培训语言水平的全方位提高。

目前，我国居民储蓄余额已经超过 40 万亿人民币，研究表明居民收入中大约 10% 投资于教育，而语言与信息技术是目前教育培训的两大支柱，由此可以看出我国语言培训市场的规模。根据中国社会调查所报告，到 2010 年底，我国外语培训的市场总值达到 300 亿元，全国的外语培训机构总数量达到 50，000 家。在中国加入世界贸易组织、2008 年北京奥运会、2010 年上海世博会、中国成为世界制造业中心等因素的推动下，我国的语言培训业将在相当一段时间内保持高速的增长。

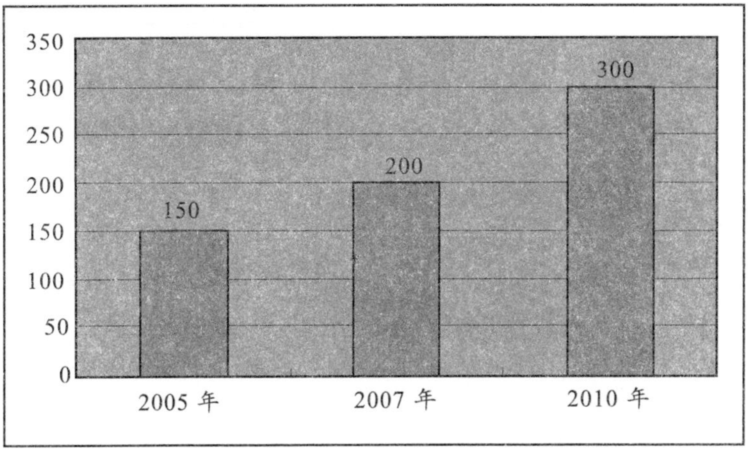

中国外语培训市场规模（单位：亿元）

我国当前的语言培训业主要可细分为商务语言培训、留学语言培训（雅思—英联邦留学语言考试、托福—北美留学语言考试、全国外语水平考试）、英语考试培训（如考研英语培训、职称英语培训等）、少儿英语培训、汉语培训、日语培训及其他语种培训等。

1. 商务英语培训

商务英语培训对于培训机构的师资素质和课件质量有较高的要求，市场的集中程度也相对较高。其中英孚教育是最受关注的培训品牌，关注度超过五成。华尔街英语和韦博国际英语被关注度在两成左右。新东方精英英语和新动态国际英语被关注度皆不足 4%。①

2. 留学语言培训

（1）雅思培训

在各类语言考试/认证培训中，雅思培训的影响力巨大。目前，市场上雅思培训机构众多，市场竞争十分激烈。其中，环球雅思以 54.4% 的关注度排名第一；新东方学校位列第二，关注度为 16.5%；北京雅思学校、新航道和朗阁位于同一阵营，关注度在 6% ~9% 之间；其余品牌的关注度皆不足 2%。

（2）托福培训

托福、（美国等国家）研究生入学资格考试（GRE）和（美国

① 以下数据均来自百度数据研究中心《2010 年 Q2 语言培训行业报告》。

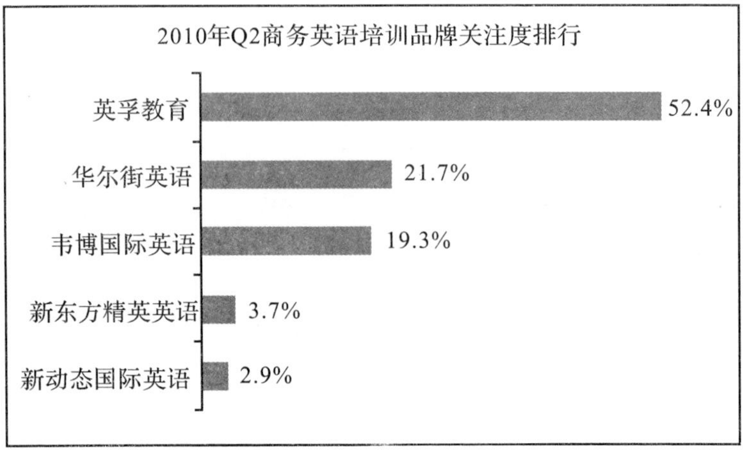

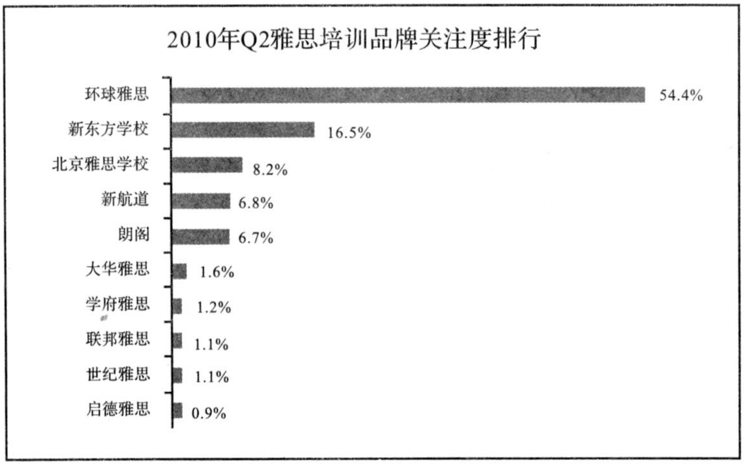

等国家）管理专业研究生入学资格考试（GMAT）是留学北美者需要参加的主要语言考试。在这个细分市场，新东方的被关注度超过了九成。

3. 少儿英语培训

少儿英语培训作为新兴的语言培训细分市场，参与竞争的品牌众多，许多大型语言培训机构如新东方学校、昂立教育等推出相应子品牌进行细分市场运营。在2010年第一季度，新东方旗下的泡泡少儿英语以23.7%的关注度排名第一。2008年进入中国市场的迪士尼英语借助迪士尼整体品牌的力量和自身的优质课程获得大量关注，排名第二。另外，昂立少儿英语、小新星英语和清华少儿英语的关注度也超过了10%。

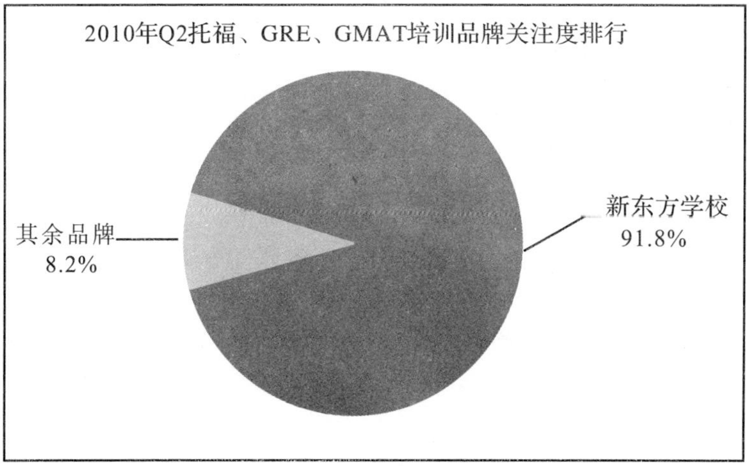

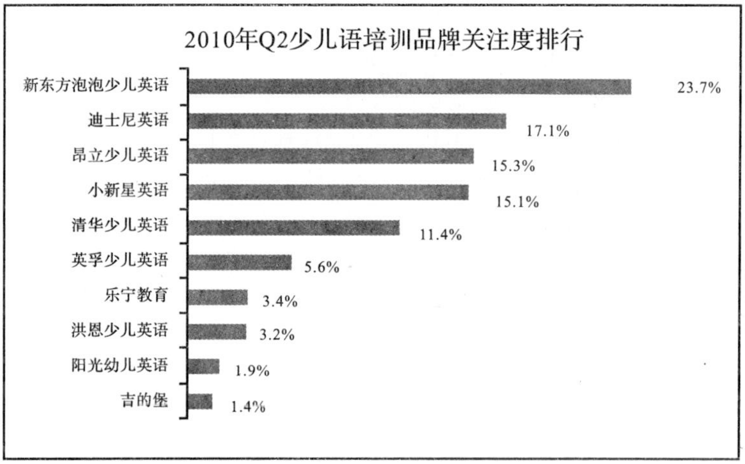

4. 日语培训

上海教育培训品牌在日语培训这个细分市场表现出色，在排行榜中占据四席（樱花国际日语、新世界教育、朝日日语、昂立教育），合计关注度超过六成。樱花国际日语是新世界教育集团从日本引进的独立教育机构，关注度达到31.0%，是最受关注的日语培训品牌；新世界教育的日语培训以17.8%的关注度排名第二；新东方学校和朝日日语的关注度在8%～9%之间，分列第三和第四。

除了外语培训市场外，随着中国的发展进步，“汉语热”在全球范围内开始升温，对外汉语教学培训受到了越来越多的关注。

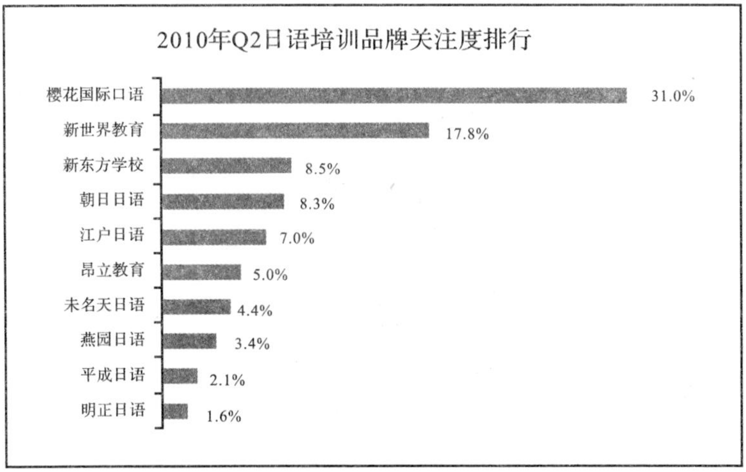

（五）语言培训机构分布现状

语言培训市场存在激烈的生源竞争。特别是外语培训进入白热化竞争状态，激烈的行业竞争决定了外语培训市场的细分。独特的目标群体、特色化的教学产品越来越成为语言培训企业占领市场的重要因素。消费者在选择上，总体来看，80%的受调查者选择培训机构更看中品牌和规模。

2008年中国社会调查所调查数据显示，我国知名度最高的5个培训机构依次为：李阳疯狂英语（68.1%），新东方（67.4%），英孚教育（52.5%），剑桥（47.9%），环球雅思（42.7%）。被访者认为品牌、声誉最好的5个培训机构依次为：新东方（65.9%），英孚教育（57.5%），李阳疯狂英语（57.2%），剑桥（45.8%），牛津英语（41.2%）。

在2011年第一季度，语言培训机构中新东方以66%的关注度一枝独秀于培训市场。其他机构的关注度皆不超过5%，且非常接近，市场竞争十分激烈。其中，1994年进入中国市场的英孚教育以5%的关注度排名第二，而2001年成立的环球雅思以4%的关注度紧随其后。①

培训语种中，英语独占鳌头，日语、韩语关注度日益提高。英语是世界上使用最广泛的第二大语言，也是中国绝大多数中学和大

① 百度数据研究中心《2011年Q1语言培训行业报告》。

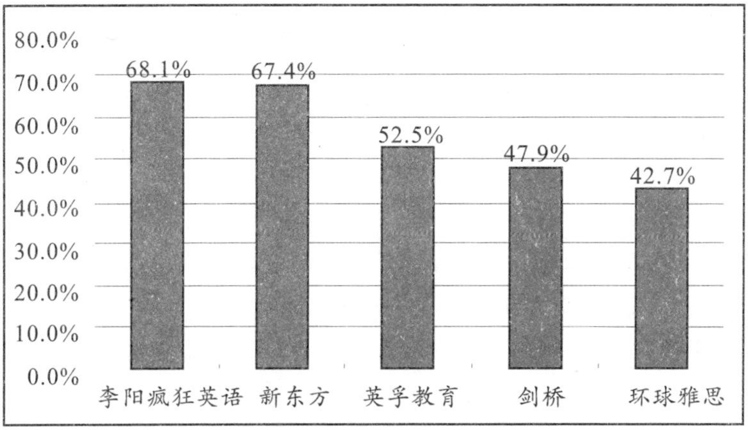

2008 年中国知名度最高的 5 个培训机构

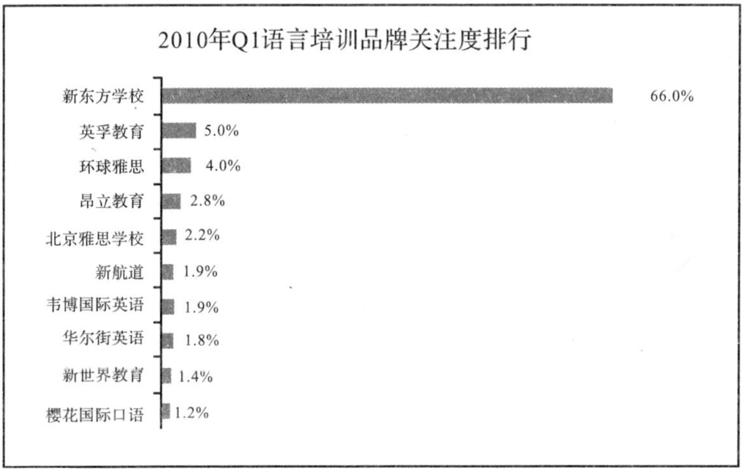

学的必修课程。百度数据显示，英语以 73. 5% 的关注度大幅领先其他语种。近些年来，随着日韩两国与中国文化交流、经济合作的不断加强，对于这两类语言人才的需求也不断上升，日语和韩语成为时下热门的学习对象，两者分别以 12. 8% 和 3. 6% 的关注度排名第二和第三。在国际性社交和外交活动中广泛使用的法语关注度达 2. 5%，排名第四。①（见下表）

① 参考百度数据研究中心《2011 年 Q1 语言培训行业报告》。

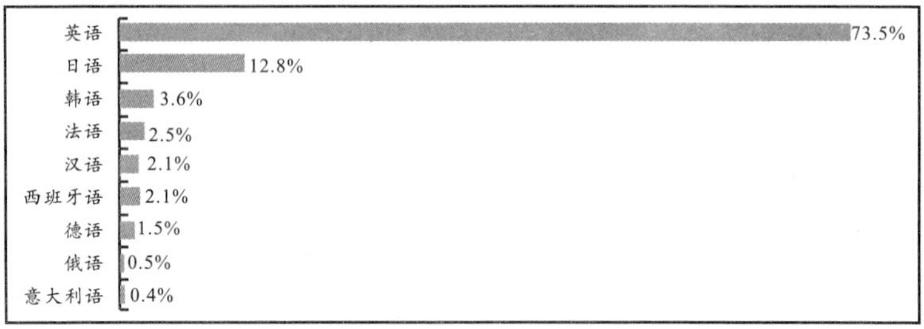

（六）语言培训业的问题与对策

据搜狐2010年初发布的网络调查报告，少儿英语培训占据了语言培训22.13%的市场份额，名列首位，之后分别为成人英语、实用技能英语、考试类英语；外语培训的主流消费人群月薪1500元～2999元的占20.86%，3000元～4999元的占21.76%，5000元～10000元的占20.86%，1500元以下和万元以上的分别只有18.63%和17.88%。中小学生的课外辅导项目首推英语，64%的家长都为孩子报了英语班，其后是奥数、语文和文艺体育科技项目，但比例都只有10%左右，培训市场份额远远小于英语。① 百度数据显示“80后”占参加语言培训的网民数的46.5%，语言培训网民中30岁以上的群体占将近30%，说明了提升商务外语、职业外语水平成为增强职场竞争力的重要手段之一。②

为了进一步了解目前人们对于语言培训的消费状况与态度，2011年9月至11月，本课题组在北京高校校园中进行了采访调查，100位受访者中，女性65名，男性35名；高中生3名，本科生86名，研究生8名，在职人员3名。通过问卷调查、体验式调查、深入访谈等方式，我们发现语言培训行业在迅速发展的同时，也暴露了一些亟待解决的问题：

第一，信誉有待完善。有的培训机构以免费听课、送教材、能力测评等方式吸引学生和家长，其主要目的还是千方百计兜售课程。在调查中，有受访者表示，培训机构会以“学习时间越长，学费越便宜”为噱头，提前收取一年的课时费，但上课半年后想要退费时，

① 搜狐教育行业调查报告《教育培训进入黄金十年》，搜狐教育，http：//learning. sohu. com/20110112/n278823360. shtml

② 百度数据研究中心《2011年Q1语言培训行业报告》，http：//data. baidu. com/content/2011－05－09/1312449609_ 1. html

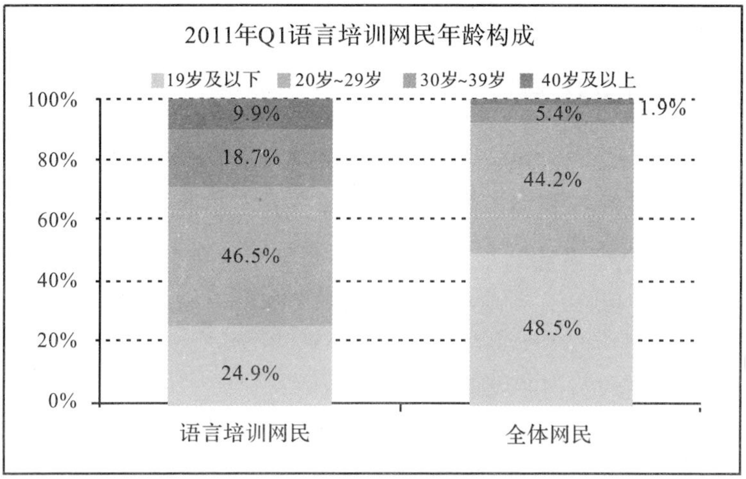

培训机构则找出各种理由不给退款，或者少退款。

第二，教师良莠不齐。在调查中，有52%的学员表示他们感觉到整个培训行业最大的问题便是教师水平良莠不齐。某培训机构的管理层表示，由于语言培训行业迅速扩张，教师的缺口很大，现在几乎是招上一个老师就会开一个班。有培训机构老师表示，排课的随机性较强，有时甚至是上课前一天才找到老师，第二天便进行授课。有相当一部分学员表示，培训机构的师资水平参差不齐，一旦遇上不合格的老师，自己很难学到东西。

第三，收费整体偏高。雅思考试培训的基本费用在1500元~3000元不等。如果学员需要上小班课、精品课，学费在5000元~20,000元。在调查中，有30%的学员表示价格偏高。家长则表示，只要能让孩子有所进步，学得好，自己还是愿意承受较高的学费。

第四，效果难以评测。目前，多数培训机构只负责培训，至于学员的受训效果如何，则难于做出评价。调查显示，在培训课程结束后，只有35%的学员表示自己的能力确实有所提高，有相当一部分学员表示自己的能力没有得到明显提高，培训后的考试成绩依旧不理想。

针对以上问题的相应对策，我们建议：

第一，对语言培训教师实行职业资格准入制度。教育部于2004年颁布了《汉语作为外语教学能力认定办法》，设立了初、中、高三个等级的《汉语作为外语教学能力证书》，通过对外汉语教师职业资格考试的方式来选拔对外汉语教学人员。对各类语言培训机构的培训师资，也应采取持证上岗的方式，由国家教育部门组织统一考试，以确保语言培训教师队伍的整体水平和培训质量。

第二，建立和完善语言培训行业自我管理机制。语言培训机构的量多、分散加大了管理的难度，整体上的良莠不齐，暴露出一些亟待解决的问题。可以通过建立行业协会等方式，形成良好的内部、外部沟通渠道，解决行业内部在竞争与发展中发生的的无序竞争、信用缺失等问题，并以现有的优质品牌带动行业整体质量的升级。

（七）语言培训业未来发展趋势

我国语言培训产业仍处在起步发展阶段，语言培训市场有着广阔的发展前景。随着这一市场规模的不断扩大，对其提供专业服务的需求也将迅速扩大。同时，大量来自国外的培训机构纷纷进入中国，由于不熟悉中国国情，他们急需寻求当地有影响的服务机构进行合作。因此，国内语言培训服务的产业化和专业化势在必行。

1. 培训机构品牌化

品牌是生存之本，品牌效应体现了竞争力。如果说，国内培训市场在上世纪九十年代是杂牌混战的时代，那么，进入二十一世纪后，则是名牌对杂牌的淘汰战。从我国大大小小数万家培训机构发展情况来分析，我们不难发现，能够持续发展的培训机构，是那些真正树立品牌、真正做到诚信、真正为广大学习者（消费者）服务的机构。培训机构品牌化已经成为生存与发展的一个重要战略。

2. 培训课程个性化

随着培训市场竞争的日趋激烈，培训机构普遍觉得生存压力加大，在这种情况下，谁能另辟蹊径，谁就能争取到新的商机。于是，个性化培训渐成主流。例如英语培训市场出现了金融英语、猎头英语、行业英语等。差异化竞争之路可以通过课程设置等手段来实现，以个性化课程的逐渐完善和教学质量的进一步提高，逐渐打破培训机构之间的同质化竞争格局。从课程设计到培训过程，都尽量让其具有良好的实用价值和针对性，更符合学习者的个性化需求。

3. 培训模式多元化

培训内容体系从以课程培训为核心向咨询、培训服务一体化转变。目前，在继续教育培训市场上，一般是以课程为中心开展培训活动。往往是某一培训机构或某几个人，预计某一培训项目有一定的市场潜力，就列出几门课程，然后进行招生，组织培训。由于这些课程往往是大众化课程，缺乏针对性，因而难以持续发展，其弊端显而易见。为克服这种情况，一些有实力的培训机构开始探索改变这种以单纯的培训产品（课程）为中心的培训模式，而采取一种集咨询、培训服务于一体的新型培训模式—咨询式培训模式。

4. 培训服务增值化

语言培训市场的增值化服务日趋明显。随着培训市场的发展，大公司选择培训合作伙伴时看重“忠诚度”，愿意选择与其合作过的优质培训机构。尽管在选择过程中，价格因素仍具有重要影响力，但培训质量评估越来越为企业所熟悉，企业开始重视培训的质量与效果反馈，价低质劣的培训课程会被淘汰出局。高水平的培训师可以说是企业的战略伙伴，培训师为企业提供有价值的培训，企业反过来又会需要更深层次的培训帮助，双方逐渐建立起相互信任的关系，价格的因素自然就淡化了。各培训机构为保持培训业务的持续发展，对客户的管理与服务更加重视，往往为大客户和学员们提供持续服务和增值服务，以发挥学员的口碑广告效应。

5. 培训手段多样化

培训手段的创新，一是体现在培训方式的创新，传统的培训方式更多的是课堂培训，除此之外，各类培训机构也纷纷开始了多种形式的培训，包括网上培训、在线教育、到客户现场内训，以及量身定做专门的培训项目；二是体现在多种信息技术手段的运用，如网络电教、电话培训等；三是体现在多种培训方法的整合，如实习式、演讲式、游戏式、个案分析式等方法的综合运用。

二、典型案例

（一）孔子学院

语言及文化的全球传播对于一个国家综合实力提升的意义是不言而喻的。早在上世纪八十年代，我国政府就意识到了强势语言及文化在国际社会中的深远影响力，人类多元文化的和谐发展、国际社会对汉语的需求以及中国国家综合国力的提升，使得汉语国际传播成为历史的必然。为在全世界传播汉语文化，我国政府于 1987 年成立了“国家对外汉语教学领导小组”及其办公室，简称为“国家汉办”，作为当前中国文化对外传播的重大项目——孔子学院就是由国家汉办承办并在全球予以推广的。

孔子学院是当前我国在海外实施汉语培训工作的核心平台与最佳选择。“汉语国际推广”的正式确认以及被全面地采纳和实施，是在2003年《汉语桥工程》（2003—2007）颁布之后。作为我国第一个真正意义上的规范性的海外汉语推广培训机构，孔子学院在这一历史背景下应运而生。

1. 孔子学院的现实意义与多元功能

2004年，国务院批准了“国家对外汉语教学领导小组”制定的对外汉语教学事业2003年至2007年发展规划——《汉语桥工程》。

随着中国经济的迅猛发展，世界各国对汉语教学的需求急剧增长，“孔子学院”应运而生。孔子学院总部（Confucius Institute Headquarters）设在北京，2007年4月9日挂牌成立。按照《孔子学院章程》的规定，孔子学院总部是全球孔子学院的最高管理机构，是中国政府促进中外语言和文化交流、发展人类多元文化、共同构建和谐世界的重要机构。境外的孔子学院都是其分支机构，主要采用中外合作的形式开办。

孔子学院（Confucius Institute），秉承了圣人孔子“和为贵”“和而不同”的核心理念，推动中国文化与世界各国文化的交流与融合，以建设一个持久和平、共同繁荣的和谐世界为宗旨。它并非一般意义上的大学，而是一个非营利性的社会公益机构，是推广汉语和传播中国文化与国学的教育和文化交流机构，一般设在国外的大学和研究院之类的教育机构里。孔子学院最重要的一项工作就是给世界各地的汉语学习者提供规范、权威的现代汉语教材并提供正规、主要的汉语教学渠道。具体工作内容包括开展中文教学、培训汉语教师、提供汉语教学资源、开展汉语水平考试和汉语教师资格认证业务，以及提供中国教育、文化、经济、社会等信息咨询，开展当代中国研究等。

全球首家孔子学院于2004年11月21日在韩国汉城（即今天的首尔）正式成立。从2004～2008年，短短4年间，孔子学院的数量迅速增长。2009年后，孔子学院开始进入内涵式发展阶段。截至2013年6月，孔子学院总部已在113个国家和地区建立了420所孔子学院和591个孔子课堂。2012年全球孔子学院注册学员达到65.5

万人。其中，在欧洲 35 个国家开设了 140 所孔子学院和 126 个孔子课堂，注册学员达到 17.2 万人，比上年增长 79%。[①] 英国的孔子学院数量居欧洲国家之首，2005 年英国成立第一所孔子学院，到 2012 年 4 月，英国已建有 19 所孔子学院和 63 个孔子课堂。[②] 亚洲地区已有 90 所孔子学院，以柬埔寨王家研究院孔子学院为例，其自 2009 年成立至今，注册学员已超过 6800 人。[③] 目前，海外学习汉语的人数已超过 4000 万。

从孔子学院设立开始，我国借鉴英、法、德、西等国推广本民族语言的经验，积极探索在海外设立以教授汉语和传播中国文化为宗旨的非营利性公益机构的有效途径。通过努力，孔子学院已成为传播中国文化和推广汉语的全球品牌与平台。

近几年来，孔子学院在多个方面得到了有效发展。首先，师资建设取得很大突破。孔子学院总部继续加大对汉语教师和志愿者派出规模，各国孔子学院也加大选聘当地汉语教师的力度。2009 年，专兼职教师达到 3100 人，比 2008 年净增 1000 人[④]；启动本土汉语教师培养工作，设立“孔子学院奖学金”，从 50 个国家招收了 1021 名学生来华攻读汉语国际教育专业硕士学位，并在相关大学设立了 800 个汉语教师奖学金名额。

其次，不断丰富教学资源。孔子学院总部先后编译了 45 个语种的汉语教材，向各国孔子学院赠送图书 82 万册，各国孔子学院主动编写适合当地需要的教材 500 多种，为 230 多所孔子学院统一配备“中华文化体验中心”软、硬件设施和“长城汉语”等网络课件。

最后，各国孔子学院深入社区进行服务，先后举办各类文化教育活动 6600 多场次，参加人数 260 多万；开发和形成了一批有特色的活动项目，如“汉语角”、汉语速成班、中华文化讲座等；派出 40 多支师生小分队，同 270 多所孔子学院联合开展中华文化巡讲、巡演、巡展活动，产生了良好的社会影响；网络孔子学院建设也取

---

① http://www.hanban.edu.cn/article/2013-06/09/content_498782.htm

② 《欧洲孔子学院数量英国居首　需求仍在增加》，中国新闻网，2012 年 6 月 3 日，http://www.chinanews.com/hwjy/2012/06-03/3934426.shtml

③ 冯辉：《2013 年亚洲孔子学院联席会议在柬埔寨召开》，汉办官网，2013 年 5 月 31 日，http://www.hanban.org/article/2013-05/31/content_497505.htm

④ http://college.chinese.cn/conference09/article/2009-12/28/content_97499.htm

得可喜成绩，50个中英文频道已启动运营。

2006年7月，孔子学院总部在北京举办了首届孔子学院大会，来自38个国家和地区的近500名代表参加。与会者交流了各自的办学经验和体会，讨论了《孔子学院章程》等文件，共同探讨怎样使汉语教学更符合当地汉语学习者需要等问题。随后，《孔子学院章程（试行）》和《孔子学院中方资金管理办法（暂行）》正式发布实施，规范了孔子学院的建设。按照《孔子学院章程》第30条规定，孔子学院总部每年召开一次孔子学院大会。一年一度的孔子学院大会旨在为全球孔子学院总结经验、密切沟通、加强合作提供平台。

第七届孔子学院大会于2012年12月16日至18日在北京举行，此次会议以“促进孔子学院融入大学和社区”为主题，来自108个国家的大学校长和孔子学院代表围绕“孔子新汉学计划”、孔子学院制定发展规划、汉语师范专业、汉语教师培训基地建设和孔子学院专职教席、孔子学院质量评估与示范、孔子学院建设等议题进行了深入讨论。大会期间还举办了汉语教材展，重点展示了50所国外孔子学院和19家国内外出版发行机构最新开发的汉语言文化教学产品。孔子学院总部理事会主席刘延东在致辞中希望孔子学院能够进一步“拓展办学空间，丰富教学内容，由大城市向其他地区延伸，由校园向社会推广，更加适应大学和社区的需要。坚持政府支持、社会参与、民间推动，与所在国的国民教育体系相结合，与学生未来职业发展相结合，实现中外双方共建共管、共享共赢”①。

2. 孔子学院的整体规模与办学特色②

其一，政府的高度重视与孔子学院总部的高效运作。

孔子学院是中国政府主导的非营利性教育机构，是由国家汉办负责运作的国家项目，总部设在中国北京。一方面国家领导人高度重视和大力支持孔子学院的发展。国家主席胡锦涛、全国人大常委会委员长吴邦国、国务院总理温家宝、全国政协主席贾庆林，都曾在出国访问期间出席过孔子学院的协议签字仪式或成立仪式。另一

① 朱铭宇：《第七届孔子学院大会隆重开幕》，2012年12月16日，http://www.chinese.cn/conference/article/2012－12/16/content_477137.htm

② 陈觉万、吴端阳：《海外孔子学院发展历程、动因及特点评析》，《国家教育行政学院学报》2009年第4期。

方面国家汉办对孔子学院的全球推广进行了有力的运作。在制度层面，出台了《孔子学院章程（试行）》《孔子学院中方资金管理办法（暂行）》等规章、办法；在师资方面，实施了“国际汉语教师中国志愿者计划”并选派国际汉语优秀教师；在教材方面，启动了“国际汉语教材评选活动”，推荐、提供优质教材；在经费方面，给予孔子学院办学以资金资助；等等。《孔了学院章程（试行）》规定：对新设置的孔子学院，中方投入一定数额的启动经费；年度项目经费由外方承办单位和中方共同筹措，双方承担比例为1:1。再一方面是中国驻外使领馆积极配合、大力支持。

孔子学院总部具有独立法人资格，是全球孔子学院的最高管理机构。海外孔子学院是孔子学院总部的分支机构。总部对海外孔子学院提供教学模式、课程产品等主要教学资源；选派国际汉语优秀教师；组织对各地孔子学院进行评估，并有权与违背办学宗旨或达不到办学质量标准的海外孔子学院终止协议。根据《孔子学院章程（试行）》规定，孔子学院不仅不营利，而且还拨款资助。

其二，孔子学院采取非学历教育和多种办学方式。

目前，海外孔子学院一般为非学历教育，有识字班、进修班、培训班等多种类型的课程，也举办讲座、讲演、学术研讨会、论坛、比赛、展览等活动。培训对象有幼儿、学生、教师、政府官员、社会各界人士。另外，还出现了联办本科专业、研究生班甚至研究型的孔子学院。如，美国华美协进社孔子学院曾于2006年暑期与其合作院校华东师范大学联办了第一期中国语言与文学硕士研究生课程培训班，来自纽约州的16名非汉语教师参加。这是全球首个孔子学院研究生班。又如，日本早稻田大学依托合作院校北京大学联合组建的“早稻田大学—北京大学教学科研联合中心”，把孔子学院办成了一所研究型学院。

随着孔子学院办学质量的不断提高，办学形式灵活多样也是海外孔子学院的特点。由于各国的国情和需求不同，因而海外孔子学院的办学形式比较灵活：既有孔子学院、孔子课堂，还有网络孔子学院、商务孔子学院、中医孔子学院、汉语中心等。虽然孔子学院办学会出现新问题、新矛盾，但作为充满活力的新生事物，其发展前景将会广阔而美好。

其三，优化资源配置，采取“大学对大学”的办学模式。

国家汉办委托国内大学特别是知名大学与国外大学合作创办，以充分发挥各自的资源优势。国内外大学合作创办孔子学院，既承担推广中华语言文化教育的重要职责，也是加强大学对外交流与合作、促进高等教育国际化的战略举措，因而各大学给予了积极的推动。例如自2006年4月以来，北京大学已先后与日本立命馆大学、德国柏林自由大学、泰国朱拉隆功大学、印度尼赫鲁大学、西班牙格拉纳达大学、英国专长学校联合会、俄罗斯莫斯科大学、日本早稻田大学和埃及开罗大学等9所大学和教育机构正式签署了合作建设孔子学院的执行协议。① 北京外国语大学已与国外大学合作创办了11所孔子学院（其中10所在欧洲）。厦门大学已与国外大学合作创办了8所孔子学院，分布在欧、亚、非三大洲。

3. 孔子学院的现存问题与创新做法

当前，结合“走出去”和“引进来”双向推广战略，孔子学院既要控制学院数量，提高办学质量，更需要将海外汉语学习者尤其是青少年引进来，以孔子学院为桥梁，促进中外政治、经济、商务、体育等多方面交流，提升中国文化国际影响力。在“走出去”方面，需要注重内涵式发展，既要“走出去”，又要“走得稳”，对于汉语学习者还要“留得住”。

截至2010年底，全球参加汉语水平考试（HSK）者达到68.9万人次，其中孔子学院考试9.1万人次，达考试总人数的13%。海外考点204个，其中孔子学院考点140个，分布在69个国家和地区。② 继HSK汉语水平考试逐渐被国际社会认可，近年来又在12个国家推出了少儿汉语考试（YCR）和商务汉语考试（BCT），泰国、韩国、日本等国报名较为踊跃。开设了广播孔子学院、电视孔子学院和网络孔子学院，其中广播孔子学院依托中国国际广播电台的雄厚实力、强大辐射力以及40余年的对外汉语传播经验，用38种语言，通过广播孔子课堂、无线广播、在线广播向世界各国听众传播汉语节目。

---

① http://www.chinadaily.com.cn/language_tips/campus/2007-12/20/content_6335858.htm

② 《国家汉办—孔子学院总部2010年度报告》，http://www.hanban.edu.cn/report/pdf/2010_final.pdf

但是孔子学院在发展中也存在一定的问题。首先是优秀汉语教师数量不足的问题。这需要从制度上吸引语言、文化两方面都过关的优秀师资投身到孔子学院的文化推广事业中来，一方面要留住已有的优秀师资，同时形成系统的培养新生力量的体制。其次，汉语学习者对汉语的忠诚度、汉语学习持久度不足也是一个问题。现在孔子学院的教学主要采取业余培训和进修的形式，一部分孔子学院的教学虽然进入了所在国大学或中学课程体系，但其中大部分是选修课程，只有少数学校将其纳入必修课程。由于汉语课程通常只修一学期，可能在学生刚培养起对汉语的兴趣时，课程就结束了。在业余培训项目中，学习者即使有条件在孔子学院长期学习汉语，也会由于课程单一、教师不足等原因而放弃持久学习。因此，思考如何“走出去、走得稳、留得住”是当前面临的紧迫问题。

在“引进来”方面，需要从战略层面认识其重要性，使“引进来”与“走出去”协同发展，提升中国文化的亲和力和感染力。“走出去”可以将中国文化带出去，但文化本身具有地域性，文化之所以能成为“基因”是因为其与母体粘连，与文化所处的环境发生作用进而成为一个民族、社会、人群区别于其他民族、社会、人群的特征。与文化“走出去”相比，文化“引进来”更容易感染接收者，实现“文化—化人”的效果。从 2004 到 2009 年，孔子学院策划了一系列文化交流活动，国外校长访华之旅、汉语桥中文比赛、国际学生夏令营等活动使汉语学习者和国外校长对中国有了亲身感受，增进了中国文化的感染力和亲和力。未来在“引进来”的项目上，还可以通过增加留学基金、扩充短期交流项目、设立奖学金等形式鼓励优秀汉语学习者到中国来。

除此之外，孔子学院在“引进来”方面，现在的主要关注点还在青少年汉语学习者身上，然而还有两类人也同样值得关注。一是国外汉学家的“引进”。如何将汉学家引进中国，增加汉学家到中国交流考察和从事科学研究的机会，使他们回国之后能够自觉成为中国文化的积极传播者，这将为中国文化的对外传播收到事半功倍的效果。二是国外汉语师资的“引进”。还应尝试将国外的汉语师资培训与留学生工作相结合，可以通过一定的机制鼓励在中国的国外留学生回国后从事汉语教学工作，并且成为本国汉语教师培训机构的专家，成为中国文化海外传播的“意见领袖”；又可以将引进的国外汉语师资委托给接收留学生的中国高校进行培训，纳入留学生培养体系，设计出快速有效的培养方案。这种“借船出海”式的文化传播模式具有直接、高效、亲和、稳固的传播效果。①

再有，礼品、纪念品等非语言的物质媒介具有稳定、形象的传播推广优势，可以加强已有的传播效果，成为传播者与接收者之间互通的有效媒介。目前孔子学院的文化推广传播仍以课堂教学为主，还需要开发能够吸引汉语学习者的互动平台，拓宽人际传播渠道。网络游戏就是一种既可以学习汉语又可以结交朋友的渠道，具有在娱乐中学习汉语的优势。对非语言物质媒介的开发需要设计一套系统的方案，以期唤起所在国社会对中国文化的记忆，强化中国文化的影响力。各地孔子学院都在致力于媒体宣传，通过大使揭牌、与所在地政府机构互动、围绕中国热点事件举办活动等形式吸引媒体的关注，但仍缺乏能引起持续性关注度的项目和创意。如何将孔子学院的文化传播与当地社会文化密切结合，建立可持续的大众传播机制值得进一步探索。比如，许多孔子学院围绕北京奥运在当地媒体策划了一系列活动，但是奥运之后就陷于停滞状态了。这种单纯以中国为中心的传播思维需要调整，孔子学院应更多参与到当地的社区活动、慈善活动、居民互助等常态性的活动中去，利用当地大众媒体在聚焦本国、本地区活动时，扩大中国文化的影响力，提升文化传播的效果。

总之，进入二十一世纪以来，中国经济平稳快速发展，经济实力大幅提升，国民生产总值已居世界第二，对外经济贸易和文化交流日益广泛与深入，汉语的实用价值和文化价值也随之日益提升。“经济带动文化”客观形势的发展，要求我国政府必须加强汉语言文化的国际传播工作，以进一步发展与各国人民的友好往来，满足海外学习汉语的客观需求。在海外发展孔子学院，推广中国语言文化教育培训，正是顺应形势发展的客观要求而采取的大好举措。

（二）新东方教育科技集团

“教育培训业是21世纪朝阳产业之一”的观点，已成为越来越多人的共识。培训市场的办学主体由最初的政府及其部门办学，逐

① 吴瑛：《对孔子学院中国文化传播战略的反思》，《学术论坛》2009年第7期。

步扩大到社会力量、培训公司或个人办学。同时，随着外资企业不断进入中国市场，以及留学人数的不断攀升，众多的外资培训机构也陆续进入中国，与国内大大小小的培训机构展开竞争。中国经济的迅猛发展，产生了大量的教育需求，由此催生了教育培训业尤其是语言培训业的迅猛发展。其中，在2006年上市的新东方教育科技集团成为迄今为止国内最为成功的语言培训业案例。

1. 新东方英语培训发展历程与现状

语言培训市场利润丰厚，而进入的技术门槛和资金门槛却比较低，已被公认为最具“钱景”的市场之一。就业压力、传统教育体系的理论与实践脱节、职业资格认证制度的实施、办学政策的放宽等因素为培训市场的发展提供了广阔的机会。在发达国家，由于有广泛的社会需求和大量的潜在客户，培训业已成为令人羡慕的主流行业。面对培训市场这个“超级大蛋糕”，我国的培训机构总数迅速增长到了10万家以上，仅外语培训机构就有5万家。

从行业的发展历程看，国内教育培训业主要是从计算机技能培训、语言培训和研究生考试培训三类发展而来的，最为典型的分别是北大青鸟、新东方、文登考研学校，民营企业在培训市场中占主要地位。大学生、研究生数量的陡增导致就业市场的紧张，使毕业生不得不求助于社会上的各种考试认证以提高自身的就业竞争力，从而进一步促进了培训业的成长，也刺激更多的企业进入这一行业。发展到今天，整个市场培训品种高度丰富，但基本上可以依据培训目的分为考试导向型和能力导向型两类，并以前者为主。各培训机构之间的业务多有重叠，这直接导致行业内部的竞争。比如发展最快的外语培训业，在新东方崛起之后，环球雅思、华尔街英语、英孚、韦博、新航道等如雨后春笋般出现，其业务内容大致类似。也就是说，目前培训行业在中国还是一个零散型产业，集中度不高。培训公司数量繁多，大多规模较小，“大市场，小作坊”的现象非常突出。培训企业多受地域局限，有的在当地虽有一定的品牌影响，但占有不了显著的市场份额，更谈不上能对整个产业的发展具有绝对的影响。

在国内外语培训界独树一帜的新东方教育科技集团，作为中国最大的著名私立教育培训机构，由1993年11月16日成立的北京新东方学校发展壮大而来，于2006年9月7日在美国纽约证券交易所正式上市（代码 EDU），由此成为中国大陆在美国上市的第一家教育培训机构。为了满足日益壮大的外语培训的市场需求，截至 2012 年 6 月，新东方已经在全国 49 个城市设立了 54 所学校、7 家产业机构、47 家书店以及 500 个学习中心，拥有万余名员工，累计培训学员近 1500 万人次。[①] 各地新东方短期培训学校提供的培训项目包括托福等出国考试培训，大学英语四、六级考试培训，考研英语培训，职称英语考试培训，口译培训，中小学新概念英语培训等，涉及基础教育、高等教育、职业教育各层次和类别。该集团还拥有新东方教育发展研究院、新东方文化发展研究院两家专业研究机构，以及北京新东方大愚文化传播有限公司、北京新东方远程网络科技发展有限公司（新东方在线）、北京新东方前途出国咨询有限公司、新东方教育科技集团北美分公司等子公司，已经发展成为一家以外语教育培训为核心，拥有短期语言培训系统、基础教育系统、职业教育系统、出国咨询服务系统、文化产业系统、科技产业系统等多个发展平台，集外语教育培训、外语教育软件研发、外文教育书刊音像出版、出国留学服务、职业教育、在线教育等于一体的大型综合性教育科技集团。[②]新东方以“开发学生兴趣，轻松教学”的文化内涵成功地实现了从出国考试培训向少儿英语、成人英语和精英商务英语培训等多方向延伸。

随着知识经济的风起云涌，语言培训市场得到了前所未有的发展，并且日益成熟壮大起来。语言培训是最有价值的投资项目之一，为全球的战略投资家所推崇。虽然新东方长期处于行业相对领先地位，海外投资对于中国教育培训市场的青睐，也给新东方带来了前所未有的市场竞争压力。如何迎接挑战，寻找新的市场机遇，是新东方面临的新课题。

2. 新东方英语培训的成功因素分析

企业文化是企业核心价值观的外在体现，在企业内显现为向心力、凝聚力及导向力。对企业而言，企业文化凝聚和焕发企业员工的归属感、积极性、创造性，得到全体管理者和员工的认同与维护，载荷于员工之中。新东方掌门人俞敏洪说：“成为新东方老师的前提条件必须是认同新东方精神。”新东方属于智慧导向型企业，此类企

---

①② http：//baike. baidu. com/view/1080447. htm？ fromId＝30188

业的成败完全取决于人的因素，几个名师就可以办好一个培训，一旦名师离去则水平立即一落千丈，这样的的事情比比皆是。很多培训机构之所以做不大或者做不下去，主要原因是缺乏教学理念的标准化。“成为新东方老师的前提条件必须是认同新东方精神”的要求在很大程度上规避了这一缺憾。新东方一直致力于阐扬一种朝气蓬勃、奋发向上的精神，一种从绝望中义无反顾地寻找希望的精神，正如校训所言：“追求卓越，挑战极限，从绝望中寻找希望，人生终将辉煌！”这句话不知道激励了多少莘莘学子，在求知和人生的道路上不断迎接挑战。①

新东方的成功不能不说是新东方精神的成功。“从绝望中寻找希望，人生终将辉煌”的校训在新东方随处可见，连发给学员的笔记本上每本第一页都是这样的句子。新东方创办初期正是从绝望中寻找希望，企业在成长过程中不断把这一信念传递给新东方的员工和学员。新东方的企业文化体现了不断奋斗的积极心态，企业自身的创业史为这一文化理念作了最好的诠释。正是靠着这样的企业文化，新东方树立了自己的培训品牌，拥有了核心竞争力。事实表明，新东方的成功与新东方精神的力量有着密不可分的关系。

企业的文化与精神是企业成功的基石和源泉。正如新东方教师所说：“新东方精神是新东方诞生、成长、发展以至辉煌的原动力，也是新东方的老师和学员们憧憬人生、不断进取、实现自我的原动力。”② 在这一精神的指引下，新东方的每一步发展都紧握时代脉搏，顺应外部环境变化的同时正确估量自身的内部环境，适时调整战略步伐，顺利渡过一次次危机，在竞争对手越来越多的情况下赢得快速发展。

3. 新东方英语培训的品牌传播特色

新东方在美国成功上市，意味着中国国情下的培训公司的商业模式为美国人所接受。虽说算得上是中国教育培训产业的领航者，但能否持续领先，对新东方管理者的考验才刚刚开始。上市之后的新东方，为了在行业内能走得更远，需要采取内外兼修的发展策略。

客观来看，新东方运营中存在的明显问题，一是业务发展不平

---

① 《俞敏洪如何演绎新东方传奇》，百度文库。

② 都航宇：《做一个充满独特魅力的新东方人》，新东方网站。

衡，种子业务发展相对较慢。新东方教育科技集团的业务共分为七大系统，目前的收入主要来源于短期语言培训系统，该系统内部最早成立的北京、上海、广州和武汉四校又占据全部学校总收入的一半以上。种子业务新东方在线虽然已拥有400多种课程，但其收入份额还是比较低。二是长期以来新东方的营销手段比较单一，除了平面媒体之外，就是新东方的传统讲座。现在很难再出现历史上彻夜排长队来新东方收费大厅报班的情况了。所以，对于新东方来说，在新的市场竞争环境下，探索行之有效的发展策略势在必行。

（1）内修核心竞争力策略

核心竞争力建设是企业发展的前提，也是企业生存的前提。它为企业提供的是在激烈的市场竞争中维持自己的生存和实现发展的依据。企业的所有决策都应该围绕企业核心竞争力的建设进行。新东方已形成很强的综合实力，先于大部分培训企业进行产品创新，不断开发新产品，获取领先者的超额利润，尽可能避开产品进入成熟期后剧烈的竞争和利润的大幅度下降。新东方以消费需求为导向的研发朝着差异化、个性化的方向发展，以先进的技术和服务树立品牌形象，建立起客户的忠诚度。

计算机技术和多媒体技术在教学中的应用能够最有效地跨越教师和学员之间的时空障碍。由于师资不足、地域限制或者时间上的限制，很多人不能来参加培训。为使最优秀的培训课程不受时空限制，扩展到社会的每个角落，扩大培训的受众人群，2000年由联想集团出资，新东方“技术入股”，共同成立了新东方在线——远程教育（www.koolearn.com）。经过10年的发展，新东方在线已经成为中国最强大的网络教育服务平台和最领先的外语培训网络教育品牌。依托新东方教育科技集团的强大师资力量与教学资源，新东方在线拥有中国最先进的外语教学内容开发与制作团队，致力于为广大用户提供个性化、互动化、智能化的卓越在线学习体验。

新东方在线的网络课程服务横跨留学考试、学历考试、职业教育、英语充电、多种语言、中学教育等6大类40余小类，共计600多门课程，为各类用户提供全面的在线培训服务，至2008年10月，新东方在线网站个人注册用户已逾500万，多年连续稳居国内“十大网络教育培训机构”行列，并连续5年获选《互联网周刊》商业网站100强。2008年，新东方在线作为唯一的综合网络培训机构入选中国互联网协会正式公布的首批“绿色网络文化产品”名单。2009年，新东方在线荣获“中国现代远程教育十年·杰出贡献企业”称号。①

新东方要持续提升自己的核心竞争力，还需适时推出一些叫好但是不一定叫座，投资并不太大的创新产品，随时保持具有创新能力的企业形象。产品不断创新，是企业永葆竞争力与生存的不二法门。新东方的研发需要依靠企业整体力量的有效发挥。

（2）外塑新东方品牌策略

品牌的塑造之路尤为艰难，可口可乐经过相当多年的积累和延伸才得以形成强大的品牌效应。

新东方在发展过程中表现出了很多企业难以达到的专注和大度。培训企业从一开始的创业姿态到未来的发展愿景，都与教育的社会责任离不开，这一点也是成就品牌高度的关键。运用品牌策略，引入品牌识别系统，以扩大企业对外传播的完整性和高效率，从而迅速提升品牌价值，这一点至关重要。“目前，新东方已在视觉识别上进行了塑造，还需要对校训、企业口号、企业价值观等企业文化理念进行梳理，建立企业理念识别系统。企业的行为识别需要考虑什么样的员工形象能代表新东方，并形成规范加以执行。企业的声音识别系统常常为企业所忽视，海尔已经意识到这个问题并在广告中植入企业声音，新东方在品牌识别上同样应加以考虑。”②

在当今市场竞争日益激烈的情况下，传统的品牌策略已经无法满足市场需求，品牌的经营变得更为重要，企业视品牌的耕耘为“因”，业绩的收获为“果”，营销策划不再只是以创造高业绩为目标，而必须延伸到品牌经营。以品牌为主体的营销策划新思维，着重在如何建立一套品牌认知系统，换言之，品牌的营销策划目标就是形成让消费者重视、珍视的“认知价值”。

品牌的根基是品牌文化，新东方一直营造一种文化“新东方精神”，这种文化给新东方带来持久而深远的影响力，强调在教学和服务中进一步满足消费者的需求变化，进行产品创新，重视产品的系列化，不断挖掘客户潜力，与客户一起成长。新东方也还存在一部

① http://www.koolearn.com/gb/aboutus.jsp?on=1

② 锐泓：《新东方品牌：如何内外兼修》，中华品牌管理网。

分问题产品，须尽快培养更多的明星产品。

为了树立和巩固新东方的品牌形象，应继续加大市场宣传的投入。但品牌的建立并不完全是靠花大钱做广告，更大的部分是来自教学及服务品质的提升。维持产品的高品质，提供给客户最佳的服务，才是公司持续生存和发展的基础。因此，要重视产品的质量和价格的合理性。

总之，新东方既遇到了中国入世、北京奥运会、上海世博会等带来的发展机遇，也面临着市场激烈竞争和政府政策调整带来的现实挑战。毋庸置疑，外语培训市场容量在相当长时间内将会继续扩大。在此背景下，新东方应依托资产运作实力，利用品牌、行业和市场资源优势，走多元化经营和可持续发展的道路，以语言培训业务为中心，满足顾客的不同需求，通过资源的合理配置，获得更大发展的机会。

4. 新东方企业的态势分析（SWOT①）

优势（strengths）

（1）文化优势

新东方学校的校训是“追求卓越，挑战极限，从绝望中寻找希望，人生终将辉煌！”正是这一校训，不仅结合了俞敏洪自身的创业经历，更代表了今天新东方仍在坚持的文化精神，这种精神激励着新东方学员倍加努力地学习。

（2）品牌优势

在本课题组的调查中，有71%的学员参加过新东方的课程学习，远远超过新航道6%、环球雅思4%、华尔街4%以及英孚2%。百度数据研究中心2011年4月发布的《2011年Q1语言培训行业报告》中也显示，新东方学校的品牌关注度高达66.0%。可见，多年以来的积累，使得“新东方”这三个字早已深入人心。

（3）产业链优势

依托在国内外设立的短期语言培训学校、产业机构和子公司，其业务涉及图书出版、教育软件、在线教育、冬夏令营、留学咨询、

---

① SWOT分析法又称为态势分析法，由旧金山大学的管理学教授于20世纪80年代初提出，是一种能够较客观而准确地分析和研究一个单位现实情况的方法。SWOT分别代表：strengths（优势）、weaknesses（劣势）、opportunities（机会）、threats（威胁）。

职业培训、汉语培训、少儿英语、高考培训、高端英语等多个市场。从上游的图书出版，到中游的课程学习、复读指导，再到下游的留学咨询、开办讲座，新东方已经形成了一条坚固而强大的产业链。

（4）团队优势

新东方从不缺少优秀的教师。俞敏洪在《我是怎样做大新东方的》一文中提到："为了吸引好老师，我给老师开出的工资上来就是别的培训机构的两到三倍，几乎把北京地区的好老师都收归麾下……我采取的策略是，尽可能培养更有创造力的老师，而不是用大学和中学现成的老师，教了几十年课之后凝固的思路，想改变过来谈何容易。"新东方仍坚持着由学生评价老师的传统。在培训后，每一位学生都会对任课老师做出评价，评价高的老师将得到额外的奖金，评价较低甚至引起很多学生投诉的老师将会接受再培训，或是被迫离职。

劣势（weaknesses）

（1）单一地区

虽然新东方打造了集合产学研一体化的产业链，但其优势主要还是体现在一些大城市中。在二、三线城市，新东方还仅仅是开设学校，面对颇有竞争力的地方培训机构，新东方的认可度则稍显微弱。

（2）进入壁垒高

新东方除了开办学校外，还进入图书出版、留学咨询、细分英语等多个市场。而在这些市场中，之前已经存在资金雄厚、市场占有率大的竞争对手，这给新东方的进入提出了难题，需要投入更多的资金和力量争取市场，这无疑会加重新东方的负担。

（3）高端人才紧缺

统计显示，以新东方现在的发展速度，大约每年还需要招聘400位左右的教师。虽然现在新东方在职人员已经多达7000人，但是真正站在国际前沿、引领中国培训业发展的高端人才仍显不够。

机会（opportunities）

（1）语言培训——新兴的朝阳产业

自从中国加入世界贸易组织，成功举办奥运会、世博会等众多国际高端赛事、展会活动以来，"大众学英语"的热情一直没有减退。众多幼儿园、小学都已开设英语课，直到学生上大学，还是会继续英语学习。这样算下来，大部分中国学生学习英语的年数都能保持在10年左右。

除了英语外，我国还紧缺小语种人才。随着中国进一步与其他国家合作，更多的外资进入中国，更多的外国文化被中国大众所认可，懂得一门第二外语使中国的青年在职场中更具优势。近些年来，阿拉伯语、法语、西班牙语、德语、韩语、日语、葡萄牙语的各类培训班也一直爆满。不论是国际通用语言英语，或是联合国工作语言，或是其他语种的培训，都还将有更广阔的发展空间。

（2）家庭的教育投入比例增大

对于每个家庭来说，随着收入的不断增加，家长对于教育的投入也随之增加。有的家长没有受过良好的教育，长期处于社会的中下层，因此深知文化水平低在社会上不能得到认可的感觉。有的家长受到过良好的教育，步入社会的上层，因此也就更希望子女能像自己一样。在城市家庭中，大部分家庭都是独生子女，望子成龙、望女成凤的愿望也变得更为强烈。

在采访中，不少家长表示一定要给孩子上各种补习班。同班的其他孩子都报了班，不能让自己的孩子输在起跑线上。而当被询问如何看待昂贵的补习班费用时，家长表示，宁愿自己少吃一些、少穿一些，也要供孩子去上最好的学校。

威胁（threats）

（1）竞争激烈

即使对于新东方这样的行业龙头企业来说，市场上的竞争仍然非常激烈。许多中小型培训机构没有资金和力量与新东方公然争夺市场，于是就选择新东方目前还做得相对薄弱、刚刚起步的一些市场进行抢占，例如少儿英语市场、职业培训市场等。

（2）整体市场管理不规范

目前在北京的语言培训行业中，有的培训企业甚至到其他培训企业“偷师”，或是营销人员先引诱学生、家长交钱，保证达到什么效果，但培训过程中如果家长、学生不满意，培训机构以各种借口推脱而不予退费，类似现象屡屡发生。在整体市场尚不规范的情况下，单个企业想要迅速发展，是非常困难的。

第二节　语言出版业

一、语言出版业概述

2012年，我国已成为名副其实的出版大国，新闻出版业总产值从10年前不到3000亿元跃升到1.65万亿元。据初步统计，2012年全国出版、印刷和发行服务实现营业收入较2011年增长13.6%，增加值4451.4亿元。伴随着我国新闻出版事业的全面繁荣，语言出版业已成为种类齐备、效益突出、覆盖面广的产业亮点。

（一）狭义的语言出版：语言出版业的界定

从传统意义上来说，出版就是将书刊、报纸、图画等成批地制作出来向公众发行。最初的业态形式是以纸质媒介为依托的，其历史可以上溯至两千多年前。此前人们虽然也要通过文字、图形等符号将事件、情感及思想记录下来，但主要是以自然物质为媒介，例如龟甲兽骨、树皮竹简以及砖石金属等，因其刻写困难、流通不便，每次只能单独制作，效率极低，难以扩大规模，不可能形成产业。例如我国书法艺术瑰宝《兰亭序》，我们今天所能看到的并非王羲之原作，只是后人的摹本。还有许多保存至今的古代典籍或书画作品只是后人抄录或临摹的，虽然也具有极高的欣赏研究价值乃至文物价值，并不能与原作同日而语。直到发明了造纸术，有了大量同质地同规格的介质，才催生了扩散、保存人们作品的产业的出现，印刷术应运而生。

中国古代的印章和石刻给印刷术提供了直接的经验性启示，用纸在石碑上墨拓的方法，直接为雕版印刷的发明提供了借鉴。雕版印刷的出现时间，被认为在公元590～640年之间，也就是隋至唐初。1900年，在敦煌千佛洞里发现一本印刷精美的《金刚经》，末尾题有“咸通九年四月十五日”（公元868年）等字样，这是目前世界上最早的有明确日期记载的印刷品。雕版印刷可以将一部作品复制成百上千甚至上万件，对文化的传承、传播起了巨大的作用；但是刻板费时费工，不易保存，直到宋代的毕昇发明了可以灵活拼版重复使用的活字印刷术，避免了雕版印刷的不足，印制效率大大提高。1965年在浙江温州白象塔内发现的刊本《佛说观无量寿佛经》经鉴定为北宋元符至崇宁（公元1100～1103年）年间活字本，这是毕昇活字印刷术的最早历史见证。后来，经过历代的改进和发展，活字印刷技术不断进步，并传到了日本、朝鲜等周边国家，后由新疆经波斯、埃及传入欧洲。1450年前后，德国的谷腾堡受中国活字印刷的影响，用合金制成了拼音文字的活字来印刷书籍。

印刷术传到欧洲，加速了欧洲社会发展的进程，为文艺复兴的出现提供了条件。马克思把印刷术、火药、指南针的发明称为“是资产阶级发展的必要前提”。中国人发明的印刷术为近代社会的建立提供了必要条件，可见中国古代四大发明中的造纸术和印刷术对世界文明发展做出的杰出贡献。

因为文字最适合以纸质媒介为载体记录、传播和保存，所以印刷是出版的基本手段，这一点即使到现在也没有发生根本的改变。至于随着电子技术的发展而出现的影像技术、数码技术以及多媒体技术等先进手段，目前而言还是对传统印刷技术的丰富和补充，不可能完全取代传统的印刷出版业。

具体到语言出版业，它是出版业的一个主要分支。在此我们必须区分广义的语言出版业与狭义的语言出版业。附着在出版物上的主要是语言文字，在这个意义上出版业就等同于语言的出版业，这是广义的语言出版业。而本书所指，是狭义的语言出版业，它是指以语言本身为内容的反映语言知识、语言教育、语言研究、语言资料等的出版行为。而随着音像电子出版的产生，又有了关于语言本身的语音形态的出版物。比如，出版《红楼梦》是一种广义的语言出版行为，因为作为一种图书，《红楼梦》的呈现形式就是语言。但是，它不是我们在此要讲的语言出版业，因为它的内容是讲一个故事，而不是讲语言本身。严格意义上的语言出版业，其出版物的内容必须是针对语言本身的。可见，广义的语言出版业泛指以语言文字为呈现形式的所有出版物的出版，狭义的语言出版业包括语言辞书出版、语言教育出版、语言学术出版、语文报刊出版。

语言出版业除具有规范性、流通性、商业性等出版业基本属性外，还有其自身的特征，那就是：

1. 工具性

出版物的主要功能是记载涉及人类社会生活所有领域的文明发

展的历程，反映人们的活动情形、思考成果、情感起伏和思维进步，是人类生存与发展过程的集中展现。自然知识、生产经验、社会活动、文化艺术、学术研究等内容的出版物，是人们进行学习、工作和休闲娱乐活动不可或缺的基本材料。人类为了生存的延续和生活的进步，要不断在科学研究和生产活动中掌握顺应大自然、解决各种问题、克服各种困难的技能和原理，就要将各种出版物作为基本工具来使用，例如各类字典、辞典、百科全书、操作手册等。特别是从事语言文字教学和研究工作或进行文学创作的人，更是将语言文字工具书作为案头必备的读物，须臾不离。作为一个普通人，要完善自己的文化知识，提高文化修养，或者校正学习过程中出现的错误，常常得通过自行查阅字典、辞典等工具书来解决。

随着社会生活的日益丰富和人们对文化水准要求的不断提高，工具书的类别越来越丰富，分类越来越精细。就语言文字工具书而言，有字典、辞典、语法、成语熟语、惯用语、古代词汇语法、双语字词典、方言词典等等，还有各类专业术语词典，如写作辞典、文学艺术欣赏辞典等。这是语言出版物适应人类社会生活日益丰富、多样发展和各领域、各层次知识相互融合交叉趋势的一种体现。

2. 知识性

出版物是人类文明成果的集大成者，是千万年来人类发展进步足迹的记录，是汇集了人类一代代积累的浩瀚无边的知识海洋。人类社会的进步与发展离不开一代代知识与智慧的传承，而出版物便是这传承的接力棒，它在传承的过程中日益繁茂和宏大。在远古蛮荒时代，人们只能靠口耳相传保存知识，传授技能，社会发展非常艰难而缓慢。自从有了记录语言的文字，特别是出版物介质的不断出新，知识的积累实现了加速度，知识传递的准确性和便捷性大大提高，使人类文明的发展速度越来越快。在这一过程中，语言出版物无疑起到了巨大的助推作用。

语言出版物的知识性最为集中和突出，在实际生活中，每个人在十几年甚至更长时间的求学生涯中都几乎离不开关于母语的语言出版物，在日后临时有获取语言知识的需要时，查阅字词典或者专业工具书也是最通行的便捷方法。学习外语的过程就更说明了这一点，从使用语言教材，到备用字词语法工具书，再到运用具有听说读写等训练功能的音像资料或多媒体软件，无不要与语言出版物打交道。这种学习会出现在人生的各个阶段，甚至贯穿一辈子。

3. 学术性

严格地说，学术性是知识性的高级层次。知识是人们对客观世界相对稳定、成熟的认识和了解，是人类在不断学习、实践和总结中获得的，本身就含有一定的学术因素。知识一旦按不同类别形成各自的系统并且体现人们对其认识和了解的变化、深入甚至分歧，其学术性便大大提高。

在语言出版物当中，不仅专门研究语言文字知识体系的著作，通过阐述新的观点和理论而体现人们对其认识的变化和发展，例如翻译学中关于某个语种中某些语言现象的理解、某些词义的确认的讨论；即使最常用的、最大众化的字词典中也经常会有词义解释的变化更新，如《新华字典》迄今已修订11版，《现代汉语词典》迄今已修订6版，每次修订都引起业内外的不同意见和争论，这就具有学术讨论的意味。在争论中求得新的一致认识，进而形成新的意义上的相对稳定的知识和知识体系。

4. 大众性

出版物批量生产，是为了使人类积累的知识文明和思想财富更广泛地传播，但并不是全部出版物都是面向所有公众的。一些专业性比较强，或者针对特殊行业的出版物只是提供给“小众”来使用的，例如科普类出版物与科学研究著作相比较，前者是面对大众的，后者就是面对“小众”的了。依照这一类比来看语言出版物，其大众性就最为明显不过了。

语言是人类的交际工具，虽然有语种之分，但随着各民族文化交流的增加、各个国家交往的日益频繁，不同的语言也在互相影响、融合，像各式各样的外来语、各种语言中相同或相似的词语现象。语言出版物的大众性，主要体现在语言辞书、语言教材、语文报刊等出版物中，这些在出版物当中占有相当大的比重，而且都是面向公众的，为公众学习、使用语言提供基本工具和材料。就这一点而言，其他各类出版物都不可同日而语。

从以上四个特征，我们可以这样来界定语言出版业：语言出版业是专门将具有工具性、知识性、学术性和大众性的语言文字类书刊、图画、音像等作品成批制作并向公众发行的行业。

（二）现代语言出版业的构成

现代语言出版业包括语言辞书（工具书）出版、语言教育出版、语言学术出版和语文报刊出版四个主要类别。

语言辞书即用于中外语言文字学习、研究的工具书。语言辞书出版是我国出版领域的基础工程，是关系到国家语言文字标准化、规范化、通用化的关键所在。语言文字工具书不仅涉及千家万户、子孙后代能否准确传承民族历史文化，而且反映着对人类文明创造的各类知识的学习和理解的现实水平，是一个国家、一个民族文化素质的综合标志。语言文字工具书的出版，必须重视科学性、权威性、实用性的统一。《中国大百科全书》《辞海》《汉语大词典》《汉语大字典》等大型辞书的编纂出版，填补了我国辞书出版的诸多空白，产生了良好的社会和经济效益。商务印书馆出版的《新华字典》是迄今为止世界出版史上发行量最大的字典，是我国最有影响、最权威的一部小型汉语字典。

语言教育出版产品主要指用于中外语言文字教育的出版物，涵盖语文教材、教学辅导用书、通俗语文知识读物等。语言教育出版物在我国公民终身教育体系和学习型社会构建中，发挥着“强基固本”的重要作用。语言教育出版是国际文化交流的重要组成部分。当前，我国已经成为全球最大的英语教育出版市场。据统计，仅2009 年至 2011 年间，中国就出版了英语学习相关图书达 45, 648 种。与此同时，世界范围内的“汉语热”也持续升温。120 余家中国出版社出版了一大批国际汉语教材及汉语文化辅助读物，2005 年至2009 年，出版品种从 1500 多种增加到 6000 多种，累计销售、赠送达 1200 多万册，供全球 136 个国家和地区的 4 万多所大中小学 500多万人使用。

语言学术出版物反映语言学、中外语言文字研究和语言文字社会应用研究的成果。近年来，语言出版业通过设立专项基金，助力语言学术出版。商务印书馆于 2002 年斥资 100 万元人民币，设立“语言学出版基金”，用于资助对汉语和少数民族语言文字的现状或历史进行调查研究有贡献的中国学者，2006 年起还增设资助出版对外汉语教学、母语教学、外语教学和少数民族语言教学领域的优秀著作。2006 年，语文出版社出资 100 万元设立“语言学出版基金”，资助语言本体研究和应用研究成果的出版。语言文字社会应用研究成果的突出代表有教育部语信司自2005年起每年发布的《中国语言生活状况报告》绿皮书，被誉为“中国语言国情调查的重大成果”，记录了我国社会语言生活的基本状况，反映了我国语言学界对语言生活状况研究的新进展，为国内外观察了解中国语言国情提供了重要材料。《中国语言生活状况》第一卷英文版2013年已亮相柏林和纽约书市，在全球销售。

语文报刊除了反映学术研究成果之外，主要指面向大众读者的语言文字教育、普及性报刊，如《咬文嚼字》《英语世界》《语言文字报》等。《咬文嚼字》以宣传语言文字社会应用规范化为主旨，面向编辑、记者、校对、广告从业人员、文秘、节目主持人、教师等广大读者，被誉为“文化清道夫”。《语言文字报》是集新闻性、教育性、学术性、知识性于一体的国家级权威语文专业报纸，主要展示国家语言文字政策、社会语文生活、语文教育理论与实践、语言资源开发与共享、语言文字信息化等动态。语文报刊对于促进语言文字的教学、研究、社会应用和知识普及，发挥着重要的作用。

（三）语言出版业的缘起及其演变

1. 萌芽阶段

我国古代的文人学者很早就开始研究语言文字问题并著书立说，记载、传播其研究成果，宣传自己的主张和观点。现在所知道的这方面最早的著作《尔雅》就是一部解释词义的书，其中“尔”是近正的意思，“雅”是“雅言”即那一时代官方规定的规范语言，“尔雅”就是使语言符合官方规定的规范语言。《尔雅》是我国第一部按义类编排的综合性辞书，是疏通包括四书五经在内的古文献中古文词语的重要工具书，被认为是中国训诂学的开山之作，在训诂学、音韵学、词源学、方言学、古文字学等方面都有着极为重要的价值。

中国古代最有学术成就的语言文字学著作当属《说文解字》，它是后人研究古文字、探讨古代文化必不可少的桥梁和钥匙。该书作者为东汉时期的经学家、文字学家、语言学家许慎。他根据汉字借形体表示意义的基本特点，归纳出了“六书”的造字方法，将汉字划分为540部首，系统地分析了汉字字形并考究字源。全书收字9353个，另有“重文”即异体字1163个，共10,516字，是我国第一部分析字形、说解字义、辨识声读的字典，在古代语言文字研究中一直居权威地位，对古文字、古文献和古文化史的研究贡献极大，在今天仍有着巨大的学术价值和应用价值。《说文解字》的原作早已遗失，传至今日的大多是宋朝版本及清朝文字学家段玉裁的注释本。中华书局于1963年根据清代陈昌治刻本整理出版了《说文解字》影印本。①

以这两部著作为代表的古典语言文字学研究，虽然在我国文化史上有着重要地位，但从文化的普及和传播角度看，由于当时印制手段和出版方式的落后，其影响力受到局限。真正使语言文字学著作批量印制出版并在社会广泛传播和使用的当属清代的《康熙字典》。

《康熙字典》是历代字书的集大成之作，由张玉书、陈廷敬等三十多位著名学者奉康熙圣旨编撰的一部具有深远影响的汉字辞书。该书的编撰工作始于康熙四十九年（1710年），成书于康熙五十五年（1716年），历时六年。字典采用部首分类法，按笔画排列单字，全书分为十二集，以十二地支标识，每集又分为上、中、下三卷，并按韵母、声调以及音节分类排列韵母表及其对应汉字，共收录汉字47,035个。该书成书之后，流行极广，为汉字研究的主要参考文献之一，对学术界影响极大。《康熙字典》的版本非常多，有康熙内府刻本，也就是武英殿版本。武英殿是清政府专门设立的出版机构，出版的书世称“殿本”。因由武英殿出版的“殿本”《康熙字典》多是内廷赏赐用的，装订豪华考究，民间很少见到。还有其他木刻本，以及清末出现的石印本、铅印本、影印本。清末上海同文书局增篆石印本是发行量最大、最流行的一种版本。②

同文书局是中国人自办的近代第一家民办出版印刷机构。光绪八年（1882年）由徐鸿复、徐润等集股设立于上海，采用石印技术专事翻印善本古籍，先后出版了《二十四史》《古今图书集成》等书。后因销路受滞，积压甚多，遂于1898年停办。同文书局大量印制发行《康熙字典》，促进了后来的《辞源》《辞海》《中华大字典》等语言类工具书的问世。

---

① http://baike.baidu.com/view/448286.htm

② http://baike.soso.com/v200537.htm? pid=baike.box

1898年，商务印书馆出版了我国第一部用西方现代语言学理论研究中国语法的著作《马氏文通》，在我国语言学史上具有划时代的意义。这部名著既是第一部汉语语法书，也是中西方文化开始交融的产物，因此它首先受到主张学习西方先进文化的维新派代表人物梁启超的热情称颂。该书作者马建忠精通拉丁语、希腊语、英语、法语等多种西方语言，又对中国古籍和中国传统语文研究有着深厚功底，他长期从事中西语翻译工作并将撰写语法著作视为发展民族文化、振国兴邦的良策之一。经十余年的勤求探索，终于完成了三十余万言的《马氏文通》。如果没有马建忠，中国语法体系的建立恐怕会更晚一些，这是我国语言学界的基本共识。①

十九世纪末期，随着科举制度的废除、新式书院和学堂的兴起，出现了教科书，这是中国语言出版业兴起的一个重要因素。当时从事教科书出版的书局很多，有广智书局、文澜书局、文明书局、藻文书局、乐群书局、南洋公学等。出版的语言类教科书中《蒙学读本》影响较大。但包括该书在内的教科书大多与当时的学制要求不相吻合，也没有体现出教学方法。后来商务印书馆异军突起，逐渐成为教科书的主要出版机构，出版英文和国文的教科书。辛亥革命后，临时政府教育部规定一律禁用清政府颁行的教科书。创办不久的中华书局顺应形势，首先出版了一套新式的“中华教科书”，后革新为“新编教科书”和“新制教科书”，其中都有《国文》科。“五四”运动前后，商务印书馆和中华书局形成了竞争态势。那时出版的教科书都是采用文言编写的，既不利于学生的理解，也不利于科学文化的传播，随着新文化运动的兴起，逐渐为白话文教科书所取代。1928年，国民政府下令，中小学教科书改用国立编译馆编著的固定本，而由包括商务和中华在内的七家书局联合组成“七联”，共同享有承印发行之权，所获利润按规定比例取得，使得教科书出版竞争告一段落。②

2. 发展阶段

我国语言出版业的发展成熟是与汉语自身的演变以及对外文化交流的开展同步的。随着科举制度的废止特别是辛亥革命后新文化

① http://baike.baidu.com/view/108681.htm

② 吉少甫主编：《中国出版简史》，学林出版社，1991年11月版。

运动的兴起，白话文逐步成为人们语言运用的主流，这不仅使汉语的口语与书面语趋于一致，推动了文化教育的普及，而且极大地促进了中外文化交流。在这一时代背景下，语言出版业迎来了一次大发展。

由于出版教科书获利巨大，自然成为书业同行竞争的焦点。而“国语”和“国文”是当时最受重视的科目，教科书需求量之大自然带动了语言出版业的繁荣，主要体现在商务印书馆和中华书局的竞争上。1904 年，商务印书馆出版了“最新教科书”，由于各地纷纷采用，使其发行量占了全国教科书发行量的60%。为了扩大销路，商务印书馆在汉口设立了第一个发行分所。中华书局随即出版了“中华新教科书”，一度占了上风。商务印书馆不甘居后，对“最新教科书”修订重编，同时又新编了一套“共和国教科书”。

“五四运动”后，宣传新思想、新道德和新文化成为社会时尚，建立了许多新的出版机构，出版事业获得了蓬勃发展，也促进了语言出版业的成熟，最突出的当推开明出版社。“开明出版社”这个名称虽然于 1988 年才开始启用，但它却是一家历史悠久而饱经沧桑的“传统老店”，其前身是 1926 年由叶圣陶、夏丏尊等老一代出版家在上海创办的开明书店。它以广大青少年为对象，出版文化艺术、青年修养、学生辅导读物和教科书等，其中叶圣陶编的《开明中学国文读本》、林语堂编的《开明英文读本》、朱起凤编的《辞通》、叶圣陶和夏丏尊合著的《文心》等书籍代表了当时语言教育和研究的最高水平，广受读者欢迎，还办有《中学生》《开明少年》等杂志。这些书刊对我国后来的语言教育和青少年刊物的发展都影响深远。开明书店于 1953 年 4 月并入中国青年出版社，1988 年 12 月在北京重新成立为“开明出版社”。

民主革命时期，在中国共产党领导下的中央苏区，语文教育出版也获得了长足的发展，其中如《国语读本》（闽西苏维埃政府文化部编印）、《识字课本》（闽西列宁书局出版）。

3. 繁荣阶段

1949 年中华人民共和国成立，语言出版业的发展进入了新阶段。从教科书的编辑和出版来说，由于新生政权非常重视文化教育领域的政治思想建设，强调教材的统一性和一致性，而且以往教科书的出版缺乏系统科学规划，客观上也不利于文化教育事业的发展，中央政府于1950年12月成立了人民教育出版社，专门承担全国通用中小学教材的编辑、审定和出版工作，母语教材由原来的“国语”“国文”统一称之为“语文”。此后60年来，人民教育出版社一直是中小学教科书的主要出版单位。

“文革”之前出版了一批比较有影响的语言学著作和语文工具书，如王力主编的《古代汉语》、胡裕树主编的《现代汉语》、高名凯撰写的《语言学概论》等，不过要从普及的范围和影响力来说，《新华字典》无疑是要坐上头把交椅的。这本工具书是新中国成立后出版的第一部以白话文释义、举例的字典，也是迄今最有影响力、最权威的一部小型汉语字典，堪称汉语辞书的典范，最初于1953年由人民教育出版社出版，1957年后转到商务印书馆出版。历经几代上百名专家学者10余次大规模的修订，重印200多次，总发行量突破了4.5亿册，成为迄今为止世界出版史上发行量最大的字典。在那个百废待兴的时代，这部小字典发挥了规范现代汉语的作用，并担当了扫除文盲的任务。《新华字典》一问世就为人民群众学习文化、普及基础教育服务，这种贴近民众的主动追求，成就了这本小字典可贵的人民性和旺盛的生命力。2011年，根据国家最新语文规范和标准进行了修订的第11版《新华字典》发行。

上世纪七十年代末，随着“文革”的结束，我国的语文出版业迎来了大发展、大繁荣的新时期。首先仍然是体现在教科书的出版上。由于“文革”期间教育界受到了巨大冲击，统一的教科书遭到废止，尽管“复课闹革命”以后恢复了文化课的学习，但各地使用自己编印的课本，完全出于“文革”政治的需要，充斥着违反科学规律和学习规律的内容。要想尽快拨乱反正，恢复正常的教学秩序，有效地提高教学质量，必须整顿教科书的编辑出版。1977年，国家从各地选调了200多位专业人士集中到人民教育出版社，重编通用的中小学教材。在这一过程中，语文教材的编写出版备受关注，一方面因为语文教材蕴含着中华民族几千年灿烂文化的精髓，另一方面因为对于无阅读障碍的母语教材人人都可以评头论足，再一方面因为全国大一统的语文教材经过一段时间的发展后，已暴露出越来越不能适应我国各地社会经济和文化教育发展不平衡的实际情况，加之“一考定终身”人才培养模式的弊端越来越凸显，使得全社会对语文教学及其教材议论纷纷，最终在1997年酿成影响深远的语文教育大讨论。经过语文教育界和教材编写者的深刻反思，2001年教育部颁布了《义务教育语文课程标准》和《普通高中语文课程标准》，以完善国家的语文教育体系，贯彻先进的教育教学理念，适应国际教育潮流的发展趋势；同时改革原来人民教育出版社一家独揽的教材编写出版体制，实行“一纲多本”，允许有条件的出版机构编写出版不同版本的教材以及地方教材、校本教材，这为社会发展状况不同的地区、不同教育发展水平的需求提供了适用的教材，也为不同的教育教学理念、不同的教学方式方法之间互相促进、借鉴、融合提供了条件。新的教材建设政策有利于百花齐放格局的形成，但也加剧了市场竞争，各版本教材各自不同的编写策略和内容特色又难免招来各种不同看法，使得近年来社会上时常出现有关中小学语文教育的讨论和争议。

语文工具书另一辉煌的出版成果为《现代汉语词典》。该词典是由国务院下达编写指示，由国家级学术机构——中国社会科学院语言研究所组编的以推广普通话、促进现代汉语词汇应用规范化为宗旨的工具书，是我国第一部规范型现代汉语词典，其权威性、科学性至今无出其右。两任主编吕叔湘和丁声树，皆为享誉中外的语言学家，编审人员均为国内一流的专家学者。1956年由国家立项，1958年6月正式开编，1960年“试印本”广泛征求意见，1965年“试用本”送审，1973年内部发行，1978年第1版面世，后来不断修订，今已出至第6版。每次修订都会加入新的词汇并且淘汰基本上已弃用的词汇。该词典根据语言发展变化和国家颁布的新的语言规范而精雕细琢，与时俱进，迄今已印行5000万册，深受海内外读者的欢迎，先后荣获第一届国家图书奖、第二届国家辞书奖、国家社会科学著作最高奖——吴玉章人文社会科学奖一等奖。它总结了20世纪以来中国白话文运动的成果，以词典的形式结束了汉语长期以来书面语和口语分离的局面，第一次对现代汉语进行了全面规范，在辞书理论、编纂水平、编校质量上都达到了一个新高度，是辞书编纂出版的典范之作，其发行量之大、应用面之广，为世界辞书史上所罕见。它对推广普通话和促进现代汉语的统一与规范，对研究、学习与正确应用现代汉语，做出了重要贡献，在我国文化教育事业中发挥了巨大作用。①

语言报刊的发展也非常迅速。从读者对象来说可分为两类，一是面对教师和教研人员的，一是面对学生的。前者主要刊登语文教育理论研究、教材教法介绍、教材分析以及有关语言、文学等研究成果的文章，影响较大的如《中学语文教学》《语文学习》等；后者偏重于学习方法指导、语文能力训练、学生优秀习作以及有关的语文知识等，影响较大的如《语文报》《语文导报》等。

随着我国文化教育事业的蓬勃发展，语言出版业日益兴盛。除了商务印书馆、中华书局、人民教育出版社、语文出版社这些“老字号”出版机构外，纷纷成立的各省市、各大学和有关团体所属的出版机构也非常重视语言类书刊，特别是为了满足学生读者升学考试和获取资格证书的需求，编辑出版了大量的语文和外语教辅类书刊，书店里的教辅图书货架往往摆在了显眼位置，但重复生产、粗制滥造及盗版横行现象也随之而来。

总之，我国的语言出版业随着国家政治、经济和文化的形势变化而演变发展，经过了清末至民国时期的萌芽和发展阶段，到新中国成立以后特别是改革开放以来，语言辞书出版、语言教育出版、语言学术出版、语言报刊出版各业态逐渐完备，不断发展壮大，已基本建立了适应社会发展需要的产业结构，正在向进一步完善经营模式和扩大经营规模的方向前进。毕竟出版业是文化事业的重要组成部分，除了要实现市场经济所要求的经营指标和经济效益之外，还担负着弘扬民族精神、端正思想导向和促进文化繁荣的社会责任。对于语言出版业来说，其文化传播功能、社会教育功能尤为重要，所以一味地追求经济目标就会违背其自身的特点和规律，反而不利于健康发展。这既需要管理部门加强制定有关规则并加大监管力度来规范市场，又需要经营者增强社会责任感、明确自身定位、牢记社会使命。近年来，国家为了使出版行业更好地适应社会发展状况，增强国际竞争力，加快了行业调整、优化的步伐，如实行出版机构的企业化改制及合并重组，推动建立出版集团等。这些措施有力地整合了资源，拓展了出版产业发展的空间，对于语言出版业来说也是难得的发展机遇。

① http：//baike. baidu. com/view/98457. htm

（四）语言出版业的产品形态及其前景

如果在30年前谈语言出版业的产品形态问题可能会给人不知所云的感觉，因为出版就是用纸张印制书籍报刊，这早已成为人所共知的常识了。从人类文化的发展史来看的确如此，几千年来，人们都是以某种可以刻写的物质为媒介来记录、保存和传播前人的文明成果，而纸张印刷品无疑是最有代表性、最有生命力的产品。另外，由于刻写的材料是可见可感的，所以用视觉去感受、辨认和区分几乎就是唯一的方式。这种唯一的出版业态一直延续至上世纪初期。

上世纪初期和中叶，人类相继发明了缩微成像技术、录音技术和录像技术后，出现了新型的非印刷的出版物，即唱片、缩微胶片、录音带、录像带等，人们把这种以不同的技术手段复制、具有传播功用的精神产品载体的生产也称为出版，这类产品也被视为出版物。

上世纪八十年代之后，我国的改革开放迅速发展，世界最新的科技成果渗透到社会生活的各个领域。从语言出版业来看，随着国家科学文化事业的振兴，社会上形成了全民学习热潮，特别是对外语学习的需求迅猛增长，开始大量出现声像制品，人们能够利用新技术、新设备来辅助学习外语中的发音、听力和情景对话等。正是看到了这一新的社会需求和发展机遇，音像出版社纷纷成立，录音带、录像带等产品一时成了最受大众欢迎的学习材料。人们的学习过程也从原来主要利用视觉功能相对静止的方式而变成了视觉和听觉并行、动态和静态结合的新的方式，尤其是新技术、新设备的使用，使得学习条件大为改善，学习空间和时间更加灵活，学习者可以摆脱教室和教师的局限而更多地进行自我学习。音像制品的出现和使用无疑增强了学习效果，有助于提高学习成绩，显现了较强的生命力。音像出版物还广泛用于其他语言文化领域，特别在文学艺术欣赏、文化交流活动中作用突出。可见，音像出版业的产生和发展使语言出版业产品形态发生了革命性的变化。

进入到二十一世纪，出版业跨入电子化、信息化时代。计算机的普及、网络化的实现、数字化的信息传播，使语言出版业完全突破了原有的业态方式和时空概念，为其发展提供了更为广阔的前景，也带来了前所未有的挑战。原有的以磁带为介质制作的音像产品被数码存储方式取代而变得更加轻便和耐久，通过网络进行语言信息传播成了人们浏览、学习和沟通、交流的重要方式。现在随处可见人们手持便携电子设备阅读信息、观赏影像，“手机报刊”“电子书”“MP5”“平板电脑”等已是公众耳熟能详的概念。这一翻天覆地的变化无疑对传统出版业形成了观念上和操作上的巨大冲击，引起了业内人士的广泛讨论和深入思考，以至有人认为，在不远的将来纸质出版物必然会被电子出版物所取代而退出历史舞台。从实际情况来看，这种预言的结果也许比人们预料的来得更快。2008 年 10 月 28 日，美国拥有百年历史的《基督教科学箴言报》在其官方网站发表声明：“2009 年，本报将成为美国首家以网络版替代纸质版日报的全国发行的报纸”，宣布将于 2009 年 4 月起停止出版纸质日报，而专注于制作网络版报纸，以后会向用户提供纸质版周报和每日电子邮件版报纸，网络版日报将每日更新。据报道，创刊于 1908 年、享有世界知名度的《基督教科学箴言报》近年来受网络新闻冲击，销量大幅下滑，面临资金短缺，但其网站的点击率同期却大幅上升。该报认为，采取此项措施有助于减少成本，把资源集中于网络是报纸行业今后的增长点。无独有偶，第二天又传来消息，日本最大日报之一《读卖新闻》下属的《读卖周刊》宣布，由于发行量大幅下降，该杂志将暂停出版。据称，1943 年创刊的《读卖周刊》2000 年每期发行量曾达到 40 万份，2008 年锐减到约 10 万份，以至于难以为继。

这些消息在出版界引起了一次不大不小的震动，使得关于纸质出版物的前途更受业内关注。当时网络上就出现大量言论评价此事，例如：“随着各种新媒体的发展，‘报纸消亡论’正在业界兴盛。据全球报纸协会提供的数字，从 1995 年到 2003 年，报纸发行量在美国下降了 5%，在欧洲和日本分别下降了 3% 和 2%。20 世纪 60 年代，五个美国人中有四个人每天阅读一份报纸，而现在只有一半的人这么做。《正在消失的报纸：拯救信息时代的报业》一书的作者菲利普·梅耶说，如果这种趋势继续发展下去，2040 年 4 月最后一位读者将在读完最后一份报纸后将其丢入垃圾桶。”①

确切的数据统计和时间表似乎显得非常扎眼，但传统出版业在新兴媒体的冲击下生存空间越来越狭小则是不得不面对的现实。从

① http：//www. thefirst. cn/

现实状况和发展趋势来看，下面几个问题是语言出版业首先要考虑的：

1. 如何应对人们阅读方式和阅读习惯的改变

信息记载、存储和传递方式的变化必然改变人们的阅读方式和阅读习惯，由相对固定的阅读时间、地点改为随意的、流动的时间和地点，由相对静止的阅读改为动态的阅读，由相对单一的文字阅读改为辅以声音和图像的立体阅读即由视觉为主改为视听触各感官综合运用。为此，出版者必须考虑其产品适应读者需求和习惯的问题，在题材、内容、表达以及操作方式等方面进行创新。语言出版业，正面临着数字化挑战，数字出版以出色的快速查询、海量的存储、低廉的成本、方便的编辑以及更加环保等特点迅速颠覆传统，数字出版或将成为纸质报刊、图书变革的方向之一，语言出版业应着眼为电子书包、教辅 APP 等移动数字产品提供高质量的数字内容，积极探索语言出版业新型商业模式，向语言服务提供商转型。推进出版业与广电业多平台资源的统筹、协调，为语言出版业提供更广阔的发展空间。

2. 如何重新认识读者角色的定位

电子阅读时代的到来，使读者从单一的信息采集者、消费者的角色，变成了兼有信息制造者、传播者的角色。以往，人们从载有信息的书籍报刊中获取信息，信息的流动是单向的；现在，每个人都可以利用电子设备，如电脑、手机等制作信息，发布信息。读者再也不是单纯被动地接受信息，而且能够主动地书写、传播信息。我们从网络、手机得到的再也不都是所谓“官方”“正式”的消息，还有大量有感而发、口无遮拦甚至取笑恶搞的个人作品。语言出版业应该看到这一读者角色变化带来的发展机遇，充分利用读者主动性这一积极因素，开发自己产品中的互动空间，不仅增强浏览、学习或者欣赏的效果，而且使之变得更有趣味，增强使用的灵活性和多样性。语言类的电子出版物要更讲求专业规范和品质，不仅在内容上和表达上保持高水准，而且要对净化电子时代的语言环境起到引领作用。

3. 纸质出版物会不会消失以及如何应对

从逻辑上讲，纸质出版物是必然会消失的，但这会有一个过程，要经过几个阶段。就好像照相业的发展，最初是胶片成像，使用成本较高，便捷性较低，只适用于摄影专业人士和爱好者；电子成像技术出现以后，数码相机成了大众日用消费品，但机械相机由于还具有不能被完全取代的优点，在一定范围内还具有使用价值，所以两种相机并行存在；可以预见，数码相机很快在功能上会完全超越机械相机，那时的机械相机就会成为古董而被送到收藏家手里或者博物馆，但它还不会全部消失，因为还会有少数“发烧友”将其拿来把玩、消遣、欣赏，以获得特殊爱好和怀旧心理的满足。由此可以推断，在将来的某一天，翻阅纸质书籍报刊会成为少数人的一种带有精神贵族性质的心理需求和审美享受，而纸媒出版物的使用价值已完全被电子出版物（或许又出现了更先进的载体）所取代，从实用的角度看，到那时纸质出版业就寿终正寝了。未雨绸缪，语言出版业要及早研究产品的更新换代问题，力争在目前电子出版正形成气候的形势下争得一席之地，在未来的市场竞争中占据主动。

二、典型案例

（一）商务印书馆

商务印书馆是我国最早的现代出版机构，至今已有一百多年的历史，从最初一个小小的印刷作坊，逐步发展成为现当代中国首屈一指的出版和文化机构，历经沧桑，勤奋耕耘，人才荟萃，名家辈出，为开启民智、昌明教育、普及知识、传播文化、扶助学术做出了重要贡献。

1. 发展历程

商务印书馆于1897年2月11日在上海创办，标志着中国现代出版业的开端。当时为合伙经营的小型印刷工场，以编印新式中小学教科书为主要业务。1901年张元济入股，改为股份有限公司。以张元济、夏瑞芳为首的老一辈出版家，平地为山、艰苦创业，为商务印书馆打下了坚实的发展基础。

1903年，商务印书馆建立印刷所、编译所和发行所，改为中日合办，资本各十万元，引进日本先进印刷技术。翌年编印《最新国文教科书》，数月间风行全国。此后，陆续编印修身、算术、史地、英语等教科书，兴办师范讲习班、附属小学、养正幼稚园及函授学校，还出版各种中外文工具书、期刊和学术著作。1907年在上海闸北宝山路建成印刷总厂和编译所新址。1909年将编译所收藏古籍善本和参考书籍的图书馆定名为涵芬楼，后改名为东方图书馆，对外开放。1914 年初清退日股，资本增至 150 万元，职工达 750 人，成为国内集编辑、印刷、发行为一体的最大的出版企业。1932 年“一二八”淞沪抗战中，总务处、编译所、印刷总厂和东方图书馆等被日军焚毁。抗日战争前夕，在长沙建设印刷厂，往香港和西南地区疏散存书和机器。抗战爆发后，总部迁到长沙，后移至重庆，抗战胜利后迁回上海。新中国建立后，商务印书馆的发展得到了国家的高度重视，1954 年迁到北京，受到国家领导人的关注，正如陈云同志所说，“是一个很重要的文化教育事业单位”。

在改革开放的新时代，商务印书馆已发展出语言、学术、科教、经管类图书等重要产品线，并率先开始数字化建设。虽是百年老店，步伐却更矫健。

2. 业务经营

初创时期的商务印书馆以编辑出版中小学教科书为主，随后出版范围逐渐扩大，遍及社会科学、自然科学、应用技术以及文学艺术等门类，并且发行多科杂志。

在中华人民共和国成立前的 53 年间，除了以编印教科书为主要业务外，还陆续出版了《辞源》《中国古今地名大辞典》《中国人名大辞典》《中国医学大辞典》等大型工具书，以及“万有文库”“大学丛书”等大型系列图书和《东方杂志》《小说月报》《自然界》等重要刊物，整理影印了《四部丛刊》《丛书集成初编》《续古逸丛书》《百衲本二十四史》等大型古籍，出版了严复、林纾等人翻译的外国著名小说和学术著作，译介了《天演论》《国富论》等西方学术名著，出版了鲁迅、巴金、冰心、老舍等现代著名作家的文学作品，并创办了东方图书馆、尚公小学校，制造教育器械，甚至拍摄电影等。全盛时期在北京、香港设有印刷分厂，先后在全国各地和新加坡、吉隆坡等 83 个地方设立分馆，有各类办事机构 1000 多个，所出书刊占全国 60% 以上，创造了中国现代出版业的诸多第一，成为当时亚洲最大的出版机构，在海内外铸造了“商务印书馆”这一民族出版业最著名的品牌，在世界上颇负盛名。

1958 年以后，商务印书馆根据国家的出版方针调整了业务范围，主要出版中外语文书籍和外国学术名著，后来的发展主要从这两大方面进行扩展。一方面是编纂出版中外语文工具书、语文论著、教材及普及读物，如《现代汉语词典》《新华字典》《新时代汉英大词典》等工具书，《中国语文》《方言》《英语世界》等期刊；另一方面是编译出版外国哲学社会科学学术著作，以及“汉译世界学术名著丛书”“世界名人传记丛书”“中国文化史知识丛书”“商务印书馆文库”等。100多种品牌书刊先后荣获国家图书奖、国家辞书奖和国家期刊奖，在读者中享有良好的声誉。

目前，商务印书馆设有汉语、英语、外语、著作、译作、科技、教育、经管、音像等编辑室，年均出版图书、期刊、音像制品等800种左右。改革开放以来，特别是近10年来，在汉译世界学术名著和辞书两大支柱之外，商务人锐意进取，积极、稳妥地开拓新的出版领域，如成立商务印书馆世界汉语教学研究中心，旨在以学术研究带动对外汉语教材研发，把中心建成世界汉语教学精品图书的研发基地和出版基地。

3. 成就贡献

百余年的积淀形成了商务印书馆独特的产业文化，高尚品质、创新精神和使命感是商务印书馆一路走来的巨大推动力。商务印书馆与北京大学被誉为中国近代文化的双子星，与北大一起奠定了中国近现代新文化的基础。从这座文化重镇里，不仅出品了大量开启民智、传播新知的著作和刊物，还走出了一大批杰出人物。

（1）商务印书馆创立不久就成立了股份公司，先后延请王云五、高梦旦等开展以出版为中心的多种经营，实力迅速壮大。被誉为“中国出版第一人”的张元济（1867—1959年）于1901年进入商务印书馆，历任编译所所长、经理、监理、董事长等职。在他和商务同人的共同努力下，商务印书馆走上了现代出版产业之路。新中国成立后，他担任上海文史馆馆长，继任商务印书馆董事长。张元济以一种开明开放、兼容并包、海纳百川的胸怀和学术情趣广集人才，仅1920年到1922年间，陆续进馆的就有沈雁冰、陈布雷、谢六逸、郑振铎、周予同、李石岑、竺可桢、任鸿隽、陶孟和、顾颉刚等，他们中的一些人后来成为中国文化、科学领域的一代宗师，商务印书馆也因此和蔡元培主持下的北京大学一样，成为“各方知识分子汇集的中心”。

1920年，茅盾走进由商务印书馆主办的《小说月报》。他起草《改革宣言》，阐明不仅要译述西洋名家小说，介绍世界文学潮流，更要创造中国的新文艺。革新后的《小说月报》倡导“为人生的文学”，迅速成为新文化运动中最有影响的刊物之一。

（2）出版家陆高谊曾说，商务印书馆的工具书产品就像是满汉全席，应有尽有。1898 年，在其成立的第二年，出版了在中国语言学史上有着划时代意义的语法学著作《马氏文通》。1906 年，正式设立字典部。1915 年，中国第一部新式辞书——《辞源》历经 8 年磨砺而最终在商务印书馆问世，开创了中国现代工具书出版的先河。新中国成立后的商务印书馆出版了世界上发行量最大的工具书——《新华字典》。1978 年正式出版的《现代汉语词典》成为使用最广泛、影响最大的规范汉语词汇工具书。

在工具书的满汉全席中，英语工具书显然是不可或缺的重要角色。到 2008 年《柯林斯高阶英汉双解词典》出版时，三大世界著名品牌英语学习词典实现了齐聚商务，牛津高、中、初阶系列英语词典自上世纪引进至今，一直占据着英语工具书销售榜首。此外，因出版的非通用语种双语工具书的数量、质量和美誉度，商务印书馆一直以来被称为“小语种词典的王国”。除了在各个语种中有标志性的大型词典外，系列小型词典成为最受欢迎的品种，出版的“精选系列”和“袖珍小词典”是典型代表。

商务印书馆收藏的古籍善本在全国首屈一指。张元济主持影印出版古籍，是他一生的重要成就。从第一种《涵芬楼秘笈》开始，相继编校、辑印了《四部丛刊》《续古逸丛书》《百衲本二十四史》《四库全书珍本初集》等，对文化古籍的整理和保存做出了巨大贡献。

上世纪初叶，新式学堂纷纷设立，但接踵而至的问题是师资和教材的极度匮乏。商务印书馆以对时势的敏感，果断抓住机会，以教育热情和专业意识推进教科书的编撰。其“最新”系列教科书，以完善的内容和形式极大地推动了我国当时的教育革新。正是这套以全民教育为目标、按照教育原理编写而成的教科书，奠定了中国近代教育的基本格局。也是这套行销全国、一印再印的教科书，奠定了商务印书馆在出版业中的领军地位。

商务印书馆学术出版精华的集中代表《汉译世界学术名著丛书》被赞许为“对我国学术文化有基本建设意义的重大工程”。丛书涉及哲学、政治学、经济学等社会科学各个领域，基本上代表着某一时代、某一学派的最高学术水平，是改革开放以来国内规模最大且知名度最高的学术译著丛书，目前已出版发行400种。

2008年12月29日，在教育部语言文字信息管理司指导下，商务印书馆主办的中国语言资源开发应用中心宣布成立。该中心致力于语言学成果的产业化和国内外语言资源的开发利用，积极探讨将语言资源转化为生产力的方式路径。随着中心的成立，《现代汉语常用词表》《汉语方言地图集》等重磅图书陆续推出。

（3）商务印书馆的创立标志着中国现代出版业的开始，这本身就是一个时代的创新之作。商务人认为，创新是商务印书馆核心经营理念之精髓，正是依靠创新，商务才得以屡开风气之先。比如商务印书馆率先开展国际合作，奠定双语词典权威，为国际交往架起了桥梁；创立新中国第一个也是目前唯一的合资出版机构——商务印书馆国际有限公司；在数字出版领域，商务印书馆积极探索，“工具书在线”是其开展数字出版业务的重要项目，“商务印书馆百年出版数字化工程”是其数字化建设的重要议题；还积极准备手机出版、多媒体出版业务等，利用商务印书馆的出版资源和优势不断推出新的产品。

为应对新的形势，商务印书馆开始了新一轮的现代化之路，启动了以办公自动化、管理网络化、资源数字化、商务电子化、外部互联网、内部局域网和辞书语料库为内容的“四化二网一库”信息化工程。①

（二）中华书局

中华书局是我国整理、编校、出版古籍读物的权威出版机构，在国内外知名度颇高，影响深远，是中国历史悠久的出版社之一。

1. 历史沿革

中华书局于1912年1月1日在上海创立，创办人为曾在商务印书馆任出版部主任的陆费逵，他出生于出版世家，其祖父曾担任过《四库全书》总校官。从创立至1949年的37年间，中华书局先后编

---

① http：//baike. baidu. com/view/15011. htm # 3；http：//www. chinaxwcb. com/xwcb-paper/html/2009 - 11/26/content_ 262. htm；洪玉华：《品质成就百年老店》，《中国新闻出版报》。

印出版了《四部备要》《古今图书集成》《辞海》《饮冰室合集》等重要书籍，卢梭《社会契约论》、达尔文《物种原始》等重要译著，在业界树立了学术声望。

中华书局开办之初为合伙经营，也以编印新式中小学教科书为主要业务，提出“教科书革命”和“完全华商自办”的口号，抓住辛亥革命后新文化运动兴起和民主科学之风劲吹的历史机遇，迅速出版了《中华新教科书》，为当时普遍改制的学堂提供了各类新教材，受到各地欢迎，一时供不应求，中华书局一炮打响，与商务印书馆展开了竞争。1913 年设编辑所，编辑出版《中华教育界》等杂志和大型汉语工具书《中华大字典》。1915 年改为股份有限公司，自办印刷所，增设发行所，翌年资本增至 160 万元，职工达千余人，继商务印书馆之后成为国内第二家集编辑、印刷、发行为一体的出版企业。

1917 年前后，由于大量购地建房造成资金短缺，加上副局长沈知方挪用公款投机失败，又因同业竞争，售书赔本，造成资金周转不灵，发生经济危机，几至停业。后经多方设法，营业才重获发展。

1920 年前后，书局承印克劳广告公司和南洋兄弟烟草公司烟壳业务，获利丰厚。1930 年孔祥熙任董事长以后，书局大量承印国民党有价证券和小额钞票，印刷业务更加发展。1933 年在香港九龙建立印刷分厂，设备之新号称远东第一。1935 年于上海澳门路 469 号建成新厂，总部和编辑所也设于此。到 1937 年春，资本扩充至 400 万元，在全国各地和香港地区、新加坡开设 40 余所分局，进入全盛时期。

中华书局组织形式为：设董事、监察若干人，总经理 1 人。总经理之下分设：总办事处、编辑所、印刷所、发行所，自办印刷厂，至 1937 年拥有印刷机械 300 余架，除印刷自身出版物外，还承接国内外各界印刷业务，包括债券、证券、钞票、商标及工商界大宗印件等。积极引进国外现代化印刷机器，有铅版、聚珍仿宋版、石版、铝版、橡皮版、凹版、凸版、珂罗版、影写版、照相铜版锌版、三色四色铜版、电镀铜版钢版等，其印刷设备技术在当时国内乃至东亚地区是比较先进的，彩印业务为全国第一。除了印刷出版业务外，发行所还兼营国内外教学仪器文具，并在上海昆明路自设中华教育用品制造厂。1916 年开设藏书楼，1925 年起改称图书馆，藏书 50

余万册。由于商务印书馆的东方图书馆被战火烧毁，中华书局图书馆成为民间出版机构附设图书馆中藏书最多的一家，其中丛书、类书、地方志、金石书画、工具书、教科书、报纸杂志等收藏较为丰富。

抗日战争爆发后，陆费逵赴香港，成立驻港办事处，掌握全局重要事务；上海方面由常务董事舒新城主持日常事务，设在公共租界的印刷总厂以“美商永宁公司”的名义维持营业。太平洋战争爆发后，领导核心内迁，1942 年 2 月在重庆成立总管理处，抗战胜利后迁回上海。其间，仍然印制教科书，编辑出版各种图书杂志。

从 1912 年到 1949 年，中华书局共出版各类图书约 6000 种，包括教科书、古书、字典辞典、杂志、各科新书、儿童读物、外文书籍、碑帖书画等。抗日战争时期，中华书局奉命在重庆参加国定本教科书联合供应处，承供教科书占 23%。

中华人民共和国成立后，1954 年 5 月中华书局实行公私合营，总部迁至北京，同时在上海留有中华书局上海办事处，1958 年改组为中华书局上海编辑所。同年，国务院古籍整理出版规划小组成立，中华书局被指定为该小组的办事机构，成为整理出版中国古代和近代文学、历史、哲学、语言文字图书及相关学术著作、通俗读物的专业出版社，承担国家级古籍整理的基本项目。先后出版的数万种各类古籍和学术著作，成为国内外研究中华文化、历史的珍贵资料。改革开放以来，中华书局扩大经营业务，除保持传统优势的主业外，出版了大量文史哲和外国研究中国的专著及普及读物，受到了广泛好评，取得了社会效益和经济效益双丰收。

2. 出版成果

精印古书中最著名的是《四部备要》和《古今图书集成》。《四部备要》选择经史子集之要籍，采用聚珍仿宋版字精印，版式一律，字体美观。分出三种版本，线装本订为 2500 册，洋装布面本订为 100 册，纸面本订为 280 册。自 1921 年开始辑印，1934 年出齐。《古今图书集成》是继《永乐大典》以后又一部大型类书。中华书局将原书 1 万卷共 5000 册以 9 页拼成 1 页照相缩印，分订线装 800 册。此书于 1934 年开始影印，1940 年出齐。

出版中西字典及专科辞典。最早出版的是《中华大字典》，收单字 4 万余，400 万言，超过以前出版的字书，并校正了《康熙字典》

4000 余处错误。800 万字的大型辞书《辞海》由舒新城、徐元诰、张相、沈颐等主编，1915 年开始编写，1936 年出版，先后参加者有百数十人，历时 20 年之久。《辞海》是中国近代规模较大的一部含古今汉语词汇和百科词目的大词典，各种版本行销总数在 100 万部以上。中华书局在编印工具书、辞书方面投入精兵强将，成绩斐然，《中华大字典》《辞海》等工具书、辞书，编校严谨，印制精善，并多次修订，成为我国出版史上的经典之作。

中华书局在开业之初出版发行的杂志风行一时，号称“八大杂志”，有《中华教育界》《中华小说界》《中华实业界》《中华童子界》《中华儿童画报》《大中华》《中华妇女界》《中华学生界》。梁启超主编的《大中华》在社会上颇具影响。黎锦晖等主编的《小朋友》创刊于 1922 年。其他杂志还有《中华英文周报》（1919 年创刊）、《新中华》（1933 年创刊）等。

出版各科新书。社会科学、自然科学方面有：《新文化丛书》（马君武翻译的达尔文《物种原始》为其中之一）、《社会科学丛书》、卢梭的《民约论》（马君武译）、亚当·斯密士的《国富论》及里嘉图的《经济学及赋税之原理》（郭大力、王亚南译）等。文学艺术方面有：《少年中国学会丛书》（田汉翻译的莎士比亚《哈姆雷特》、《罗密欧与朱丽叶》等列入丛书）、托尔斯泰的《战争与和平》（郭沫若译）、张闻天的《青春的梦》、李劼人的《死水微澜》和刘海粟编的《世界名画集》等。

1954 年总局迁至北京后，历经 20 年时间整理、出版了《二十四史》及《清史稿》点校本，被公认为新中国最伟大的古籍整理工程。还相继编辑出版了《全上古三代秦汉三国六朝文》《先秦汉魏晋南北朝诗》《全唐文》《全唐诗》《全宋词》《古本小说丛刊》《甲骨文合集》《殷周金文集成》《资治通鉴》《文苑英华》《太平御览》《永乐大典》《册府元龟》《清实录》《光绪朝朱批奏折》《中华大藏经》等一大批古代文史哲经典文献。陆续推出的重点丛书如“中国古典文学基本丛书”“历代史料笔记丛刊”“二十四史研究资料丛刊”“中国古代地理总志丛刊”“中外交通史籍丛刊”“中外关系史名著译丛”“中华史学丛书”“中国近代人物文集丛书”“中国近代人物日记丛书”“新编诸子集成”“中国佛教典籍选刊”“道教典籍选刊”“理学丛书”“学术笔记丛刊”“古逸丛书三编”“清人书目题跋丛刊”“中国古典名著译注丛书”等，为学术研究提供了大量的基本典籍。出版了梁启超、王国维、顾颉刚、陈垣、王力、钱钟书等著名学者的学术著作。编辑出版的学术集刊、文史类期刊《文史》《文学遗产》《书品》等，在学术界、读书界、教育界有着广泛的影响。

近年来，在中华民族优秀传统文化的普及方面，中华书局作出了不懈的努力，先后出版了《左传译文》《论语译注》《孟子译注》、《庄子今注今译》、白话《资治通鉴》和《续资治通鉴》、《通鉴故事百篇》、《新编千家诗》、简体横排本《二十四史》、简体横排增订本《全唐诗》和《全宋词》，以及1981年创刊的《文史知识》、1998年复刊的《中华活页文选》（成人版、高中版、初中版、小学版）等，为提高全民族的文化素质尽了一份力。

在传统学术和古籍整理方面，中华书局拥有雄厚的人才资源，已故著名专家学者如陈乃乾、徐调孚、宋云彬、杨伯峻、马宗霍、金灿然、赵守俨等，在中华书局的发展过程中起过巨大的作用。中华书局以其一流的作者、一流的编辑出版人才和高质量的出版物享誉海内外，是最能代表中国古籍、学术著作出版水准的出版社。①

（三）外语教学与研究出版社

1. 基本概况

外语教学与研究出版社（简称外研社）由北京外国语大学于1979年创办，2010年完成企业改制，更名为“外语教学与研究出版社有限责任公司”。经过30多年的不断发展，外研社已经成长为一个拥有9个出版分社、1个事业部、12个独立法人单位、16个地方信息中心、近2000名员工、年销售码洋超过20亿人民币的大型出版企业，全国规模最大的大学出版社和最大的外语出版机构，在全国出版社中综合排名第三。

外研社共设有九个职能机构：行政中心、财务中心、营销中心、编务中心、出版中心、信息技术中心、国际部、事业发展部和研究发展部；九大分社：少儿出版分社、基础英语教育出版分社、高等英语教育出版分社、综合英语出版分社、学术与辞书出版分社、综

---

① http：//baike. baidu. com/view/24231. htm

合语种出版分社、汉语出版分社、职业教育出版分社和电子音像网络出版分社，各分社年发行码洋从 2000 万元至 5.6 亿元不等；十二个独立法人企业是：外语教学与研究出版社、北京外语音像出版社、北京银盘电子技术有限公司、北京外研书店、北京外国语大学印刷厂、外研社物业管理中心、北京青苹果文化发展有限公司、北京外言翻译有限公司、北京壹加佳教育咨询有限公司、外研社国际会议中心、外研培训中心以及北京世纪盈华信息技术有限公司；此外，还设有分布全国的 16 个信息中心。外研社每年出版 5000 余种出版物，其中新书 1000 多种、重版书 4000 多种、音像制品和电子出版物 300 余种；另外还出版《外语教学与研究》《当代语言学》《英语学习》等十几种外语期刊。2012 年，外研社发行码洋达 24.8 亿元，总资产达 20 亿元。

面对新的发展形势，外研社制定了新的战略发展规划，以外语教育出版为中心，以教育培训和信息服务为两翼，积极拓展数字化出版，实行产学研结合，建设成为一个综合性的语言教育服务提供商。

2. 语言教育产品

围绕“面向全面外语教育，提供全面解决方案”这一发展宗旨，外研社出版 30 多种语言的图书，其出版范围包括教材、教辅、辞书、学术、期刊、读物等，出版形式包括图书、期刊、音像、电子、网络和移动通信，产品覆盖幼儿、小学、中学、大学、研究生、成人教育、终身教育各层次读者群。外研社出版了《为了 13 亿人的教育》（《李岚清教育访谈录》英文版、俄文版）、《汉语 900 句》、《汉语世界》、《现代汉语规范词典》、《新世纪汉英词典》、《快乐星球》和《小鲤鱼历险记》等众多社会效益和经济效益都非常好的精品图书。外研社还构建了一个多元化、系列化、立体化的教材出版框架，包括幼儿教材如《外研社儿童英语》《NODDY 学英语》等，中小学教材如《英语》（新课程标准）小学至高中“一条龙”式英语教材等，大学教材如《新视野大学英语》《新编大学英语》等，成人培训教材如《新概念英语》《剑桥国际英语教程》等，这些教材都已在全国各类学校全面投入使用并产生了良好的社会反响。

为促进我国外语教学改革的进程，提高我国的英语教学水平，外研社还积极投身全民外语教育，以各种形式回报社会。1999 年首开先河组织社会培训活动，对儿童英语教师、中小学英语教师以及大学英语教师进行大面积、广范围的培训研讨活动，连续七年免费培训大学英语教师5万人次，培训中小学英语教师15万人次，投入的资金超过了一亿元。从1996年开始每年投资100万元举办“外研社杯全国英语辩论赛”，从2002年开始每年投资300万元举办“CCTV杯全国英语演讲大赛”，有力地推动了全民英语学习进程。2004年5月，投资100多万元成功承办了第四届中国英语教学国际研讨会。通过上述活动，外研社创造了一种文化氛围，密切了与读者的关系，树立了出版社的良好品牌形象。由于实现了社会效益与经济效益的最佳结合，外研社多次受到中宣部、新闻出版总署、教育部等上级有关部门的表彰，先后获得“全国优秀出版社”“先进高校出版社”“全国教材先进管理单位”“讲信誉、重服务出版单位”等多项荣誉称号。

外研社被称为“英语图书市场真正意义上的领导者”。在外语图书的各个细分市场上，外研社都位居前列：大学英语教材的市场占有率达50%，中小学英语教材的市场占有率超过1/3；日语、德语、法语、俄语、韩语、西班牙语等小语种图书市场占有率居第一；外语类图书零售市场占有率26%，基础英语学习用书市场占有率45.71%，始终处于遥遥领先地位。

外研社在汉语工具书市场中也逐渐占有一席之地，相继推出了《现代汉语规范字典》和《现代汉语规范词典》，这是外研社在汉语出版方面新的尝试。随着中国经济的持续、稳步增长，汉语和中国文化日益受到世界各国的重视，外研社不失时机将业务扩展到汉语语言及文化出版领域，并凭借多年的国际合作经验和资源，迅速加快了对外输出版权的步伐。大力开发优秀的汉语语言文化产品，通过国际合作将这些产品输入外国主流渠道，帮助世界人民学中文、看中国。2005年法兰克福书展上，外研社推出了面向国际市场的《汉语世界》《经理人汉语》《新世纪经贸汉语》、《新世纪汉英大辞典》等优秀产品。2006年法兰克福书展上，外研社与汤姆森学习集团联合发布了《汉语900句》，与麦格劳－希尔公司共同推出了针对华裔大学生的汉语教材《我和中国》。《汉语900句》以14个语种出版，在世界50个国家销售，创造了中国出版业“走出去”的成功案例。《我和中国》则成为第一部由中美双方合作出版以美国书号进入主流渠道的汉语教材。

外研社是中国改革开放以来，最早同国际出版商合作的单位之一。早在1983年，就与牛津大学出版社签署了第一项版权贸易协议。外研社与培生教育出版集团、麦克米伦公司、牛津大学出版社、剑桥大学出版社、汤姆森学习集团、麦格劳－希尔公司、哈考特教育出版集团、柯林斯集团，以及法国、德国、日本、韩国、加拿大、澳大利亚等几十个国家和地区的近300家出版社建立了良好的合作关系，引进大量的外语学习产品，帮助中国人学外语、看世界。通过强强联手的成功合作，外研社出版了《新概念英语》、《新标准英语》、《剑桥国际英语教程》、《书虫》、朗文系列词典、牛津系列词典、柯林斯系列词典、麦克米伦系列词典等众多精品图书。截至2012年，无论从品种上还是发行码洋上，国际合作项目的比重都达到了40%以上。国际合作模式也从原来的简单引进版权，发展到现在的“实力联姻”模式，通过合作双方共同策划选题，共同拥有版权，共同推广销售，甚至共同投资来达到双赢。

心怀“记载人类文明、沟通世界文化”的理想和责任，外研社坚持以高品质的知识创造和文化传播引领读者，服务教学，推动科研，为教育机构和学习者提供全面的教与学解决方案。作为“最中国的国际出版社，最国际的中国出版社”，外研社以语言为桥梁，积极实践“引进来、走出去”之路，引进国外优秀教育资源，同时也向世界介绍中国。

（四）语文出版社

语文出版社是教育部直属、全国唯一的语文专业出版社，担负着为国家语言文字工作服务、为国家教育事业服务的双重任务。其业务范围主要是：大中小学语文教材及教学参考书，基础教育、中等职业教育和教师教育有关教材，国家语言文字工作方针政策、法律法规、语言文字规范标准，语文工具书，语文教育教学论著，语言文字研究专著和应用普及读物，出版中文核心期刊《语文建设》（旬刊）和《语言文字报》。

在新世纪基础教育课程改革中，语文出版社开发了体现课程改革精神和国家课程标准要求的“语文版课程标准实验教科书”《语文》教材。该教材融工具性和人文性于一体，体现了时代精神和现代意识，内容和形式贴近学生生活，有利于激发学生的学习兴趣和探究精神。出版教育部规划中等职业教育文化课教材《语文》《数学》《英语》，小学“注音识字·提前读写”《语文》教材、小学《数学》教材、小学《写字》教材、《中学数学实验教材》、《中师口语》教材，以及高等教育自学考试中文专业教材《古代汉语》《现代汉语》《语言学概论》等各级各类教材。

语文出版社出版的《普通话基础方言基本词汇集》《北京话儿化词典》《现代汉语规范词典》《全唐诗大词典》《宋元明清曲辞通释》等辞书先后获得了国家图书奖和国家辞书奖。由一大批著名专家撰写的语文知识普及读物《百部万字语文丛书》（现已出版20种），在社会上产生了广泛而良好的影响。小学“红苹果”系列、中考“红对钩”系列、高考“金钥匙”系列、初中“迁移阅读”等品牌教辅图书在市场上赢得了较高声誉，成为中小学生首选的教辅图书。

为了适应出版产业发展的新形势，语文出版社于1986年5月成立了语文音像出版社，宗旨是宣传、贯彻国家语言文字工作方针政策，加强语文建设，推广普通话，促进语言文字的规范化和标准化；辅助大、中、小、幼语文教学，普及语文知识，繁荣和发展社会主义文化，提高中华民族的语文水平。出版业务范围包括语言文字规范化系列、普通话学习系列、语文教学系列、幼儿故事系列、少年儿童语言学习系列、诗词创作与吟诵系列、外语学习系列音像出版物。①

第三节　语言翻译业

一、语言翻译业概述

（一）语言翻译业的界定及其特征

翻译是在人类互动的过程中，将口语或文字在不变更原文意思的前提下，由一种自然语言转换为另一种自然语言的活动。翻译有四种活动形态，即口语翻译、文字翻译、手语翻译与机器翻译。翻

① http://www.ywcbs.com/gx/more.asp

译活动已广泛地融汇在人们的生活、工作、学习之中。

当翻译这种活动愈发职业化、专业化时，其产业化趋势也愈发明显。语言翻译业这个名称的提出便是基于翻译产业出现的背景。所谓产业必有生产者、产品和消费者。翻译产业的生产者，即翻译服务供给者，包括翻译公司、译员、编录排辅助人员等；产品即笔译服务和口译服务，表现形式为译文、译著和口译表达，特殊形式有手势、盲文翻译；消费者即翻译服务需求者，包括政府、企业、团体、会议、个人等等。作为产业，翻译产品的出炉同样要经过一定的规范化的生产流程。虽然目前对翻译产业的定性和定位并未达成明确一致的共识，但是在市场经济环境下，作为服务业的一部分，翻译业正在市场机制的影响和指导下不断调整和完善。①

2012 年，国家统计局发布《文化及相关产业分类（2012）》，将文化及相关产业界定为：文化及相关产业是指为社会公众提供文化产品和文化相关产品的生产活动的集合。对照这一定义，“翻译产业”的概念似可界定为：为社会公众提供语言翻译服务和语言翻译相关产品的生产活动的集合。“翻译产业”作为一个概念和产业门类正在被市场接受，其重要性和多重价值也逐渐得到认可。中国的翻译产业作为正在崛起的新兴产业，已经成为社会经济中不可或缺的组成部分。

从广义上看，语言翻译业是以语言翻译为核心的一系列相互影响、相互作用的经济活动的总和；从狭义上看，语言翻译业即翻译服务产业，以提供翻译出的语言、文字、手势等为服务产品。

语言翻译业的特征可以表述如下：

1. 翻译与各学科相互关联、互为支撑，形成多层次、综合化、开放性的产业化格局。一方面借助哲学、美学、语言学、符号学、文艺学等学科的研究成果，不断开拓语言翻译业的发展空间和延伸领域；另一方面涉猎数、理、化、天文、地理、生物和信息技术、材料技术等学科领域，在行业上分为机械、电子、石油、化工、医药、煤炭、纺织、核能、航空、航天、船舶、汽车、通信、计算机等，每一个行业都有自己的技术特色。翻译领域和内容的多样化意味着翻译必须产业化。在科学技术飞速发展、学科间相互渗透交叉

① 朱宪超：《我国翻译产业的概念、范畴及其他》，中国译协网。

的今天，对翻译人员来说，不仅需要较强的语言理解能力，还需要较宽厚的综合知识功底和较强的学习能力，特别是对新事物、新知识有敏锐的洞察力。

2. 翻译与文化息息相关。文化是翻译产业链条上的主线。民族文化是孕育翻译产业的母体。只有建立在宽宏的文化视野上，才能很好地把握语言翻译业的脉搏。日本翻译《三国演义》《水浒传》这样的文学作品，竟着力剖析其中的战略战术，并成功运用到商业活动中。韩国在举办奥运会、世界杯足球赛期间，将本国文化译成80种语言和文字，通过电视、报纸、网络等向外宣传，让世界欣赏“高丽风”的迷人魅力，促进了韩国旅游、餐饮等服务行业的发展。在我们借鉴其他国家文化产业的成功案例时，同时看到了翻译成果转化为巨大的经济价值。

3. 翻译具有显著的社会化特征。社会的需要首先决定了翻译业存在的可能性和必要性。在大多数人的概念中，翻译活动只是很简单的一种操作方式。翻译人员凭借纸、笔与字典、工具书等，在一定的时间内，完成一定数量的翻译任务，或者当场进行口译、同声传译。过去的大型企业和机构，通常以情报室、翻译室等名义而拥有自己的翻译队伍。随着经济的高速发展，这种操作模式已经远远满足不了社会上日益增长的翻译需求。从数量上看，翻译文件已不再只是以几十页或几千字为单位计算，而是以几十册或十万字甚至百万字为单位计算。对翻译时限的要求也愈发严格。翻译服务的产业化、市场化、社会化成为大势所趋。例如，中国对外翻译出版公司（中译公司）于1979年在国内首先成立了翻译服务部，承接零散译件的同时，为各种机构和中外企业提供专业化的翻译服务。语言翻译业面向广大的社会群体，满足受众的需求是语言翻译业的宗旨和目标，只有充分考虑到服务对象的具体要求，并不断革新翻译理念，才能真正做到翻译服务的“以人为本”。

4. 信息化成为重要标识。语言翻译业涉及的知识体系和学科背景处于不断更新的动态链条之上。在词汇宝库中，新词不断呈现，旧词面临淘汰，飞速普及的信息化不断加深翻译知识的广度和深度。当网络加速全面覆盖人们生活、学习和工作的方方面面时，语言翻译的思维过程、最终成果需要借助信息化的平台展示和传播，讲究快捷和时效，单凭纸、笔等简单的翻译工具已不能满足日益增长的翻译需求。在信息化时代，翻译的思维、翻译的实操、翻译的技巧等，都不可避免地要经受信息化的洗礼。

5. 本土化与跨文化兼收并蓄。没有经济全球一体化，就不会有本土化。鉴于跨文化背景下意识形态对翻译市场的影响，单纯本土化的坚守已不能适应现今时代的要求，必须打破被动、单一、保守的思维模式，深入了解不同国家、地区的翻译需求和市场特色，只有不断开拓新途径、开辟新视野，才能系统、深入、准确、理性地把握语言翻译业的命脉。每一种文化代表着一种世界观，只有做到本土化与跨文化和谐并进，才能真正掌握语言形式、语言符号存在和转换的意义。

（二）语言翻译业的缘起及其演变

翻译在人类文明发展史上的出现自有其必然性。在我国，翻译有着三千多年的历史。从东汉兴起到唐朝达到顶峰的佛经翻译，明末清初以后的西学翻译，以及“五四”运动以后马克思列宁主义著作的翻译，翻译工作始终是沟通中华文明与世界文明、促进人类先进文化交流和传播的先导。

从目前语言翻译业的发展现状看，无论其作为独立的产业形态能否被广泛认可并得以确认，它都绝不是无源之水、无本之木，实际上已经存在且一直在进行探索和开拓。

中国语言学派的翻译研究是以上世纪八十年代西方现代语言学派翻译理论的引进为契机的。1972 年，当代西方翻译研究学派的创始人霍姆斯以其《翻译学的名与实》一文引入独立的学科概念，由此开启了该学派影响深远的翻译学学科建构工程。从上世纪七十年代的肇始，到八十年代的中兴，再到九十年代的衍化，当代西方的翻译研究已经走过了 30 年的历程。伴随着对西方语言学派的引进和借鉴，中国的翻译研究者在上世纪的后 20 年开拓了语言学派的翻译研究，并形成了本土的语言学派翻译理论。新世纪以来，在文化模式翻译研究的挑战下，不断调整和拓展研究领域，收获了不菲的成果。

上世纪 70 年代，人民邮电出版社与国际电信联盟（ITU）、万国邮政联盟（UPU）建立合作关系，翻译出版了大量的国际电信联盟、万国邮政联盟的中文文献。中国对外翻译出版公司于 1979 年成立，其前身是“联合国资料小组”，主要任务是从事联合国文件的翻译。为满足翻译市场的需要，中译公司成立了专门机构，为国际组织驻华代表机构、各国驻华使馆、外国工商企业驻京办事处以及国内企业、事业、团体、机关、个人提供服务。

机器翻译的研究与开发已有50多年的历史。我国机器翻译的研发始于1956年。当时，机器翻译被列入国家《科学发展纲要》，作为国家重大科研项目。上世纪九十年代初至今，我国的机器翻译得到了快速发展，因特网又进一步推动了机器翻译的发展和应用。机器翻译的应用促进了翻译质量的专业性、准确性和翻译效率的及时性、高效性。

计划经济体制下，对翻译工作制定统一计划，进行统筹安排。政府设立专门的机构和部门对翻译人员进行培训，承担翻译任务。其弊端在于：首先，依附于政府、企事业单位、院校与科研机构的翻译人员缺乏独立性和竞争力；其次，翻译服务没有走向市场，缺乏开放性和创造力。

改革开放后，一方面，各种机构内部的翻译部门仍在运作，完成指定的翻译任务，同时也开始接受内部翻译以外的翻译业务。当时的专职翻译人员成为社会转型时期从事翻译业的核心力量，一些翻译机构逐渐发展成为较早的一批翻译公司。随着翻译需求和翻译市场的不断扩大，愈来愈多的专业翻译公司应运而生。在社会转型的大背景下，受制于当时翻译市场的特点，翻译活动基本上处于一种纷乱杂陈的自发状态，缺乏有序的市场管理和规模化运营，翻译产业的服务能力和管理水平存在很大的提升空间。

随着中国对外交往活动的扩大，翻译服务市场迎来了快速发展的良机。语言翻译业革故鼎新，取得了瞩目的成绩。中国翻译协会自1982年成立以来，努力推动我国翻译事业的进步与发展。2002年，中国译协成立第九个分支机构，即翻译服务委员会，明确了中国译协全国“行业性”社会团体的性质及“进行行业指导，参与行业管理”的职能。

从实际情况看，翻译活动已经发展成为一种产业，翻译行业已经成为服务业的一个组成部分。翻译的技术和运作方式发生了很大的变化，其理论和研究方法不断深入，已经形成了一门系统的学科。当今市场对于翻译服务的质量和效率提出了愈来愈高的要求。上世纪 90 年代初，随着我国对外交往活动的扩大，语言翻译市场进入快速发展阶段，大批语言翻译企业如雨后春笋，在北京、上海、广州等大城市迅速兴起，经过多年的发展，现已初具规模。据统计，北京、上海、江苏、浙江四地语言翻译服务类企业数量占到全国的 76%，其中北京就有 9000 多家。

早期国内翻译机构大多规模较小，多为小作坊式经营；翻译人员多为兼职，流动性大；业务流程也不够规范，翻译质量难以保证。改革开放以来，我国语言翻译产业的发展经历了从“小而散到大而专”的转变。如今，伴随语言翻译产业化的进程，大型的专业化翻译公司出现在市场上，翻译质量、服务水平随之提高。翻译公司朝着职业化、国际化方向前进，能够独立承接来自国内外的高要求、高水准、高技术含量的翻译业务。

近十几年来，电子翻译产品——电子词典在国内翻译市场占据了重要的位置。文曲星占低端电子词典市场 70% 的份额，快译通、好易通、商务通、联想等品牌加入了这一行列。高端电子词典市场的领导厂商有快译通、好易通等。快译通、好易通采用独家买断的方式在其产品中收录《牛津大辞典》。联想、商务通、名人也都推出中高价位的电子词典。它们渗透进千家万户的学习生活中，逐渐成为消费者必备的学习工具，在翻译市场上发挥的作用不容小觑。

目前，全球年翻译产值达数百亿美元，美国占 50% 以上，亚太地区占 30% 左右。根据国际本地化行业标准协会（LISA）和美国权威市场调查机构 ABI 公司对世界翻译市场的调查，包括人工翻译、机器翻译、软件和网站本地化在内的全球翻译市场的规模，2005 年达 127 亿美元，2007 年达 197 亿美元，其中人工翻译市场 115 亿美元，机器翻译市场 1.34 亿美元，软件与网站本地化市场分别为 34 亿美元和 31 亿美元。随着互联网应用范围的扩大和国际电子商务市场的日渐成熟，将网页上的外国语言翻译成为本国语言的翻译业务迅速增长。另据美国从事全球化、国际化、本地化和翻译产业调研咨询服务的 CSA 公司（Common Sense Advisory）估计，2005 年全球外包语言服务市场总额达 88 亿美元，按年均增长率 7.5% 计算，2006 年达 90 亿美元，2010 年达 120 亿美元。

近年来，奥运会、世博会等大型国际活动陆续在我国举办；截至 2012 年 6 月，世界 500 强公司中已有 490 家在中国投资，跨国公司在华设立的研发中心、地区总部等功能性机构已经达到1600余家。中国经济和文化“走出去”的步伐越来越大，国际化企业每年翻译需求与日俱增。以华为公司为例，其一年的国际专利申请文本就有5000万字，并且要翻译成20多种语言。这些都离不开语言翻译业的支撑。

随着全球化进程的推进，国际间、区域间的交流与合作愈加频繁、密切，无论是政治、经济领域还是科学、文教领域，国家、地区之间的翻译交流在这个时代尤显重要。我国语言翻译业正在逐渐打破单盯国内市场的狭隘局面，开始向海外翻译市场拓展，寻求多元化、深层次的交流与合作。国际市场不仅为中国翻译产业提供了学习、借鉴的优秀模本，而且有力地刺激了中国本土翻译产业与时俱进、做强做大。借助语言翻译的有效途径，中国向海外借鉴、吸取优秀的文化资源，同时也输出博大精深的中国文化，增强了中国文化和文明在世界上的影响力。语言翻译业在成长的过程中，将翻译成果转化为生产力，带来了可观的经济效益和社会价值。

语言翻译业的发展渗透着历史条件、政治体制、文化传统和意识形态等非经济因素的影响与制约。它由早期单纯地被划为语言界的产物，转向被广泛理解为植根于社会经济的产物。随着中国在经济、政治、文化、科教等领域对世界影响力的增强，翻译产业迎来了黄金发展时期。据有关数据统计，语言翻译业已经成为文化经济中仅次于教育培训业的又一新兴产业。

不容忽视的是，我国语言翻译业在迅速发展的同时也显现出一些急需解决的问题：

其一，市场对翻译人员资格的审查和认证标准不明确。这就造成很多冒牌的或者不具备翻译资质的人员进入，扰乱翻译市场正常的运作秩序。政府有关部门应该建立专门的资格审查准入制度，对翻译市场进行合理监管和有效疏导。

其二，翻译质量的评价标准需要进一步明确和完善。“通过制定、发布和实施标准，达到统一”是标准化的实质，“获得最佳秩序和社会效益”则是标准化的目的。制定标准是为了规范行业内企业行为，并方便社会公众对业内行为规范的识别和监督。翻译服务标准化是指在标准意识的指导下，通过规范化的管理制度、统一的技术标准、服务项目、服务程序和预定目标的设计与培训，向翻译产品的顾客提供统一的、可追溯的和可检验的服务。翻译行业协会或相关机构要加强对翻译质量、翻译标准的认证和评估工作，使得翻译质量标准透明化、清晰化，对翻译服务在质量、期限、保密义务、附加服务等方面做出详尽而具体的规定。可喜的是，2011 年 6 月 17 日，我国发布了首部语言服务行业规范——《本地化业务基本术语》。作为中国翻译服务领域的行业组织，中国翻译协会始终致力于推动行业的健康发展。自 2003 年起，中国译协翻译服务委员会陆续推动制定了三部翻译服务国家标准，分别是《翻译服务规范　第 1 部分：笔译》、《翻译服务译文质量要求》和《翻译服务规范　第 2 部分：口译》，均由国家质量监督检验检疫总局发布实施。这些国家标准的出台填补了翻译领域国家标准的空白，开启了中国翻译服务标准化的进程。此次发布的《本地化业务基本术语》是在中国翻译协会和中国标准化研究院的指导下，由中国译协本地化服务委员会组织大型跨国企业和语言服务供应方等经历一年多的时间共同制定，系统定义和总结了与本地化服务相关的关键术语，如“全球化”“国际化”“本地化”等基本概念和本地化过程中的服务角色、服务流程、服务要素和相关技术术语共计 125 条，对于廓清长期以来的模糊概念具有提纲挈领的指导作用，对于规范整个翻译服务行业的生产流程、服务标准，进而提升中国语言服务行业的竞争能力和国际形象具有重要意义。紧接着，2011 年 7 月 26 日，在“全国翻译专业教育与翻译产业发展论坛”上，中国翻译协会与全国翻译专业学位研究生教育指导委员会联合发布两个有关人才教育与培养方面的行业规范，即《全国翻译专业研究生教育实习基地（企业）认证规范》和《全国翻译专业研究生教育兼职教师认证规范》，以规范和促进翻译领域的产学交流与合作。

其三，以翻译产业为龙头的产业集群和居于领导地位、发挥示范作用的语言处理中心尚未完全形成。相关产业、企业零星地分布在全国各地，还没有形成具有核心竞争力的强大品牌，具有巨大发展潜力的翻译产业未能做出应有的贡献。

（三）语言翻译业的产品形态及其前景

从翻译成果所表现出的最终产品来划分，语言翻译业的构成包括以下几部分：口语及手语翻译的最终产品为译出语本身；文字翻译的最终产品为译出的文字；机器翻译的最终产品为由翻译机器协助译成的文字或语音。如今，语言翻译业广泛涉猎多语会议、机译、手语、盲文、密码、速记等领域。依语言翻译业所包含的三个层次，其产品形态可从三个部分来理解：

核心层以人为主体，主要包括笔译、口译、手语翻译；边缘层是人机相结合的，主要包括软件和网页的本地化、计算机辅助翻译、机器翻译；相关层指其他相关活动，主要包括翻译培训，影视作品翻译，翻译软件和翻译机器的研发、生产与销售。

科技革命为语言翻译业带来了新技术、新思维。众所周知，新的生产工具会带来新的生产模式。同样，在翻译市场上，预计今后翻译人员的日常工作会趋向于程序设计、语汇规整、文件预编、人机互译、归档管理等。流水线的作业方式促使产业链的良性循环和自我调整。翻译从业人员不单局限于具有优秀语言知识背景的译员，还包括熟悉计算机程序的技术人员、了解数据库管理的专家等。翻译工具会涉及到计算机、互联网、电子词典、术语库、翻译软件、翻译机器、语音识别系统等。

从世界范围看，我国语言翻译业市场化进程仍处在比较滞后的位置，缺乏足够的资本和先进的经验、完备的服务体系和行规保障，在努力开拓发展空间的同时也显现出不容忽视的问题，与日益增长的巨大翻译需求不相协调，业界综合能力严重不足。目前我国的翻译市场规模虽过百亿，但翻译公司的消化能力依然有限，由于人才、技术、信息渠道的不足，大量的外文翻译机会旁落。由于无法接受很多来自国际的难度较大的翻译任务，导致失去大量的商业机会。告别信息匮乏、资源不足的局面，形成高端的专业适应力和市场渗透力是决定我国语言翻译业能立于激烈的市场竞争而不败的重要前提。占领市场的根本在于不断适应市场需求的变化，只有牢牢把握时代的中心课题、服务对象的核心需求、翻译理念的最新动向，才能为语言翻译业的可持续发展制定可行的策略规划和战略目标。

据有关部门统计，我国现有聘任在岗的翻译专业技术人员6万余人，另有数十万人在不同岗位以不同形式从事着翻译工作。据权威部门测算，在全国2.5亿外语学习者中，对学习翻译和以不同形式从事翻译比较爱好的人群占55%，其中70%以上属于青少年。这一群体在未来10年内，有80%以上会成为各行业的生力军和业务骨干，同时也是社会消费群体的重要构成部分。而这个庞大的消费群体也必然成为构建我国语言翻译业美好前景的主力军。[①] 但目前我国翻译人才缺口巨大，除了翻译师资，翻译服务行业还需要大量的翻译管理人才、翻译营销人才、翻译技术人才、多语种桌面排版人才等。

在互联网迅速普及的时代，网络中各式各样的语言翻译软件、功能强大的搜索引擎层出不穷，越来越多的网友将网络翻译作为首选。据 2013 年 5 月份最新数据，谷歌翻译每天为全球两亿多个用户提供服务，每天翻译次数达十亿次。谷歌翻译每天处理的文字数量，相当于一百万册图书，超过了全世界的专业翻译人员一年能够翻译的文字规模。一些低价恶性竞争的网络翻译软件毫无专业化、规范化可言，严重误导着消费者。市场上存在的大量小型翻译公司，良莠不齐，往往没有完善的制度规范，有的仅仅聘请几名兼职翻译，没有质量保证，只能依靠低价竞争，冲击正规专业的翻译公司，扰乱翻译市场的竞争秩序。总的看来，我国翻译市场的法制化、规范化和标准化进程尚处于起步阶段，需要相关部门加大监管力度，有效规范翻译市场。

手语翻译是以手语（手指语、手势语）、口语为交际手段，在听障人士与健听人士间进行传译服务。据统计，目前我国听障人士至少有 2057 万。手语翻译用途非常广泛。公安机关的案件调查取证、法院判决、医生了解聋哑人的病情以及配有聋哑人的工厂、商店、银行等公共服务部门都需要手语翻译。与西方国家将手语作为一种独立的语言纳入国家教育体系，并建立了一套比较完整的关于手语翻译的培训、测试和鉴定体系相比，我国的手语翻译职业教育尚处于起步阶段，手语翻译方面的专业人才缺乏。目前，除少数师范院校在特殊教育专业中开设手语课程外，手语教育推广仍以公益性质的社会培训为主，力量相对薄弱。2008 年奥运会期间，需要高水平的手语翻译 900 名，而国内手语翻译却严重不足。当前，从业者多以兼职为主，收入按小时计费，80 元至 300 元每小时。手语翻译，被称为“最有爱心的稀缺职业”，其就业潜力颇大。

---

① 彭晓娟：《上海世博会对中国翻译产业带来的机遇与挑战》，《中国经贸导刊》2010 年第 13 期。

随着中外文化交流的日益繁荣，在影视作品翻译方面，国外剧集的字幕翻译进入了产业领域。虽然国外剧集字幕翻译目前还处于非正常运营当中，其中牵扯到国外影视剧的版权问题，但其发展可以为版权规范后的剧集字幕翻译产业打好基础。剧集翻译人员多为外语水平非常好的年轻人，年龄在20岁至25岁之间。

字幕翻译的运作流程如下：翻译剧集压制—吸引翻译群体参与（翻译群体获得VIP下载账号，无限制下载观看国外影视剧）—搬运片源—调整时间轴—字幕校对—压片发布。在盈利模式方面，因网络的巨大访问量而获得广告投资，向雇主公司提供压制RMVB收费视频点播。为规避版权问题，字幕组一般都会在片子开头打上“翻译作品仅供参考，不得传播，请下载后24小时之内删除”。目前，“伊甸园”“风软”“人人影视”“破烂熊”等字幕组形成了各自的风格，相互之间竞争激烈，因为争取流量以提高运营收入而争先压制最新剧集，并严防竞争者挖走自己的人才。但其为争夺上传时间而不能高水平翻译作品，必将阻碍产业质量的提升。在国家放宽引进外国剧目种类的背景下，网站的字幕翻译可以进行版权交易，以网站高流量换取广告收益，合理收取下载费用，从而使影片制作方、网站、字幕翻译群体、受众皆可满足各自的需求。

字幕组的出现对观众的观影、收视习惯产生了一定影响：首先，观众的欣赏习惯有很大的改变。以前欣赏外国影片都是通过配音，而现在很多受众在观看外国影片的时候都要求必须听原声、看字幕。第二，保持了影片原有的品质。原声和配音的差距还是比较明显的，人物对话和音乐都是影视作品中比较重要的方面。第三，改变了人们的认知方式。虽然观众在看原声电影的时候，一方面要看画面，一方面又要忙着看字幕，这肯定会分散注意力，但是把阅读和观看两者结合起来，长此以往可能会对人的认知方式产生一些影响。

展望发展蓝图，可以清晰勾勒出我国语言翻译业与其他产业相伴而生、共时而存的关系：

其一，语言翻译业与文化产业。我国文化产业的发展方兴未艾、汹涌澎湃，这成为助推语言翻译业大发展的现实背景。要将语言翻译业与文化产业纳入一脉相承、互为呼应的关联体系中，积极打造双赢局面。北京奥运会、上海世博会为世界打开了一扇扇了解中国文化的大门，有力地促进了中国文化的传播，它们既是推动中国文化产业发展的精彩亮点，也为中国语言翻译业的振兴创造了有利条件。对开放的中国来说，翻译产业已经成为经济全球化时代重要的基础产业，是实施文化“走出去、引进来”战略的基础产业，是提升国家“文化软实力”的基础产业。

其二，语言翻译业与信息产业。在信息技术时代，离开信息产业，语言翻译业的发展可谓失去了根基。语言翻译业若要找到生存、发展的支点，就必须向信息化、网络化、全球化的趋势靠拢，真正融入信息化，获得信息资源、网络资源的支持，才能找到自身发展的准确定位，不断开拓新的发展空间。翻译的信息化已经成为促进翻译产业化进程的重要动力和关键标识。跨国公司在市场上出售产品或服务，需要大规模地进行语言翻译工作，数量巨大、标准严苛的翻译任务往往超过了单一的人工劳动所能承载的负荷，快捷高效的机器翻译、计算机辅助翻译就成为人们期待的选择。可见，信息化俨然成为语言翻译业不可或缺的核心竞争力。同时，语言翻译业的发展也可以提高信息处理能力。在互联网经济时代，全球信息的交换量、交换速度、交换需求都在飞速增长，通过蓬勃发展的翻译产业，能够拓宽信息的来源与信息传播的途径，从而获取更多更先进的知识资源，加快对国际有效信息的吸收和消化。语言翻译业的兴旺发达将推动中国早日从商品生产大国变成信息加工大国，从简单的产品制造转向高端的信息加工，成为全球语言产业大国。

其三，语言翻译业与语言产业。随着全球化日益加深以及对多种语言需求的增长，语言产业已经引起了许多国家特别是一些发达国家的重视和扶持。语言翻译产业涵盖笔译口译、定位联络、字幕配音、语言工具、多语会议和语言教学等活动。语言翻译业是语言产业中的一支重要力量。翻译研究与语言研究密切相关，只有站在一定高度把握语言文字，才能更为科学、规范地做好语言翻译。语言是人类沟通交流的工具，语言产业理应成为社会经济发展的重要因素。推动汉语在信息化时代更好地发展、传播，语言产业特别是语言翻译业责无旁贷。发展语言翻译业对于提高中文在世界语言体系中的地位，带动以语言为中心的产业链的发展，可谓意义重大。

翻译市场在有的国家可以说是一个已经成型并具有较高自律程

度的专业化市场，但中国语言翻译业达到成熟的规范化发展还需要一个过程。我们坚信，在翻译界的共同努力下，中国的翻译市场必将迎来广阔的发展空间，以更好的姿态应对未来的竞争和挑战。

二、典型案例

（一）传神（中国）网络科技有限公司

2005 年 3 月，传神公司成立。同年，成功开发中国首个基于互联网的协同翻译及流程管理平台系列软件。目前，作为亚洲第 7 位、世界第 33 位的语言服务企业，传神是科技部首批现代服务业创新发展示范企业、文化和科技融合试点企业、中国翻译协会“优秀单位会员”，荣获中国翻译事业特别贡献奖。

当今语言翻译业与信息技术产业息息相关，随着机器翻译技术的发展，专业翻译公司成为大型翻译项目的主要承接商。传神公司作为互联网时代的新型语言服务提供商，是中国奥委会官方网唯一多语合作伙伴。传神公司以基于互联网和 IT 技术实现创新模式的新型多语信息服务供应，致力于成为客户的虚拟语言部门（VLD）和多语工作平台，其业务范围已涵盖广义的“语言翻译”，即“语言本地化服务”范畴，包括笔译服务、会展服务、现场服务、软件平台、译员培训与认证服务、媒体服务、网站本地化产品等。传神公司现有员工 800 余人，译员数据库规模超过 3 万名，行业译员及专家超过 2000 名，客户免费享受备选译员服务，累计处理量 85 亿字以上，形成日处理 1000 万字以上的规模化生产体系。

1. 传神公司的核心业务及运行模式

传神公司全球首创了“语联网”新型服务模式，通过对资源、技术和服务能力的有机整合来满足市场需求，为国际工程、装备制造、影视文化、外贸出口、文化咨询、服务外包等领域提供专业服务。同时，采用“一网多港”落地服务模式，以武汉为中心，在多个城市建立“多语信息港”，调动全球语言资源为当地客户和地方经济服务。

语联网是语言技术、翻译技术以及云计算技术（Cloud Computing）和社会化网络（SNS）模式的集成和扩展，通过嵌入式和传感等模式实现即时按需服务、快速无障碍沟通。语联网旨在构建一个全产业链的语言信息服务平台，是基于开放化和标准化原则运营的新一代云翻译服务平台，改变产业资源的“多对多”沟通模式，避免技术、支付、咨询等低层次重复建设，使得客户、译员、翻译公司和配套服务机构都能够最大限度地获得并创造价值。

语联网基于云计算平台，用户可以随时随地利用任何终端来访问，并且实现及时翻译服务。语联网对于用户端的设备要求较低，所有数据均存储在中央服务器上，轻松实现不同设备间的数据与应用共享。

语联网的出现，使得我们司空见惯的场景发生改变：一个译员不再会被无数个机构重复测试而只需要测试一次，无需每个机构都建立自己参差不齐的IT系统而只需选择合适的IT服务，无需自己全能而只需要协同就可以满足客户；各个级别的语言服务商和译员也可以在语联网上共享生产能力，将剩余生产能力进行整合并形成巨大的语言处理能量，从而降低语言服务的运营成本，提高规模服务能力。

首先，语联网是云翻译服务平台。语联网利用云计算把量大面广的多语信息需求化整为零，将客户发来的成百上千万字待译内容自动“碎片化”划分为若干个片段，语料库会智能化匹配译员资源，自动全方位进行筛选，确保为客户筛取最符合需求的优秀专业译员，从而能够确保翻译稿件中相同原文的译法保持统一。

其次，语联网拥有智能型语料库。只要被正确翻译过的词句，在经过专家审核后都会被语料库记录下来。当再次碰到相同的词句时，不需再次翻译，系统会自动显示为对应的翻译结果，从而大大提高翻译效率和准确率，避免同一词汇出现不同的翻译表达。和一些智能输入法的记忆功能十分相似，语料库也越用越“聪明”，会自动记录各种常用词汇、约定格式文件等的使用频率。译员通过使用语料库，实现“人机结合”的翻译。

再次，语联网提供完整的语言翻译产业链。语联网通过对资源、技术和服务能力的有机整合来满足市场需求，从而实现快速无障碍沟通的多语智慧网络。它是基于互联网的规模化海量服务模式，优先整合密切相关的产业，形成完整的网络多语产业生态链系统，实现“立等取可”的语联网服务。

语联网原理

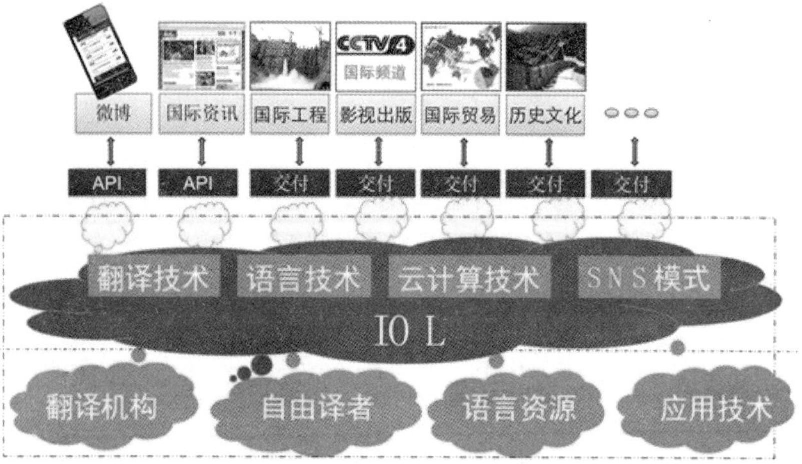

语联网商业模式

语联网商业模式：

语联网的商业模式是类电网模式，简便易用，低综合使用成本，采购产能整合后再标准化输出。

语联网基于云翻译服务技术，其本质就是凭借云翻译服务的引擎作用，通过互联网集聚多语资源，将全国多语信息服务产业链集合在一起，最大限度地将分散的人才、语料和辅助翻译等资源整合起来，形成资源的最大化、最优化和高弹性化。把量大面广的多语信息需求化整为零，分成“碎片化”任务，形成超大规模并行处理的云翻译服务。也就是说，“语联网”自动将客户发来的成百上千万字待译内容自动“碎片化”划分为若干个片段，然后通过网络随机分配给译员。译员翻译完成后，软件自动将其整合，再经过翻译专家审核修改，便成为一篇成品稿，即可发送给客户。

语联网服务模式：

客户：通过各种业务应用接入 IOL，随时、随地享受便捷、快速、稳定高质的语言翻译服务。

译员：通过统一平台入口，进行任务信息的转达、确认、文件的获取和传递，并可使用在线辅助翻译，兼容不同任务类型，随时、随地实现任务的处理。

供应商：通过各个跨地域、跨工作、跨行业的专业匹配，成本降低，专业提供语言翻译服务。

代理商：跨地域、跨工作、跨行业，实现线上、线下全方位的协同服务，为客户提供便捷、完善的服务体验。

目前，语联网已应用到了中央电视台 4 套和 10 套的节目译制中，将节目源、字幕获取、编译处理、节目制作、后期处理等一整条供应链连接起来，中央电视台只需提供中外文原始语言节目，通过语联网服务平台，就可以直接播出。同时，整个过程全部通过安全、高效的加密网络进行，将泄漏风险降至了最低。语联网还涵盖了教育培训、软件外包、印刷出版、网页设计、动漫开发等关联业务，形成以解决客户多语信息问题为目的，借助 IT 和互联网技术，将上述产业整合成为一种新型的翻译服务网络的产业链条。预计，2013 年语联网收益将超过 10 亿元，关联产业达 20 亿元，就业人数 3.5 万人。

另外，语联网应用产品丰富实用，广受欢迎。U2 简历翻译是基于语联网 API 提供的简历翻译服务，目前国内最大的招聘网站无忧招聘网，简历翻译增值服务即由传神语联网提供。译点通快速翻译是基于语联网语言翻译引擎的应用产品之一，通过语联网稳定、高效、快速处理能力，采用电子商务模式，为广大用户提供快速优质的人工翻译服务。全球畅邮是世界上第一款只需用中文就能与全球客户沟通的邮件平台，让中国企业实现跨越语言、文化障碍，轻松做全球生意。术语云是基于语联网与互联网上的翻译行业的各个终端用户而打造的一个全新的翻译术语云分享数据库，使在语联网上共享的多方用户通过分享的术语提高翻译速度，最终提高译员的翻译工作效率。

传神公司以“专业、诚信、及时、增值”的服务理念，成功地服务于北京奥运会、上海世博会、广州亚运会、深圳大运会、中央电视台以及多项国家重点海外工程项目，在石油、石化、汽车、法律、通讯、出版、会展、能源、电力、教育、媒体等50多个领域，以及英语、日语、法语、德语、意大利语、西班牙语、葡萄牙语等30多个语种形成了独特的竞争优势。

传神公司牵头承担了国家“十二五”科技支撑计划项目和首批现代服务业综合试点项目，其自主创新的“云翻译服务平台”被工信部授予基于安全可控软硬件产品云计算解决方案，已拥有44项发明专利和31项软件著作权。

传神公司在武汉设立的“全球多语言处理中心”产业园是我国第一家翻译产业园，2012年给武汉带来了80亿元的产值。根据国际机构分析，每1元的翻译产值，能带来直接关联产业5元的产值，能带来间接关联产业30元的产值。据此计算，2012年给武汉带来了400亿元的直接关联产业产值。

2. 传神公司的发展前景

（1）继续强化人性化的服务理念。消费者满意度已经成为检验服务质量的标准，翻译需求趋向质量高、服务好、周期短、价格低，因此消费者的选择成为市场竞争中的决定性因素。传神公司要进一步加强人性化的服务，将“客户第一”的服务理念全方位贯彻到翻译服务的各个环节中，充分考虑服务人群不同的文化背景、风俗习惯、生活经历、知识结构、社会位置等，注重多样性和多元合理性，为客户量身定制翻译方案和策略，为客户节约成本和时间，为客户创造增值利益。还应将后续服务纳入翻译服务体系中，不仅关注项目进程的专业化，而且以周到的后续服务更好地满足消费者的需求。在翻译服务的进程中主动与客户探讨原语言材料的内、外知识联系，注意与客户知识系统保持稳定的共同语言关系。

（2）进一步优化翻译服务系统，包括服务意识、目标、途径、程序、监督等。严密的流程化、系统化服务可以确保整个团队的凝聚力和核心竞争力。充分利用信息技术最新成果、计算机辅助翻译研究成果，构建信息化高度集成的翻译业务管理系统。翻译产品质量、服务质量是翻译公司的生命，是立足市场竞争的最重要筹码。能否树立优秀的企业形象，关键在于能否为消费者提供高水准、高质量的翻译服务。

（3）更好地应对市场细分和国际化。随着越来越多的国际翻译公司进入中国翻译市场，国内翻译公司面临着严峻的市场竞争。无论是服务理念还是运作机制，传神公司都应加速与国际翻译市场接轨。可以定期对国外先进的翻译公司、翻译系统和技术进行考察，建立有效的合作交流机制。也要加强与国内其他知名翻译公司的交流合作，由于翻译行业的特点，难免会遇到冷门专业或语种，这就需要同行之间的优势互补、资源共享，最终形成双赢、共赢的局面。

（4）进一步加强制度建设。完善员工培训体系，确立严格的翻译资格考核机制。强化内部管理，建立科学、合理的标准化管理准则，实现人才、资源的最优组合。优秀的翻译人才决定着公司的兴旺发达，如何有效挖掘、引进翻译人才，需要着力考虑。要以员工为核心，采取多样化措施，建立员工对公司的信任与忠诚，打造和谐的企业文化，以增强公司的凝聚力和向心力。

（二）北京元培世纪翻译有限公司

2005 年 5 月，北京元培世纪翻译有限公司成立，现已成长为中国语言服务行业的卓越企业，在推动互联网、现代通信技术、软件技术与语言服务相结合方面做出了杰出贡献。元培翻译公司是北京 2008 年奥运会笔译和口译服务供应商、上海 2010 年世博会笔译口译项目赞助商及第十八届世界翻译大会的独家赞助商。翻译范围涉及汽车、出版、会议、文件、陪同、交传、外派等各个领域。公司先后获得中国翻译事业杰出贡献奖、最具投资价值 100 强企业、最具成长性企业、中关村自主创新示范区“瞪羚计划”首批重点培育企业。

依托全球客户资源，元培翻译通过遍布国内外的服务机构向客户提供及时服务，设立了北美（纽约）、香港、中国内地（南京）、欧盟（筹建）四大服务基地。在中国内地，元培公司设置了一个生产中心（南京）、四大营运中心（北京、上海、广州、西安）、十二家分公司、四十家办事处的服务格局，其服务覆盖全国主要城市。

元培翻译主要提供口语翻译、文字翻译、机器翻译及语言翻译培训认证等服务，承担了国际奥委会、北京奥组委、第二十九届奥运会、第十三届残奥会等16个主体机构的笔译和口译服务；2009年，经权威机构评估，公司的品牌价值达到了2.1亿元；2010年，元培翻译为上海世博局及参加世博会的183个国家和45个国际组织提供所有语种的语言服务。据估算，世博会仅口译部分就为元培公司带来约2亿元收入。

元培翻译是一家基于互联网及通信技术，运用现代科技手段、信息化服务平台、多语言资源和卓越的创新理念向全球客户提供服务的创新型语言服务企业。借助互联网及信息技术，元培翻译推出全球多语信息处理和服务平台、八大服务产品系列，依托强大的后台资源管理系统，通过科学严谨的流程控制体系，实现所有业务平台化化运作，全力服务于政府、企业、公众三大客户群体。元培全球多语信息处理和服务平台包括："译员工场"平台、"翻译中心"平台、"产业情报"平台、"环球博览"平台。"译员工场"平台是基于互联网，含有多项语言处理软件工具和语言数据库，面向全球译员开放的共享工作平台；"翻译中心"平台是基于互联网，业务运行完全计算机化、在线化的客户服务平台；"产业情报"平台是基于互联网，为国内外经济研究机构及企事业单位提供及时产业经济信息的情报平台；"环球博览"平台是基于互联网，以手机上网和在线阅读为主要方式的内容阅读平台。

语言服务系列是基于互联网及现代通讯技术，为任何人和团体在任何地点、任何时间面临的语言问题提供解决方案；产业情报服务系列以多语产业情报搜集处理能力为支撑，为国内外客户提供及时、全面、准确的产业经济情报；国际商务服务系列是为企业拓展国际市场空间提供从语言服务到产业情报服务到企业品牌形象国际化塑造及推广的全方位解决方案；多语呼叫中心服务系列是基于现代通讯技术，为政府、企业及个人提供多语远程支持服务及呼叫中心建设、培训外包等服务；网站运营服务系列为企业提供包括网站建设、网站多语化、网站维护、网站优化、网站推广等系列解决方案；培训服务系列以精准实用为基本理念，以跨文化学习为基本形式，为个人和团体提供翻译和职业外语培训服务；信息技术服务系列以IT技术研发为基础，根据客户需求，提供完整的软件开发、测试及维护服务；新媒体及综合服务系列以平台、内容为基础，为客户提供多语网络广告设计、传播、内容合作、出版等服务。

元培翻译率先建立“二十四工作流程、五阶段质量控制及三审审核”服务体系，率先建立并实行企业“十六项质量标准”，使语言服务流程化、标准化。其质量标准体系在北京奥运会及上海世博会所有语言服务中得到了应用，并获得北京奥组委和上海世博局的高度评价。

第四节　语言文字信息处理业

一、语言文字信息处理业概述

（一）语言文字信息处理业的界定及其特征

语言文字信息处理，我们如今的生活已经离不开它。当你拨通电话想要查询话费时，电话另一头甜美的语音提示，会帮助你轻松地完成话费查询业务，你可能会认为通信公司的业务员加班到深夜吗？你有没有计算过每天使用手机或电脑的输入法有多长时间？你有没有数过每天点击百度或 Google 这样的搜索引擎多少次？这些现代人生活工作中所不可或缺的东西，都和语言文字信息处理有着密切的联系。

语言文字是人类社会最重要的交际工具，它是人类区别于其他动物的最显著标志之一。二十一世纪，随着人类社会进入信息化时代，人们对语言文字信息的保存和传播提出了更高的要求，语言文字信息处理具有重大的意义。

语言文字信息处理，简单地说，就是用计算机对自然语言进行信息化处理。自然语言非常复杂，它包括语素、词、短语、句子、段落、篇章等几个层次，这些层次通过语音、文本、图像的形式表现出来，计算机就是通过对这些表现形式的处理来完成对自然语言的信息化加工，包括输入、输出、存储、转换和搜索等等。可见，语言文字信息处理技术是一种人机互动技术，它不仅涉及语言学领域，还涉及计算机科学、声学、数学、信息学等多学科领域。

我们在这里要谈的是中文信息处理，主要是对汉语言文字的信息处理。基于汉语自身的特点，中文信息处理有着不同于西方语言文字信息处理的特殊性：

第一，语音处理的特殊性。汉语语音有四种声调，并且这四种声调在不同语境中会发生音变，这是汉语语音的特殊之处，也是处理汉语语音的关键。

第二，汉字处理的特殊性。西方语言文字只有几十个字母，而汉字有成千上万个且字形复杂，这就为汉字的编码工作带来了巨大的困难。另外，中国的许多少数民族也有自己的语言文字，少数民族的语言文字信息处理工作也是中文信息处理的重要任务。

第三，汉字书写的特殊性。西文书写以词为单位，词与词之间有明确的分界，而汉字是以字为单位来书写的，词与词之间没有分隔标记，因此容易造成词切分的歧义。

第四，汉语语法的特殊性。汉语不像西语那样有丰富的形态变化，其表达语法功能的手段主要是语序和虚词，汉语中词的语法功能和词类也不是一一对应的。这样，就很容易形成句法歧义，造成语句自动分析的复杂性。

第五，汉语语义的特殊性。一方面，汉语中词的句法功能和词类不是一一对应的；另一方面，汉语中存在着大量的同音字、多音字、多义词、同义词等，为计算机解读句子的含义增添了难度。

了解了语言文字信息处理的特性，对于语言文字信息处理产业的概念就很容易理解了。语言文字信息处理产业，顾名思义，就是指开发语言文字信息处理产品、技术和服务的产业，其加工对象是语言文字和语言文字所负载的信息。

语言文字信息处理产业是信息化时代的产物，它具有旺盛的生命力，年轻化是其主要特点之一。其次，语言文字信息处理的科技含量决定了该产业的高科技性。再次，语言文字是人类最重要的交际工具，这一特点决定了语言文字信息处理产业消费人群的普遍性，现代社会的男女老少、各行各业，都会或多或少地消费语言文字信息处理业的产品和服务。

（二）语言文字信息处理业的缘起及其演变

语言文字信息处理业的产生与计算机的出现密切关联。从1946年世界上第一台计算机诞生之日起，它就被用于数据处理工作，其中最重要的就是处理语言文字信息。国际上的语言文字信息处理工作缘起于二十世纪五十年代，确切地说，是在1954年，美国乔治敦大学与国际商用机器公司用IBM－701计算机进行了世界上第一次机器翻译试验。

我国的语言文字信息处理工作开始于1956年，仅比国际上晚了两年。1956年，在周恩来总理的提议和领导下，机器翻译被列入《1956—1967年科学技术发展远景规划》，第二年，机器翻译研究工作正式开始。1959年，我国试验了首台俄汉机器翻译系统，不过当时输出的只是代码，而不是汉字，因为当时还没有汉字输出装置。1958至1960年，我国还研制出了英汉机器翻译系统。1964年，我国研发出"元音识别机"，1970年前后又研发出口呼汉语10个数字的识别机，最早应用到114电话号码查询台。这里值得一提的是，在新中国中文信息处理的起始阶段，有关部门所进行的汉字音形义的规范和整理工作、汉语拼音方案的制定和推行以及普通话推广工作，为我国中文信息处理研究工作提供了重要的支撑和保障。

"文革"十年，我国中文信息处理工作陷入沉寂。但在这期间，支秉彝总工程师仍不放弃中文信息处理的研究工作，在牛棚里给汉字编码，于1978年5月推出了汉字信息处理实验样机，这是中国自主完成的第一个汉字编码输入系统。

从1980年代起，我国中文信息处理研究工作进入了大发展时期，从最初的汉字信息处理到字词的表层处理，从句法语义的深层处理到语料库的统计处理，直到以网络为应用对象、大规模真实文本、智能化访问的现阶段。

1974年周恩来总理批准了"七四八"工程，它标志着计算机中文信息处理技术受到国家高度重视并且进入了它的第一个发展阶段——汉字信息处理时代。"六五"期间（1981～1985年），汉字信息处理技术得到了快速发展，汉化的操作系统和数据库系统已有多个。其中最值得一提的是汉字激光照排系统，该项目由北大负责，王选院士是项目的技术总负责人。该项目在中文信息处理发展史上具有划时代的意义，它使中国平面媒体（报纸、杂志和图书）印刷告别了铅与火的时代，进入了计算机和数字化的处理时代，王选院士被誉为"当代毕昇"。这时期的另一重大成果，就是"现代汉语词频统计"工程，由北京航空学院主持，中国人民大学等十几个院校、研究机构参与。这项大型语言工程是国内外首次使用计算机进行大规模语料（2000 万字）的词频统计研究，它首次实现了一个汉语自动分词系统——CDWS，其成果已应用于汉字识别、汉字键盘输入和汉字词库等多种产品开发。

“七五”期间（1986～1990 年），我国加强了中文信息处理在字词方面的基础研究，建立了功能完备、实用有效的“汉字属性系统”，编纂了汉字属性字典，支撑了计算机汉字排序、字音转换、简繁转换及规范字与异体字对应关系等处理。1988 年初，北京航空航天大学制定了《信息处理用规范现代汉语分词规范》，从计算机工程应用的需求出发，解决了语言学界争论了几十年而未解决的汉语的词的定义问题。目前已经有许多现代汉语分词软件在市场上使用，例如，中文校对软件、汉外或者外汉的机器翻译软件、汉语的辅助教学软件等，其他诸如网络搜索、文本自动分类、自动文摘、知识挖掘、信息过滤、机器学习等，这些涉及中文信息处理的应用软件系统，也推动了现代汉语分词系统的研究与国家评测。

从 1980 年代中期到 1990 年代末，中文信息处理研究进入了一个万“码”奔腾的时期。在联想汉卡、四通中文电脑打字机之后，五笔字型、自然码、郑码、拼音输入法、智能 ABC、智能狂拼等较规范、易学易用的输入法层出不穷。也正是从这个时期开始，我国的汉字输入法产业形成规模，进入了繁荣发展期。方正、联想、四通、紫光、搜狗等高新技术产业集团业绩骄人，并在内地、香港乃至纳斯达克成功上市。现在，由于网络的发展，各种智能化的汉字输入软件已经可以免费在网上下载和更新。

除了在汉字输入技术产业化方面取得丰硕成果外，我国中文信息处理研究及产业还在向句法、语义等深层处理开发方向迈进。“八五”期间（1991～1995 年），电子工业部计算机与微电子发展研究中心（CCID）联合国内从事中文信息处理的主要单位，从信息处理用汉语语法、语义体系的应用研究着手，以中文信息处理产品的智能化为目标，组织实施了中文信息处理应用平台工程。这是迄今为止国内外规模最大的汉语语言工程。

目前，中文信息处理已进入一个以网络为应用对象、大规模真实文本、智能化访问的阶段，一个基础资源建设与应用技术开发密切结合的阶段。北京大学、清华大学、教育部语言文字应用研究所、山西大学、哈尔滨工业大学、北京语言大学、东北大学、中科院自动化所、科技部中信所、中国传媒大学、台湾中央研究院和香港城市大学等相当一批大学和研究机构都对汉语资源库建设做了大量工作。其中，北京大学计算语言学研究所开发的“综合型语言知识库”作为单项技术成果，在北京大学创下了转让次数最多的纪录，并取得了显著的经济效益。另外，董振东等开发的“知网”（HowNet）作为中文信息处理技术研究和系统开发重要的基础资源，被广泛地应用于词汇语义相似性计算、词义消歧、名词实体识别和文本分类等许多方面。中文语言资源联盟（Chinese Language Data Consortium，缩写：Chinese LDC）是为推动我国语言资源共享所建立的第一个联盟性学术组织。目前该联盟拥有会员单位 70 多个、各类语言资源 80 余种，包括 8 ~ 10 万词的《汉语通用词表》、2. 5 ~ 3 万词的《汉语语法信息词典（高频词）》、500 万字的《分词词性标注语料库》、100 万字的《汉语语法树库》、20 万句对的《中英双语语料库》等，其中 30% 数据资源对会员免费，在世界范围内实现了中文语言数据资源的共享。

进入 21 世纪，随着网络应用的不断发展，中文信息处理产业更是向着智能化、多元化、数字化的方向迈进，越来越多的技术人员和投资商都看准了这一市场，其产品升级更新的速度更是迅猛，并且由中文信息处理产业发展出相关产业链条，创造了更大的市场。2005 年，92 岁高龄的唐亚伟获得我国中文信息处理领域的最高科学技术奖——钱伟长中文信息处理科学技术奖一等奖，他发明的亚伟中文速录机，实现了由手写速记跨越到机械速记的历史性突破，这一成果被迅速推广应用，催生出速录行业和速记师职业。

除了前面提到的输入法、激光照排、速录机等技术产品外，机器翻译、语音识别与合成、搜索引擎等应用系统也如雨后春笋般不断涌现。以机器翻译技术为支柱发展起来的中科院华建集团公司和沈阳格微软件有限公司在机器翻译应用方面取得了十分可喜的成就。在语音识别、语音合成和人机对话系统等方面，中科院自动化所、中科院声学所、中国科技大学、清华大学、北京交通大学、哈尔滨工业大学等都做了大量研究和开发工作。国内的一些信息搜索系统，如百度、搜搜等也脱颖而出，中文信息处理产业正以高昂的势头大阔步向前发展。①

（三）语言文字信息处理业的产品构成及其前景

前国家语委副主任、现北京语言大学党委书记李宇明教授在接受《中国经济周刊》记者采访时提到，“人类信息大约 80% 是以语言文字为载体的，信息化时代，人类的语言文字传播进入了前所未有的新时代，利用现代信息技术进行信息的收集、加工和交换，成为人类生活的必需”。语言文字的信息化已经成为人类生活必不可少的一部分，未来社会将是一个信息化高度发达的社会，人类对语言文字信息处理产品的智能化与多样化将提出更高的要求。

中文是世界上使用人数最多的一种语言，也是联合国六种官方语言之一。尤其是近几年，我国综合国力的提高，奥运会和世博会的成功举办，进一步提升了中国的国际影响力，同时也提升了中文的国际地位。中文的使用范围越来越广，国内外市场上有关中文信息处理的产品也是琳琅满目。目前，市场上的中文信息处理产品主要涉及语音识别、语音合成、键盘输入、文字识别、字库字形、电子排版、搜索引擎等方面。

1. 语音信息处理

语音信息处理是语言文字信息处理技术在实现智能化方面的一个重大挑战，其技术市场领域历来被国际科技界和产业界所关注。究其原因主要有两个方面：

一是语音本身的特点。每个人的声音在音高、音强、音长和音色等要素上的参数都是不同的，即使是同一个人在不同时候讲出同一句话的声音，在这些语音要素上的参数也可能是不一样的，存在着许多音变现象，这就为研究语音合成和识别技术增加了难度。另外，中国地域宽广，语音的地域方言变体众多，不像汉字是全国通用的，易于标准化，便于保存、传播和识别。这为我国语音技术产品的开发提出了极大的挑战。

二是语音技术的特殊性。语音信息处理技术实际上是人与机器的双向互动，而不像文字信息处理技术只是机器的单向交互，这就要求语音技术必须在人工智能化方面有所突破，同时也决定了市场

① 张普：《共和国的中文信息处理 60 年》，《语言文字应用》2009 年第 3 期。

的特性，它一定是人机交互产品的市场，是智能化产品的市场。

另外，它的研究还涉及声学、语言学、数字信号处理、计算机科学等多个学科，是信息处理技术领域的前沿。语音技术被国外众多媒体和专家评为21世纪将对人类生活方式产生重大影响的十大科技进展之一，拥有广阔的市场前景。本世纪初，比尔·盖茨预测："未来十年语音技术将成为主流"；中国互联网数据中心预测："未来五年，中文语音技术领域将会有1300亿元的市场容量。"语音信息处理市场被认为存在着巨大的开发潜力。

由于该领域技术壁垒有着较高的天然屏障，使得致力于语音技术发展的公司为数甚少。在中国的语音信息处理市场竞争格局中，美国Nuance公司、北京捷通华声语音技术有限公司、安徽科大讯飞信息科技股份有限公司形成三足鼎立的局面。

语音技术主要涉及语音合成技术和语音识别技术两个方面，下面分别加以介绍。

（1）语音合成

用于计算机输出的语音合成系统又称为文—语转换（TTS，Text To Speech）系统，它把以文字串形式输入的文本转变为语音形式输出，其应用前景广阔。

语音合成系统一般可分为两类：有限词语的编辑合成系统和无限词语的规则合成系统。有限词语的编辑合成系统以语句、短语、词或音节为合成单元，将某一人发的数量有限的语词录音后进行数字化编码，组成一个合成语音库，使用时从语音库中提取一个个的单元数据编辑在一起，经解码后还原成语音。典型的编辑合成系统是自动报站系统，另外还有自动拨号、报时和报警系统等。规则合成系统的语音库所存的是较小的语音单位（如音素、双音素、半音节或音节）在声学上的合成参数。每一语音单位的音色、音高、音强和音长由代码表示并利用规则对合成参数进行修改和调节，而后由语音合成器合成出连续的语句来。可见，规则合成系统的开发紧密地依赖语音学的研究。

我国语音合成技术产品的开发从上世纪八十年代初起步，目前市场上的语音合成技术产品种类繁多，遍及银行、医院、政府、机场、车站、学校等众多场所，并逐渐深入到通信、导航、移动娱乐设备等高科技领域，市场应用前景广泛。中文语音合成技术的应用领域主要有三大方面：一是基于PC的办公、教学及娱乐等智能多媒体软件领域，二是声讯服务领域内的智能电话查询系统，三是嵌入式语音合成技术领域。

多媒体技术的发展刺激了语音合成技术的成长，人们对人机交互方式提出了越来越高的要求，希望机器能像人一样“能听会说”。汉语语音合成技术在文稿校对、语言学习、语音秘书等方面具有巨大的市场前景。像安徽科大讯飞公司推出的“畅言2000”产品、北京捷通华声推出的“盲人手机导航”项目等，都取得了很好的市场反响，并对汉语语音合成技术的推广产生了巨大影响。

信息时代的到来促使人们需要更快捷、更全面地查找所需要的信息。将汉语语音合成技术应用到海量数据的动态查询系统之中，使一台计算机支持几十路以上的电话信道昼夜不停地为用户查询，且准确无误、反应迅速，无疑成为未来信息服务行业的发展趋势。通过与社会各信息源建立密切的合作关系，汉语语音合成技术可以应用到声讯服务业务的方方面面，例如股票交易、航班列车的动态查询、电话报税业务等。

随着以手机、电子书等为代表的高性能嵌入式设备的涌现和嵌入式语音合成技术的进一步成熟，嵌入式语音合成技术的应用市场日益活跃。典型的嵌入式语音合成产品的应用环境包括以手机为代表的移动通信环境、以GPS导航为代表的汽车环境和以电子书、电子词典为代表的随身数码娱乐设备。我国手机、汽车和数码市场持续火爆，嵌入式语音合成产品市场将前景大好。汉语语音合成技术除了巨大的经济效益，还有着巨大的社会效益。它不但可以带动语音处理技术应用的发展，促进社会信息化的进步，而且对电脑的普及、电话与互联网的结合以及民族软件产业的发展产生重大的意义。

（2）语音识别

语音识别是一种高科技的人工智能技术，它通过抽取语音特征参数来辨别语音。如果说语音合成技术是要让机器“说话”的话，那么语音识别技术就是要让机器“听懂”人说的话。这比语音合成的难度要大很多。正如前面提到的，每个人语音的各要素的参数都存在着很大的差别，即使是同一个人的发音，也存在着音变的情况。另外，即便是机器正确地识别了人的语音，对于人类自然语言的正确理解也是一个需要解决的问题。同时，机器在识别人的声音时，还会受到周围环境嘈杂度的影响。因此，语音识别技术的研究开发一直是语音技术界和产业界非常棘手的问题。

上世纪80年代，我国的语音识别技术已经开始走向应用。语音识别技术产品开发主要有两个方向：一是大词汇量连续语音识别系统的开发，主要应用于计算机的听写机，以及与电话网或者互联网相结合的语音信息查询服务系统，这些系统都是在计算机平台上实现的；另一个是小型化、便携式语音技术产品的应用，如手机拨号、汽车设备的语音控制、智能玩具、家电遥控等方面的应用，这些应用系统大多在专门的硬件系统上实现。

目前，我国语音识别技术已大规模应用于通信行业，在中国移动增值业务上有所突破。语音识别技术在国内金融系统的应用也曙光初现。中国建设银行数据服务中心的负责人在接受《通信产业报》记者采访时表示，语音软件应用尚属初级阶段，主要是手机银行和电话银行根据用户的声音辨别真伪，今后将拓展到更宽泛的领域。语音软件在身份认证、账单支付、个人数据修复等方面也表现了明显的应用效果。①

美国Nuance公司致力于语音识别技术的研发，是全球最大的语音识别技术供应商，市场份额占到80%以上，车载语音产品目前的市场占有率已经达到90%以上。Nuance移动—企业事业部及消费者服务事业部总裁史蒂夫·钱伯斯对中国市场充满了期待，他表示，Nuance已和包括中国银行在内的六家银行达成了协议，未来将全面发力中国市场。

国内的代表性企业是安徽科大讯飞信息科技股份有限公司。该公司早期推出的“天音”语音软件，不仅内地市场供不应求，连香港、台湾地区的定货量在短短几个月内就超过10万套。科大讯飞如今已成为中文语音技术开发的龙头企业，引领着国内语音产业的发展。

据调查，在欧美、日韩等国家，语音技术与移动终端、社会信息服务、网络信息搜索等重点产业方向融合度越来越深，产业规模不断扩大，表现出强劲的发展势头。全球语音技术市场在过去几年呈现出快速发展的态势，年平均复合增长率超过25%，2006年市场

---

① 毛启盈：《Nuance语音识别技术进军中国》，《通信产业报》2009年6月15日。

总规模就已达到8.7亿美元，如今达20多亿美元。据国家发改委专家组的谨慎评估，语音技术在未来5年内市场总潜力将有50亿元人民币以上，可带动相关产业500亿元以上。

语音技术市场是目前国际语言产业市场竞争的焦点。据一篇关于语音技术市场分析的网络文章报道，欧美、韩日等许多国家的政府均投入重金设立专项计划予以重点扶持，国外著名的IT厂家很早就开始了对语音技术的研发与市场争夺。相比较于逐渐成熟的文字信息处理市场来说，语音信息处理市场还有着巨大的市场潜力和广阔的发展空间。

（3）语音合成和语音识别一体化解决方案

多语种语音处理技术：该技术所要解决的主要问题是在多语种语音处理领域，定义统一的语音结构和系统架构，基于智能文本处理技术和语音处理技术，提供语音合成和语音识别一体化解决方案，可广泛应用于国防、教育与社会信息服务等领域。科大讯飞研发的多语种语音处理系统，实现了欧美重要语种、亚洲重要语种和我国主要少数民族语言等近二十种语言的语音合成与识别。其中，维语、藏语、越南语语音合成与识别系统是国际上首次发布的产品化系统，其他语言的语音合成和识别系统性能也处于国际先进和国内领先水平。

语音评测技术：该技术所要解决的主要问题是让机器自动对用户发音进行评分、检错并给出矫正指导，相当于把机器变成语音评测老师，可广泛应用于中英文教学、发音学习、口语考试、汉语国际传播以及音乐娱乐等领域，目前比较成熟的有科大讯飞研发的中文语音评测技术、英语语音评测技术、音乐评测技术。

自然语言处理技术：该技术所要解决的主要问题是让机器对自然语言进行语义理解并给出适合的指令集合，相当于给机器赋予人工的“大脑”。科大讯飞基于先进的自然语言处理技术开发的语义理解引擎系统，已广泛支持电话、短信、天气、股票、地图等30余种业务，在移动终端、电视、车载设备及玩具等方面得到广泛应用。科大讯飞在自然语言处理领域的研究包括语音合成中的文本韵律预测、语音识别的语言模型、智能问答系统中的语义理解等。在中文语音合成技术中，文本韵律预测技术可以从文本层面预测待合成文本的读音、停顿位置与停顿长短，为接下来的语音合成后端提供重要信息；在中文语音识别技术中，语言模型扮演着大脑的角色，能够根据说话的上下文对发音相近或易混淆的词语进行消歧；语义理解技术是人机交互技术的核心，主要有意图识别、语义要素抽取、语义消歧、基于本体库的推理等。

2. 文字信息处理

文字是人类语言信息的书面载体。计算机的诞生解决了人类信息处理的一大难题，计算机与文字的结合催生出了文字信息处理业。中文信息处理技术最初是从研究文字信息处理开始的。1959 年，我国首台俄汉机器翻译系统进入试验，时至今日，文字信息处理已深入到我们生活的各个细节。文字信息处理产品在信息处理产业领域占据了极大的市场份额，相比较于语音信息处理来说，文字信息处理所涉及的技术和产品种类更为繁多。

（1）汉字键盘输入

汉字键盘输入技术是中文输入技术的主流。汉字键盘输入方法通常指一个编码方案配有相应的软件系统实现在计算机上输入汉字。1978 年 5 月，我国推出了汉字信息处理实验样机，这是中国自主完成的第一个汉字编码输入系统。此后，我国的汉字键盘输入方法取得了以下几个方面的成就：从最初的人工编码方案设计发展到计算机辅助设计编码方案；从字的编码发展到词语编码；从只注重专业型输入方法发展到同时注重专业型和普及型两个方向的输入方法；从只处理简化字发展到繁—简切换与兼容处理。据有关部门统计，国内外出现的汉字编码方案已有几百种，已实现的汉字键盘输入方法近百种，已推入市场的有几十种，推行较为成功的有十几种。

1993 年，亚伟速录技术的诞生可以说是汉字键盘输入尤其是中文信息处理产业化发展的新的里程碑。亚伟速录技术的核心产品是亚伟速录机，由我国速录泰斗唐亚伟教授发明。亚伟速录机创造性地设计了一击可录入两个汉字的专用键盘，独具匠心地仅用 11 个字母表示全部汉语拼音，同时结合人体工学、运动生理学和心理学的原理，采用“弹钢琴”般的击键方式，科学合理地实现了低强度下的高速度，做到“语音落、文稿出”，是国内首创并达到国际先进水平的划时代专利技术。它的最快速度可达 500 字/分钟以上，一般工作速度为 240 字/分钟，突破了“速记电脑化”和“实时记录语言”两大国际难题。

网络媒体的兴起，为人们提供了一种更快捷、方便获取信息的手段，而有了亚伟速录技术的应用，在转播现场将语言信息同步转化为文字，实时在网络上传递，真正实现了“文字直播”。亚伟速录技术带动了网络访谈的发展，政府官员、社会名人、娱乐明星得以通过网络与公众现场交流。1997 年，最高人民法院发文要求在全国法院系统大力推广使用亚伟中文速录技术，实现庭审记录计算机化，取得了很好的效果。

亚伟速录技术的广泛应用不仅带动了一个产业的发展，还诞生了速录师这一新型语言职业。2003 年，劳动和社会保障部编订并颁布施行了《速录师国家职业标准》，标志着一个由亚伟速录技术创造的新职业的诞生。它带来了巨大的经济效益和社会效益，我国速录从业人员已经从零发展到几万人，投入产出值达数亿元。目前，亚伟速录技术已经广泛应用于国家领导人的出访、会谈记录，国家机关及企事业单位日常办公记录，各种会议记录，法院庭审记录，新闻采访记录，影视字幕、场记、录音整理记录，网络直播记录，口头创作、翻译记录，口授文件记录等。数以万计掌握速录技能的专门人才活跃在人大、外交、法院、大中型企业及各种会议现场，形成了一个速录从业人员群体。

汉字键盘输入技术的另一个重大发展方向就是智能化输入技术：将欲录入的汉字转换成汉语拼音，然后逐字连贯地输入由拼音组成的序列，系统就会一一排除同音字的干扰，在屏幕上显示出要表达的汉语，实现整句输入。智能化输入技术的“智能”还体现在，系统会自动存储用户的更正信息，并且会每次自动记忆用户输入的词频和字频，使原来由人记忆的大部分内容都让计算机来承担，具有了学习、记忆和判断的功能，这就大大提高了文字输入的速度。目前，清华紫光、微软拼音、搜狗和 QQ 输入法等智能输入法软件使用广泛，倍受用户的青睐。

输入法产业本是 IT 行业很小的一部分，但目前基于手机输入法所带来的手机应用的创新正在变成一块巨大的蛋糕，被众人觊觎，这块蛋糕的产业价值于 2012 年底已经达到 8000 亿元。截至 2013 年 3 月底，中国共有 11.46 亿移动通信服务用户，比 2012 年同期增长 12.46%，其中智能手机终端产品在 2012 年总出货量为 2.24 亿部，中国也是全球最大的智能手机产地。但 80% 以上手机植入的汉字输入法知识产权却属于外国公司，中国企业每年需为此支付 6 亿至 7 亿元专利费，这在产业界被称为“洋码奔腾”。在过去的十年里，业界的一些企业一直在进行着夺回手机汉字输入法“主权”的努力，坚持自主创新，并取得了一定的成果，如广东国笔科技有限公司的国笔智能输入法、南宁活码软件有限公司的活码输入法等。

随着 3G 时代到来，输入法大战从 PC 蔓延到了手机。网络巨头搜狐、Google、QQ 都在手机输入法中夺得先机，互联网企业越来越清晰地看到了输入法特别是手机输入法背后潜藏的巨大商业利益。

搜狗输入法可以说是中文输入法市场上的佼佼者。据权威咨询机构艾瑞发布的报告显示，搜狗输入法在 2009 年用户应用过的输入法和 2009 年用户最常应用的输入法排名中，分别以 79. 7% 和 53. 2% 名列第一。2009 年，搜狗手机输入法以出色的词库、词句输入、联想功能、模糊音设置获得网络横评首位，其还可在诺基亚、三星采用 Symbian S60 V2/V3 版系统的手机上使用，并可能应用到其他智能手机平台。根据艾瑞最新数据显示，截至 2012 年 12 月，搜狗输入法月度覆盖用户率更是上升至 86. 16%，其兄弟产品搜狗手机输入法月度活跃用户数破亿。

多家输入法软件开发商正在致力于将输入法与搜索引擎和浏览器相结合，建立一个基于输入法的应用平台。这样，用户无需再登陆百度、Google 等搜索网站进行搜索，直接使用输入法就可以浏览网页了。这一技术的开发势必带来巨大的经济效益和社会效益，也将为中文信息处理产业的发展注入更多的活力。

（2）汉字识别

汉字识别和汉字键盘输入一样，属于文字输入的领域，但汉字识别是一种文字自动、高效输入的方法，属于模式识别和人工智能范畴。汉字识别的类型主要分三大类：联机手写汉字识别、印刷体汉字识别和脱机手写汉字识别。前两者已比较成熟，而脱机手写识别还没有投入大规模使用。

联机手写汉字识别是最简单的一种汉字识别类型，它采用一块专用的与计算机相连的书写板，用户一边在书写板上写字，机器一边识别处理，识别以笔画为单位，然后根据一个汉字的笔画组合、笔画之间的相对位置和关系，最终识别出汉字。联机手写汉字识别软件已成为 PDA（Personal Digital Assistant，个人数字助理）和 HPC

（Handheld Personal Computer，手持电脑）的标准配置。在中国香港、台湾地区，手写板基本上是桌面电脑的标准配置；在大陆地区，手写板还处于推广阶段，装机率大概在30%左右。现在，国内市场比较有名的联机手写识别技术提供商有汉王公司、台湾蒙恬公司、清华紫光文通公司、金山公司、爱国者公司和摩托罗拉公司等。在识别字符集方面，汉王简体版已支持GBK大字符集（2万多汉字），其他厂家一般只支持GB2312—80所规定的6763个汉字以及5401个繁体一级字；在倒插笔识别方面，仍是汉王一支独秀；在识别率方面，对于工整字，汉王、紫光、蒙恬相差不大，对于自由手写字，汉王处于领先地位。

印刷体汉字识别是我国汉字识别研究的主流，包括单体印刷体汉字识别和多体印刷体汉字识别两小类，均达到了世界先进水平，在多字体识别、大字符集识别、中英文混排识别、版面恢复和中文名片识别等方面已经取得了突破。在目前国内的汉字识别软件市场上，“汉王OCR”显示出优势，它能够在不降低识别率和识别速度的情况下支持宋体、仿宋、楷体、黑体、圆体、隶书、隶变、魏碑、行楷和综艺等字体的识别。市场方面，“汉王OCR”、“清华OCR”和“丹青OCR”软件占据了扫描仪捆绑的绝大部分份额，如中晶科技（MICROTEK）、明基（acer）、方正、鸿友（Mustek）等使用“汉王OCR”，紫光使用“清华OCR”，UMAX扫描仪使用“丹青OCR”。

脱机手写识别是汉字识别中的一个难题，其难点主要在于手写汉语单字识别，有的研究者试图绕开这一难点，研究汉语词的识别，尚在探索中。脱机手写汉字识别研究的一个趋势是应用研究，如清华大学计算机系的“四库全书录入系统”，北京汉王科技有限公司的邮政地址识别系统和银行票据识别系统，北京邮电大学的银行票据识别系统等。

我国从上世纪70年代末开始进行汉字识别的研究，但汉字识别技术的普及和应用长期不尽如人意。近几年，我国的汉字识别产业有了突飞猛进的发展，一方面与我国推进信息产业发展的政策密切相关，另一方面得益于产业界和科技界对汉字识别技术的积极带动。在推动我国汉字识别产业发展的企业中，值得一提的是北京汉王科技有限公司。

汉王公司成立于1998年，源于中国科学院自动化所文字识别工程中心。经过前赴后继十多年的持续攻关，汉王公司已经在智能识别的OCR、手写识别、语音识别三项核心技术上积累了足够的优势，为相应产品和技术应用的开拓奠定了坚实的基础，这正是汉王公司开拓非键盘输入产业的核心能力所在。

OCR技术是目前文字识别技术的核心，是国际上应用于文字识别最普遍的一种技术。所谓OCR技术（Optical Character Recognition，光学字符识别），是指电子设备（例如扫描仪或数码相机）检查纸上打印的字符，通过检测暗、亮的模式确定其形状，然后用字符识别方法将形状转换成计算机文字的过程，即对文本资料进行扫描，然后对图像文件进行分析处理，获取文字及版面信息的过程。汉王OCR技术对于印刷体汉字的识别率最高已达到99%以上，建立在此技术基础上的票据识别系统、表格识别系统等已经获得了应用。汉王的手写识别在硬件上已经实现了无线无源技术，达到了国际一流水平；在软件上，手写识别摆脱了对笔顺的依赖，并且实现了从汉字工整字识别、连笔字识别到行草字识别的跨越，可以识别GBK字符集中的所有汉字。①

汉王公司早先几年推出的汉王笔系列及汉王OCR系列产品，占有国内70%以上的零售市场。据悉，手写汉字识别技术带动的GDP超过100个亿，产生了显著的经济效益和社会效益。2008年，汉王公司的净利润是3011万元，2009年达到了8528万元，仅一年时间，汉王公司的净利润就上涨了5500多万元。2009年电纸书销售占汉王全年销售总量的60%左右，这一年，汉王共卖出了26.6万部电纸书。但到了2011年，由于汉王电纸书销量难以提升、库存压力加大、平板电脑企业前后围堵等问题，使得汉王公司面临很大的考验，也对其技术升级、产品创新提出了新的要求。

科大讯飞的手写识别技术让计算机能够“认识”用户在设备上书写的文字信息，将有序的笔迹轨迹转换为用户所书写的字符。这一技术在嵌入式设备、移动终端及教育产品上为用户提供了一种较传统输入更为便利易用的交互方式，让不熟悉或不方便键盘操作的用户也能轻松使用各类电子设备，具有很高的人性化设计水平。

---

① 《汉王科技：专注成就精彩》，《中国电脑教育报》2004年3月29日。

该技术集成进入讯飞输入法，于2010年10月在业界率先发布，引领了移动终端上各输入法将手写识别作为标配输入方式之一的潮流；2012年，科大讯飞云手写识别功能正式上线，进一步提升了手写输入的可用性和随意性，提供了多行行写、单行行写、叠写、中英文数字等混合输入方式，无需输入模式选定，进一步提升了广大用户的手写输入体验。

科大讯飞的手写识别引擎结合各类应用已经大规模地使用在多种嵌入式设备、移动终端设备及教育产品中。结合重叠书写、多行书写等功能的自由书写已经在讯飞输入法、畅言交互式多媒体教学系统等产品中应用并得到了用户的广泛好评。

在行业信息化不断发展的今天，电子政务的手写签名系统，公安、教育、金融等各行各业的各种票据和证件的识别输入系统等，无不拥有极其广阔的应用前景和市场前景，越来越多的人开始用上了PDA、手机、名片通、手写板、语音录入等产品。

（3）字形技术

爱美之心，人皆有之。有一些场合，比如广告、杂志或产品包装，我们需要让所使用的汉字不仅能够表情达意，而且要在视觉上看起来美观，这就要用到字形技术了。所谓字形技术，顾名思义，就是为文字设计形体和样式的技术。上世纪九十年代以来，我国的字形技术有了很大的发展。汉字字形技术主要包括字形数据的产生和压缩以及字形的还原技术。

汉字字形库，依据其描述技术的不同，可分为点阵字库、矢量字库和曲线轮廓字库。点阵法是最早使用的一种描述字形的方法，它利用位于一定栅格内的点来表示字形。我国从上世纪八十年代初开始研制点阵字库，并相继颁布了多种点阵字库的字模集和数据集国家标准。点阵字库的缺点是数据存储量大且字形不易放大和变化，字形放大后有明显的锯齿感或折线感。矢量法用直线描述字形轮廓。一般说来，矢量字库已能满足高质量输出的要求且具有存储量小的优点。到1993年，矢量字库已较多地用于高档汉卡和激光打印机，并有了相应的国家标准。但当字形放大倍数很大时，矢量法所产生的字形仍会显出折线感。曲线轮廓法是一种最新的字形描述技术。这种技术将字形看作一种图形，采用特定的数学曲线描述字形。目前具代表性的曲线轮廓技术有两种，一种是美国Adobe公司的Postscript 字形技术，另一种是 Apple 公司的 TrueType 技术。TrueType 描述字形用的是二次 Bezier 曲线，而 Postscript 用的是三次 Bezier 曲线，一般认为三次曲线描述的字形质量更高，其复杂性也更高。

自上世纪八十年代以来，在中国大陆和香港、台湾地区逐渐涌现出一批电脑字体开发商，中国的字体设计开始驶入市场化轨道。方正、华文、汉仪、台湾华康和文鼎等十几家开发商迄今已有 20 年的发展历史，字体开发规模都在百种以上。其中方正字体以其雄厚的资金实力、技术能力和系统捆绑销售的优势占领了报刊出版业市场；汉仪字体则大举进军广告市场；台湾文鼎的产品遍及整个亚洲市场，所开发的字体已超过 250 套；台湾华康科技自创品牌“华康字型（DynaFont）”，在日本多年的实际销售统计上名列前茅，创下销售 10 万片软磁盘的记录；香港蒙纳的产品占据了一系列重要的机构，如香港特别行政区政府印务局、星岛报业、东方报业及台湾《中央日报》等。

近几年，随着信息技术尤其是嵌入式技术的发展，中文字形处理技术得到越来越广泛的应用。但目前普遍存在字库占用空间大、字形变化少等弊端，无论是电子政务、电子警务、办公自动化、印刷出版，还是向高分辨、大显示屏方向发展的手机、PDA、数字电视，都急需超大字符集的支持，都在呼唤更为丰富美观的字体和字形。同时，由于核心技术被国外公司掌握，我国字库产品的生产必须向外国公司支付专利使用费。

为了摆脱这一局面，我国科技界和产业界的有识之士一直在进行着艰苦的探索，上海汉峰科技有限公司的孙海东就是其中具有代表性的一位。经过 10 多年的攻关，孙海东和他的团队于 2004 年成功完成了 MiniType 字形技术和字库产品的研制，并通过了国家信息处理产品标准符合性检测中心检测，进入应用阶段。MiniType 字形技术是一种结构化构字技术，其字库含 27484 个汉字，分为宋体、仿宋、楷体、黑体 4 种字体，可生成各种大小尺寸的汉字及其他语言字符。与同类字库相比，其存储量只有 1/10，占用存储的空间少，且字形优美。在存储量小的手机、PDA 等嵌入、移动应用领域，这一技术可大显身手。

在中国汉字字形技术市场上，北大方正可算是字形字库产业界的龙头，其国内市场占有率达到 90% 以上，海外的中文报刊中，这个比例也达到80%，方正字库成为市场上使用最多的中文字库产品。2009年，方正字库维权案在产业界荡起极大波澜，引起了学界和企业界人士关于汉字信息处理知识产权的深度思考，大规模的盗版成为字体行业发展的最大绊脚石。

（4）激光照排技术

激光照排系统可以说是文字信息处理技术的综合应用，它融合了文字输入和输出技术以及字形技术等。我国激光照排系统的研发始于1978年。由北大王选教授等人研制的激光照排机的诞生，宣布我国印刷出版行业告别了"铅与火"的时代，进入了"光与电"的时代。它引起当代世界印刷界的惊叹，被誉为中国印刷技术的再次革命，王选教授也被誉为"当代毕昇"。

国外的电子排版系统如果从1949年美国发明手选式照排机算起，到1976年英国研制出激光照排机，用了二十多年，经历了手选式、光机式、数字化点阵式和激光照排四个阶段。王选教授在了解了当时国际照排技术发展情况后，决定跨越当时国际上正在流行的第二、三代照排系统，直接研制第四代，即激光照排系统，将字模以点阵形式存贮在计算机中，输出时用激光束在底片上直接扫描打点成字。

汉字激光照排系统解决了汉字存入和输出计算机的难题，其核心技术是汉字信息的高倍率压缩、高速还原和RIP技术。RIP技术（Raster Image Processor）后来成为汉字激光照排系统的核心。

1987年5月，《经济日报》成为世界上第一张采用计算机组版、整版输出的中文报纸。汉字激光照排系统在经济日报社的成功应用，使其名气传遍国内各大报社和出版社，与当时从国外引进的照排系统相比，有着明显的优势，从而迫使来华销售照排系统的外国厂商全部退出了中国市场。就在销量最好的时候，王选团队也在继续研发更新的技术。这些成果的产业化应用，占领了99%的国内报业市场、90%的书刊（黑白）市场及90%的海外华文报业市场，取代了沿用上百年的铅字印刷，引发了我国印刷出版业的技术革命，创造了极大的经济效益和社会效益，成为我国自主创新和用高新技术改造传统行业的典范。

2007年，方正集团发布了数字出版战略，从汉字激光照排系统向全媒体的数字复合出版技术发展，积极研发包括数字印刷、手持阅读、互联网出版等在内的数字复合出版技术，被称为方正的“第二次技术革命”。国家新闻出版总署“十一五”规划将数字复合出版系统列为重点工程，由方正集团牵头承担工程的实施。目前，方正阿帕比成为最大的中文电子书运营商和最专业的电子公文技术提供商，中国80%以上的出版社应用方正阿帕比技术平台出版发行电子书，方正阿帕比电子书已成功应用在全国80%的省级公共图书馆、76%的“211高校”图书馆和2000多所中小学，共有2900多家海内外用户应用着方正阿帕比。2013年2月28日，方正阿帕比新一代版式文档技术CEBX成为我国《数字阅读终端内容呈现格式》行业标准。

（5）信息检索

信息检索（Information Retrieval）是指信息按一定的方式组织起来，并根据信息用户的需要找出有关信息的过程和技术。我们熟悉的基于网络的搜索引擎，实际上是汉语信息检索技术应用基础研究的一部分。搜索引擎是一种能够接受用户的查询指令，通过数据库、网络向用户提供所需信息的资源系统。它收集因特网上几千万到几十亿个网页，并对网页中的每一个词（即关键词）进行索引，建立索引数据库，实现全文搜索。当用户查找某个关键词的时候，所有在页面内容中包含了该关键词的网页都将作为结果被搜索出来。

伴随搜索引擎使用数量的增加，搜索引擎产业的市场收益也与日俱增。根据iResearch推出的《2012—2013年中国搜索引擎行业年度监测报告》统计，2012年中国搜索引擎企业收入规模达281亿元，相比2011年同比增长48.5%。2013年预期增长为38.4%，将达到388亿元。预测到2016年，中国搜索引擎企业收入规模将达到754亿元。①

据艾瑞咨询最新发布的《2013年Q1中国搜索引擎市场核心数据报告》显示，截至2013年第一季度，中国搜索引擎市场规模已达

① http：//www. worlduc. com/UploadFiles/BlogFile/578/17395146/2012—2013% E5% B9% B4% E4% B8% AD% E5% 9B% BD% E6% 90% 9C% E7% B4% A2% E5% BC% 95% E6% 93% 8E% E8% A1% 8C% E4% B8% 9A% E5% B9% B4% E5% BA% A6% E7% 9B% 91% E6% B5% 8B% E6% 8A% A5% E5% 91% 8A% E7% AE% 80% E7% 89% 88. pdf

到74.1亿元。在市场份额方面，百度以80.6%的占比绝对领先，谷歌排名第二占14.4%，搜狗占比3.1%，搜搜占比1.6%，360搜索占比0.3%；在搜索请求量份额方面，百度搜索请求量份额占比82%。① 毫无疑问，百度已经成为全球最大的中文搜索平台。

百度能够占有如此大份额的市场，是与其独特的优势分不开的：

首先，百度创始人李彦宏拥有一项重要的超链接分析技术，并获得了美国专利。超链接分析技术解决了如何将基于网页质量的排序与基于相关性排序完美结合的问题，目前世界各大搜索引擎普遍采用这一技术。

其次，百度的目标市场十分明确，专注于中文搜索领域。据赛迪网调查分析，69%的网站认为“支持中（简体、繁体）英文的搜索引擎非常或比较重要”。当时有的中文搜索引擎只支持简体中文（GB码），而不支持繁体（Bigs码）或英文，而无论是拼音、简体还是繁体汉字都可以通过百度进行中文搜索。

再次，深厚的中国语言文化是百度的又一优势。百度除了员工都是地地道道的中国人外，还拥有强大的中文语料库。百度拥有全球最大的中文网页库，目前收录的中文网页已超过20亿，且每天正以成千上万的速度在增长。这一积累成为百度高速成长的助推器。

现在，百度每天处理来自138个国家超过数亿次的搜索请求，每天有超过7万名用户将百度设为首页，用户通过百度搜索引擎可以搜索到世界上最新最全的中文信息。“百度一下，你就知道”在中国风行，百度已经成为搜索的代名词。

“艾瑞分析认为，从基本面上来看，中国搜索引擎市场状况良好，具备较高的发展潜力。但当前PC端搜索引擎流量向移动端迁移的态势明显，而移动搜索流量变现能力弱于PC端，其广告主群体也有待培育，一两年内移动变现困局将持续影响搜索企业的营收，这一因素也将使搜索市场增速趋缓。”②艾瑞分析预计，2013中国搜索引擎市场将继续保持增长态势。

①② 张希：《2013年Q1中国搜索引擎市场规模74.1亿 发展态势平稳》，http://search.iresearch.cn/portal/20130509/199265.shtml

二、典型案例

（一）安徽科大讯飞信息科技股份有限公司

科大讯飞是我国唯一以语音技术为产业化方向的“国家 863 计划成果产业化基地”“国家规划布局内重点软件企业”“国家火炬计划重点高新技术企业”“国家高技术产业化示范工程”，并被原信息产业部确定为中文语音交互技术标准工作组组长单位，牵头制定中文语音技术标准。

10 年前，面对被国外语音技术厂商垄断的中文语音市场，安徽科大讯飞信息科技股份有限公司在三年内夺回了电信、证券等语音合成技术主流应用市场 80% 的份额，从而树立了民族的语音技术品牌。如今，科大讯飞已经成为全球最大的中文智能语音技术提供商，在智能语音技术领域拥有多年研究积累，在中文语音合成、语音识别、口语测评等多项技术上拥有国际领先成果，是我国众多软件企业中为数极少的掌握核心技术并拥有自主知识产权的企业之一。

2003 年、2011 年，科大讯飞两次荣获“国家科技进步奖”；2005 年、2011 年两次获得中国信息产业自主创新最高荣誉“信息产业重大技术发明奖”。2006 年至 2012 年，连续七届英文语音合成国际大赛（Blizzard Challenge）荣获第一名。2008 年至 2011 年，连续四年在国际说话人、语种识别评测大赛中名列前茅。2011 年，“国家智能语音高新技术产业化基地”“语音及语言信息处理国家工程实验室”相继落户合肥，有利于进一步汇聚产业资源，提升科大讯飞产业龙头地位。

随着移动互联网“语时代”的到来，科大讯飞率先发布了全球首个提供移动互联网智能语音交互能力的“讯飞语音云”平台，并持续升级优化。基于该平台，相继推出了“讯飞语音输入法”“讯飞语点”等示范性应用，并与广大合作伙伴携手，将各类语音应用深入到手机、汽车、家电、玩具等各个领域，引领和推动移动互联网时代大潮下输入和交互模式的变革。

目前，基于拥有自主知识产权的世界领先智能语音技术，科大讯飞已推出从大型电信级应用到小型嵌入式应用，从电信、金融等行业到企业和消费者用户，从手机到车载，从家电到玩具，能够满足不同应用环境的多种产品。科大讯飞已占有中文语音技术市场

70% 以上市场份额，开发伙伴超过 7000 家，以讯飞为核心的中文语音产业链已初具规模。

2012 年，科大讯飞实现营业总收入 78,259.32 万元，比上年同期增长 40.50%，实现利润总额 20,225.67 万元，比上年同期增长 40.71%，实现归属于上市公司股东的净利润 18,151.46 万元，比上年同期增长 36.86%。从 1999 年成立时的 18 人发展到现在的 2000 多人，科大讯飞公司经历了一个怎样的演变过程？

1. 中国语音产业的引领者

智能语音技术一直是国内外科学界和产业界的关注焦点和竞争热点，2000 年以前中文语音应用几乎全部为国外公司所垄断。上世纪 90 年代，当国外语音技术市场蓬勃发展的时候，中国语音技术市场一片冷寂。除了技术力量涣散、资金短缺等原因外，缺乏自主的核心技术是国内语音技术市场发展的最大障碍。而面对巨大的中文语音技术市场前景，国际上的一些大公司早已虎视眈眈。1997 年，IBM 推出的中文语音识别产品 ViaVoice 抢占了中国 90% 的语音识别市场，可以说，那时中文语音技术市场基本被国外 IT 巨头所垄断。英特尔、微软、摩托罗拉等公司也都瞄准了中文语音技术市场，投入了大量的人力、物力和资金，中文语音技术市场面临着国际竞争的巨大压力，如果不采取有效的措施，语音产业这块阵地极有沦陷的危险。

1999 年，面对来自国际知名公司巨大的竞争压力，凭借对语音产业广阔前景的信心，“中文语音技术应当由中国人做到全球最好，中文语音产业要掌握在中国人自己手中”的决心，以刘庆峰为首的一群大学生创业建立了科大讯飞，中国语音产业由此起飞。公司有着深厚的学术背景，总裁刘庆峰师从中国科技大学王仁华教授，1995 年开始对语音技术的研究和探索。1998 年 12 月，在有微软、IBM、英特尔、惠普、摩托罗拉等国际巨头参加的新加坡首届国际汉语口语处理研讨会上，由刘庆峰等人共同研制的科大语音合成系统被一致认为代表了当今汉语语音合成技术的最高水平，刘庆峰获得大会惟一的一个最佳论文奖。

2000 年初，科大讯飞在获得第一笔融资后，提出了“以企业为主体，以市场为导向”的产学研合作体系，公司提供统一的产业运作和转化平台，成立了国内语音技术联合实验室，迅速形成了优势互补的良好局面。公司分别与国内在中文语音技术领域积累深厚而又优势互补的三家单位即中国科技大学、中国科学院声学研究所、中国社科院语言研究所成立紧密型联合实验室，通过创新机制，使得合作伙伴专注于其擅长的研究，公司统一实施技术成果产业化，从源头上聚拢中文语音技术的产业资源。在公司成立后的短短三年时间内，科大讯飞就夺回了国内电信、证券等语音合成技术主流应用市场80%的份额。

语音信息处理技术分为语音合成技术和语音识别技术，二者相辅相成。科大讯飞从语音合成技术起步，率先在语音合成技术领域实现了产业化，但并没有止步于此，公司先后与英特尔、Nuance等国际知名语音技术开发商合作，加强与已有语音识别技术的整合，以语音合成技术作为产业化的切入点，拓展到整个中文语音信息处理技术领域。目前，公司已经取得了从语音合成到语音识别的全球领先地位。

2. 核心产品及运营状况

围绕核心技术，科大讯飞的主要产品包括语音支撑软件和语音应用软件两大类。语音支撑软件主要分为电信级语音平台和嵌入式语音软件两类。电信级语音平台面向电信、金融、政府等需要大规模并发服务和高稳定服务的行业应用领域，嵌入式语音软件面向手机、导航终端、学习机、MP3/MP4/PMP等数码终端产品应用领域。语音应用软件主要面向移动互联网领域的智能语音交互系统、电信增值业务领域的语音搜索智能互动系统、普通话水平测试计算机辅助口语评测及语言学习系统等。

（1）电信级语音平台

电信级语音平台主要指呼叫中心自动应答等应用。科大讯飞向二次开发商提供电信级中文语音合成开发平台和语音识别开发平台，通过此平台，开发商可以方便地在其应用系统和解决方案中集成中文语音合成和语音识别技术，在系统中实现稳定性、可靠性和大规模并发语音服务功能。

科大讯飞从2001年开始在中国市场率先推出电信级语音合成平台，经华为和中兴等合作伙伴大规模电信级测试后推向市场，首先在电信呼叫中心得到应用。在中文语音识别技术市场，讯飞公司从2003年底开始向电信级开发伙伴提供“合成+识别”整体解决方案。目前，中文语音识别技术已在语音电话簿、电信 114 号码百事通、移动和联通手机音乐搜索等业务中得到了成功应用。

此外，针对电话银行全新的应用需求，科大讯飞语音识别引擎在海量业务受理、实时动态信息查询、自助语音服务等诉求上，不断突破技术难点，开创了全新的替代传统人工、24 小时不间断、智能人机交互的新一代电话银行服务模式。目前，该服务模式已经在中国工商银行总行、深圳发展银行、中信银行等多个银行得到了成功的应用。

（2）嵌入式语音软件

嵌入式语音技术应用于各种嵌入式终端和移动通信设备，实现在移动状况下和小屏幕终端上获取信息，提高易用性、趣味性。

科大讯飞从 2004 年开始在中国市场率先推出嵌入式语音合成软件，首先用于车载电话领域，经过两年多的市场开拓与技术积累，嵌入式语音合成软件的效果及其应用价值得到用户和业界的广泛认可，2006 下半年开始进入高速成长期。

在手机领域，国内主流手机设计商如龙旗、德赛、希姆通、天宇、飞图等都开始与讯飞公司合作，2007 年初上市的金立语音王、夏新 E860、多普达 P800 等手机均采用了讯飞的语音合成技术。

在导航领域，获得国家批准的全部 9 家地图数据厂商均开始与讯飞公司合作，2007 年上半年上市的诺基亚 330、西门子 PN300、惠普 RX5965、E 路航 L650、PQ2、赛格车圣、纽曼等近百个品牌的导航终端设备均采用了讯飞的语音技术。

在学习机领域，市场销量排名前 6 位的诺亚舟、好记星、步步高、文曲星、快译通、快易典（根据赛诺市场研究报告，销量前 6 名的品牌占整个市场 90% 的份额）都开始与讯飞公司合作，2007 年初上市的诺亚舟搜学王、步步高外语通 9600、文曲星 2000A、快易典 V600 等产品均成功应用了讯飞的嵌入式语音技术。

根据赛迪顾问研究报告，科大讯飞嵌入式中文语音合成软件在学习机和国产手机中的市场份额超过 80%，在导航产品中的市场份额超过 70%。

（3）移动互联网产品

目前，科大讯飞面向移动互联网领域的产品主要包括讯飞语音云平台、讯飞语音输入法、讯飞语点等示范性应用产品，以及与各合作伙伴携手开发的语音创新产品，如智能语音家电、车载导航及玩具等。

讯飞语音云是基于“云计算”技术，将业界领先的智能语音技术向互联网开发者开放，为各类移动互联网创业者和创新性企业提供低门槛的语音合成及语音识别服务，合作伙伴可以像使用水、电那样“即开即有、按需取用”，在很短时间内构建出支持自然语音交互功能的特色移动互联网应用。

讯飞语音输入法是基于“云计算”方式实现的智能语音输入法，通过无线数据网连接后台服务，可以实现语音听写方式的文字输入，使原来繁琐手机操作变得简单高效，是网友用户评价最高的手机输入法产品。

讯飞语点也是一款“云计算”智能语音手机软件，让你的手机“能听会说”，具备语音拨号、发短信、打开软件、上网搜索、查天气、看股票、找餐厅、订机票，以及听音乐、读短信、播新闻和智能语音对话等功能，被广大网友评价为“目前最好用的中文语音助理”。

此外，科大讯飞还推出了灵犀、讯飞口讯、开心熊宝等各类不同的语音创新应用产品，并携手各类合作伙伴推动语音技术深入千家万户。截至目前，公司与长虹、TCL、海尔、海信、康佳、创维、联想等各大电视机厂商进行深度合作，与小米、联想、华为、中兴、OPPO、步步高、康佳等各大手机厂商进行深度合作，与上汽、奥迪、标致、雪铁龙、广汽、江淮、奇瑞等汽车厂商进行深度合作。

（4）语音搜索电信增值服务

语音搜索电信增值服务是指通过语音技术为手机和固话用户提供以语音命令查找信息的业务。目前，科大讯飞的语音搜索电信增值业务主要是实用信息搜索和彩铃/炫铃搜索。

实用信息的语音搜索是基于讯飞智能语音技术，提供交通、旅游、餐饮、购物等特定领域信息搜索服务的解决方案。手机用户可拨打专用号码访问语音搜索系统，通过人机语音对话实现随时随地快速搜索所需的各类信息。语音搜索突破了传统的互联网搜索模式，作为一项电信增值业务，关注衣食住行等实用信息，具有庞大的受众群，一定会在多元化发展的增值业务中脱颖而出。

彩铃/炫铃搜索是基于讯飞智能语音技术，用户可随时随地通过电话或手机说出歌手和歌曲名称即可查找、更换、下载彩铃/炫铃的服务，相比传统电话按键和上网操作等方式，具有显著的即时性和便捷性优势。声动彩铃系统有效地克服了传统IVR系统用户交互界面生硬、无法快速检索铃音的缺点，更好地满足了彩铃用户个性化和及时性消费需求。

科大讯飞于2004年在业界率先推出彩铃/炫铃语音搜索业务，并在安徽联通试点成功。到2005年底，讯飞声动炫铃产品实现了在全国电信增值领域的90%以上市场份额。声动炫铃/声动彩铃业务是智能语音技术在电信增值领域的首次大规模成功应用。彩铃/炫铃语音搜索业务的主要合作运营商为中国联通、中国移动和中国电信。目前，讯飞语音搜索电信增值业务推广至移动、电信、联通三大运营商50多个省级运营点，已经发展成为公司利润的重要来源。

（5）普通话水平测试系统

普通话水平测试系统的主要功能是以计算机自动评测辅助人工完成普通话水平测试（PSC），系统的用户是参加普通话水平测试的考生。

国家要求大力推广普通话，全国人大、地方人大和各级政府制定了相关法律、法规和规章，推进国家普通话水平等级考试和普通话学习的开展。国家语委发布的《中国语言生活状况报告（2012）》显示，2011年全国参加普通话水平测试409万人次，今后若干年将保持持续增长。

科大讯飞的普通话口语评测技术是目前唯一获得国家语委鉴定并在国家语委指导下成功试点应用的技术。2006年12月，国家语委同意在上海市和安徽省应用讯飞公司的普通话口语评测技术进行普通话水平计算机辅助测试试点。2007年5月，国家语委在福州召开的全国普通话水平测试中心主任工作会议上专门通报了安徽、上海的试点情况，对试点效果给予了充分肯定。随后又有一批省市陆续获国家语委批准开始进行计算机辅助测试试点。国家语委2010年正式发文要求全国各省市自2012年起全面实施普通话水平计算机辅助测试。

计算机辅助普通话水平测试采用的运营模式是先把测试软件安装至各地语委的测试机构，每测一个考生，从测试费中按一定比例获取技术服务费；模拟测试则是通过网上收费或销售学习卡的方式，向考生按次收费。

目前市场上还没有同类产品可在普通话水平等级考试中形成竞争，因此科大讯飞在市场中独家垄断。这一产品具有清晰、稳定的持续收入来源。截至目前，全国已有 29 个省市开展了计算机辅助测试工作，累计测试超过 800 万人次。

（6）课堂教学

畅言系列教育产品是科人讯飞在“科技服务教育”理念下，融合科大讯飞全球领先的语音合成、自动口语评测等智能语音关键核心技术，面向中小学课堂教学、中小学生自主学习开发的系列智能化语言教学产品，包括畅言智能语音教具系统、畅言交互式多媒体教学系统等多款系列产品，是语音技术在教育领域的拓展应用，尤其可用于中西部地区、农村地区、边远地区等师资力量薄弱的中小学校，通过计算机来辅助进行普通话教学和语言教学，从而共享优质教学资源。

畅言智能语音教具系统是基于科大讯飞业界领先的智能口语评测技术，针对中小学英语、语文课堂教学需求而开发的新型教学产品，可实现课堂教学内容标准带读、任意中英文文章语音合成朗读、中英文口语发音评测及反馈指导、课堂有声辅助教具制作等功能，为教师提供了一套标准、规范的课堂语言教学工具，具有操作简单、使用方便等特点。本产品能减轻教师的工作负担，营造标准的课堂语言教学环境，增加师生的课堂互动，提高学生的学习兴趣，从而有效提升中小学英语、语文的教学质量，并在一定程度上改善城乡教育资源的不均衡现状。

畅言交互式多媒体教学系统是面向全学科的交互式多媒体教学系统，融合了科大讯飞国际领先的智能语音技术，实现了教学资源的高效组织与智能搜索，具有课堂教学内容的标准带读、基于口语评测的互动教学、同步教学资源的快速调用、交互式课件的制作与共享等四大特色功能。

截至目前，科大讯飞语音教学产品已经在全国 29 个省、直辖市、自治区及新加坡等海外市场广泛应用，惠及中小学师生超过 5000 万人。

3. 造就“顶天立地”的语音巨人

（1）明晰的投资战略依托

科大讯飞在成立之初，作为一家以技术起家的创业型企业，缺乏资金和市场推广方面的经验，在市场竞争中处于一定劣势。他们充分认识到了这一点，因此在选择战略投资时有着很明晰的目标。他们选择了上海第一大民营企业上海复星，具有优秀营销管理理念及企业文化的国内著名企业联想。依托良好的资金和股东背景，再加上自身的技术优势，科大讯飞开始了在语音产业领域的起飞之路。

在解决了资金问题后，2000 年 5 月，科大讯飞发起了中国语音创业联盟，将中科大、中科院声学所和社科院语言所这三支在语音技术方面最强的力量团结起来，通过股权融合在一起，形成优势互补，共同将技术成果转化为产业化产品，从而彻底改变了之前国内语音技术各自为战的状况。

（2）“顶天立地”的发展战略

科大讯飞在成立之初就十分重视技术的发展，公司制定了“顶天立地”的发展战略。所谓“顶天”，就是要保持核心技术国际领先，不断把技术做得更好，成为全球著名的语音和语言技术研究高地；“立地”就是要把技术应用到实际中，将研究成果大规模产业化，推动语音技术进入亿万普通百姓的家庭。

1998 年 12 月，刘庆峰携技术产品和论文在新加坡首届国际汉语口语处理研讨会上取得巨大荣誉。为了将研究成果产业化，刘庆峰和他的伙伴们在中科大及导师王仁华教授的支持下，于 1999 年成立了安徽中科大讯飞信息科技有限公司。

作为高技术企业，科大讯飞始终坚持把技术成果反映到产品上，以应用为导向创新技术研究，通过充分的市场调研确定最适合的研究方向，通过与合作伙伴的资源整合，把技术成果更好地推向应用。科大讯飞副总裁吴晓如说：“我们一直希望能通过自己的努力摸索出一条产、学、研形成互动的模式，从现在来看，这一模式运转得是很不错的，讯飞和合作伙伴一直以来都有很好的相互配合的关系。”目前，这种与各高校、研究机构的合作模式已经深入拓展至新疆大学、内蒙古大学、云南大学、兰州大学等，加速了科大讯飞核心技术研究与产业化进程。

科大讯飞在语音技术核心研究和产业化方面的突出成绩引起了社会各界的广泛关注，习近平、李克强、张德江、俞正声、刘云山、张高丽等多位党和国家领导人亲临科大讯飞视察，对科大讯飞做出的创新工作给予了充分肯定。国家有关部委和权威机构已经基本形成科大讯飞作为“中文语音产业国家队”的共识。

可以看到，围绕这一发展战略，一个真正顶天立地的语音产业巨人正在世界的东方俏然崛起。

（3）方方面面的竞争优势

科大讯飞的发展与其方方面面的竞争优势是分不开的。讯飞公司拥有核心技术优势、市场领先优势、知识产权优势、技术标准优势、品牌领先优势、语音资源优势和人力资源优势等等。

核心技术优势：科大讯飞的核心技术主要有语音合成、语音识别、语音评测、声纹识别等技术。讯飞语音合成技术可以说是全球第一，从近几年讯飞公司在世界语音技术大赛中的表现就可看出。此外，讯飞语音合成产品占到了市场份额的70%以上，这也反映了讯飞语音合成技术的实力。讯飞语音识别技术也可谓是全球领先，现在能与讯飞公司相竞争的是全球语音巨头——美国 Nuance 公司。语音评测技术，又称计算机辅助语言学习（Computer Assisted Language Learning）技术，是通过机器自动对发音进行评分、检错并给出矫正指导的技术。声纹识别技术，又称说话人识别技术（Speaker Recognition），是通过语音信号提取代表说话人身份的相关特征，进而识别出说话人身份等方面信息的技术，它可以广泛应用于国家安全、刑侦、电话银行、智能门禁及娱乐增值等领域。此外，科大讯飞还拥有语音分析、自然语言理解、手写识别等关键技术优势。

市场领先优势：科大讯飞自成立以来，一直以智能语音技术的产业化为主要发展方向，已经推出了能满足不同应用需求的多种产品，讯飞语音技术的信息服务、车载导航以及手机等数码终端嵌入式产品遍布全国。根据赛迪顾问的数据，科大讯飞在中文语音技术市场拥有70%以上的份额，处于语音技术市场绝对领先地位，每天都有数以千万的用户通过讯飞语音技术获得他们所需的信息与服务。科大讯飞已经把握住了中文语音产业的市场先导优势。

知识产权优势：科大讯飞能在市场上拥有如此广泛而稳定的优势，是与一系列自主研发的技术成果分不开的。截至2012年底，公司已受理的专利达到186项，其中发明专利114项，包括语音合成关键算法和系统级结构等关键技术，而应用领域的产品则申请了实用新型专利和外观设计专利。可以说，公司99%的产品都拥有自主知识产权。公司总裁办安排知识产权专员与业务部门合作，进行知识产权管理，及时将具有市场前景的技术申请专利，对软件产品进行著作权登记。

技术标准优势：2003 年，原信息产业部科技司正式发文成立中文语音交互技术标准工作组，科大讯飞为组长单位，负责牵头制定中文语音交互技术标准。经过几年的发展，科大讯飞制定的语音合成、语音识别和口语评测等通用标准已被正式确立为国家标准，多个相关的应用技术标准也在制定之中。行业标准牵头制定者的地位使公司站在了中文语音产业技术发展的最前沿，并在行业竞争中占据主动性和引导性，客户对标准制定企业的信任感明显更高，有利于公司保持行业领先地位。

品牌领先优势：语音技术效果的好坏直接影响到客户的体验，高质量的语音效果直接关系到客户满意度和业务收益，各类语音应用系统的建设者和运营者都非常重视实际应用案例情况，会通过严格的招投标过程来选择最具技术实力和应用经验的语音技术提供商，对于语音技术产品的品牌倾向性非常显著。因此，语音技术的产业化应用具有很高的壁垒，科大讯飞作为中国最具技术实力的语音技术提供商和中国语音产业第一品牌，具有丰富的行业实际应用经验和成功案例，受到行业客户和开发商的充分信任，已与各行业占据市场优势地位的开发商建立了长期稳定的战略合作关系，品牌号召力与竞争优势十分明显。

语音资源优势：科大讯飞具有竞争对手短期内难以仿效和积累的语音资源优势。语音技术在各行业应用效果的提升，离不开在真实环境下积累的各种文本和语音资料，以及对数据资源的工程化标注与制作。讯飞公司利用技术先发优势与市场先机积累了业界独一无二的语音数据资源，并组建了中文语音产业界规模最大的专业语音数据制作队伍。大范围产业应用后的语音数据资源优势将不断增强技术壁垒，帮助优势企业获得更多的市场机会，这是行业潜在进入者难以在短时间内克服的障碍。

人力资源优势：语音产业是典型的智力产业，需要大量专家型的人才团队。科大讯飞集聚了一大批国内语音技术专家，承担多项国家级科研攻关项目并取得丰硕成果，已经形成了中文语音产业界规模最大的高水平研究队伍和开发队伍，先后有 10 人次获得国家科技进步奖，12 人次获得省部级科技进步奖。中国科技大学、中国科学院声学研究所、中国社科院语言研究所、清华大学等多个在语音研究领域具有丰富经验、享有盛誉的国家重点研究机构都分别与讯飞公司成立了紧密型联合实验室，从源头上聚拢了国内最专业的语音核心技术研发队伍。

4. 未来的“迅飞”之路

放眼全球，未来国与国之间的竞争，归根结底在于各国高新技术企业之间的竞争。科大讯飞将进一步深化自主创新体系，从技术、市场、产品、人才、资源等方面全方位铸造核心竞争力，把握民族语音产业发展先机，打造全国乃至全球语音产业高地，力争为中国民族语音产业发展做出重大贡献。

“让世界聆听我们的声音”，科大讯飞将始终致力于人机交互发展方向的智能语音技术，让各种机器设备能听会说，以“以人为本，创造信息时代信息获取和沟通的最佳方式”为使命，始终坚持为经济社会发展提供高技术、高附加值的社会价值，以及能够代表区域、国家参与全球高科技竞争的社会价值，努力发展成为中国乃至全球信息产业界的标杆企业，推动智能语音技术深入千家万户，造福亿万百姓生活。

（二）北大方正集团有限公司

方正是中国本土最具创新力和影响力的高科技企业之一，由北京大学于 1986 年投资创办。成立之初的北大方正致力于激光照排技术的产业化应用，而现在，方正集团的经营范围已涉及 IT、医药、钢铁、教育、金融等多个领域。

方正集团是国家首批 6 家技术创新试点企业之一，在 2012 中国企业 500 强排名第 183 位。目前，方正集团拥有六家上市公司、五大产业集团，遍布国内重要城市，并在海外市场开拓方面成绩显著。2012 年，方正集团总收入 618 亿、总资产 782 亿、净资产 324 亿。

如今，方正汉字激光照排技术已占领 90% 的海外华文报业市场，全球有 4500 多家各类图书馆、科研院所、学校、政府和企事业单位应用方正阿帕比（Apabi）电子资源及数字图书馆软件为读者提供网络阅读及信息检索服务，国内 90% 以上的出版社应用方正阿帕比（Apabi）数字出版平台出版发行电子书，700 多家报刊采用方正阿帕比（Apabi）数字出版技术出版发行电子报刊。

1. 当“铅与火”遭遇“光和电”

印刷术是我国古代四大发明之一，是我国对人类文明的一大贡献。然而作为印刷术的发明国，到二十世纪，我国在印刷技术方面却远远地落后于西方国家。随着计算机技术和光学技术的发展，二十世纪的西方国家早已采用了电子照排技术，而直到二十世纪七十年代，我国的印刷、出版技术仍停留在“以火熔铅，以铅铸字，以铅字排版，以版印刷”的局面，利用计算机进行汉字输入和输出的问题还没有得到解决。

1974 年 8 月，为了解决汉字信息处理问题，当时的四机部、一机部等五家单位联合向国务院提出报告，要求将研制汉字信息处理系统工程作为国家重点科研攻关项目。在周恩来总理亲自关怀下，很快由国家计委批准立项，定名为“748”工程，列入国家科学技术发展计划。1975 年，王选自发着手开始了对汉字精密照排技术的研究。

当时，国际上正在流行的是日本的光机式二代机和欧美的阴极射线管式三代机，而只有英国蒙纳公司在研制第四代激光照排机，但还没有最终研制成功。王选认为当时国内的工艺很难迅速做成第二、三代机技术，同时模拟存贮的方式也不可能有效解决汉字字形信息量庞大这一技术难关，他决定跨越第二、三代机阶段，直接研发基于数字存储方式的第四代激光照排系统。

王选研制的汉字激光照排系统最核心的技术就是汉字信息的高倍率压缩、高速还原和 RIP 技术。汉字的数字存贮第一项挑战是存贮量。王选发现，汉字虽然繁多，但有规律可循，每个汉字都可以细分为规则笔划和不规则笔划，而规则笔划则可以用参数精确表示，不规则的可以用轮廓表示。这样把汉字中占近一半的规则笔划列出来，压缩空间就很大。轮廓加参数的方法，使汉字字形信息以 1∶500 的比率高倍压缩。在输出端，当时的输出分辨率输出汉字会因为字号的不同造成粗细不均、文字失真，王选提出用参数附加信息来描述笔划特性，保持输出时字的大小完全不失真。另一个技术难题是激光照排机的输出速度，最初激光照排机输出速度并不比二代机快多少，王选提出将原有的一路光变为四路光在滚筒上平行扫描，这将大大加快输出速度。根据上述构思设计的激光照排控制器后来被称为栅格图像处理器，英文简称为RIP（Raster Image Processor），它后来成为汉字激光照排系统的核心。

在解决了技术难题和当时工艺水平的问题后，1979年7月，汉字激光照排系统主体工程研制成功，并输出了第一张报纸样张《汉字信息处理》。1980年9月，汉字激光照排系统排出了第一本样书《伍豪之剑》。此后，具有革命意义的北大华光、北大方正激光照排系统先后问世，使中国的印刷产业没有经历输出毛条、人工贴版的过程，直接跨越到屏幕整页组版、整页输出，开创了中国印刷、出版业“告别铅与火、迎来光与电”的第一次革命，领导了中国乃至世界华文印刷、出版业的技术潮流，王选也被誉为“当代毕昇”。激光照排技术的发明，改变了整个印刷、出版产业的发展状况，同时缔造了北大方正这家高新技术企业。

技术研发成功、通过鉴定只是一小步，而推向生产和应用才是最难的。汉字激光照排系统的产学研结合走的就是“技工贸”路线，其中顶尖的技术就是它赢得市场的最佳利器。此后，王选相继提出并领导研制了大屏幕中文报纸编排系统、彩色中文激光照排系统、远程传版技术和新闻采编流程管理系统等，带领中国印刷、出版业不断告别铅与火，告别电子分色机，告别传真机，告别纸与笔……1995年，北大计算机研究所和北大方正共同成立方正技术研究院，王选任院长，实现了产学研一体化。

2000年，在汉字激光照排技术的基础上，方正集团研发成功适应互联网时代的数字出版系统及一系列核心关键技术。方正数字出版系统能全方位满足人们在互联网环境下可读、可听、可视的需要，让人们能够随身携带一座电子图书馆，通过互联网实现电子图书的制作、出版、发行、销售和阅读，同时也保护作者、出版者、发行者的权益，能广泛服务于媒体、企业、政府、学校、出版社及普通大众。2007年，方正集团发布了数字出版战略，从汉字激光照排系统向全媒体的数字复合出版技术发展，积极研发包括数字印刷、手持阅读、互联网出版等在内的数字复合出版技术，这被称为方正的“第二次技术革命”。国家新闻出版总署“十一五”规划将数字复合出版系统列为重点工程，并由方正集团牵头承担工程的实施。

2. 维权路，漫漫其修远兮①

2005 年 8 月，被称为“中国计算机字库侵权第一案”的方正电子诉潍坊文星科技开发有限公司和北京南宸电子技术有限公司侵权案件以方正的胜诉告终，这是方正通过法律途径维护字库知识产权保护自身权益的开始。

2007 年，以侵犯字库自主知识产权为由，方正电子向美国知名的网络游戏开发和运营公司——美国暴雪提起 1 亿元的巨额索赔。这是中国加入 WTO 以来，中国公司向外国公司就知识产权侵权进行索赔标的额最大的知识产权案之一，并入围“2007 年十大知识产权”案例。

2008 年 8 月，方正电子以侵犯“倩体”著作权起诉宝洁公司。方正认为宝洁未经许可，在长达两年多的时间内持续大量地使用方正字体，严重侵犯了方正字库著作权，应立即停止使用并销毁全部带有方正倩体系列（细倩、中倩、粗倩）、方正卡通体和方正少儿体字库字体的外包装、产品标识、产品商标、产品广告宣传品并赔偿经济损失。

2010 年 5 月，北京市海淀区人民法院对北京佳萌锐普科技发展有限公司、北京时先九恒科技有限公司侵犯方正电子字体著作权案作出一审判决，判令侵权方立即停止侵权，赔偿损失 10 万元。

维权案中的胜诉并没有使方正的员工彻底高兴起来，这些维权之战只是方正字库漫漫维权路的开始。

（1）最大的中文字库产品供应商

北大方正是中国最早从事中文字库开发的专业厂商，也是最大的中文字库产品供应商，现拥有各种中、西文以及多民族文种字库数百款。作为享誉全球的方正中文电子出版系统的重要组成部分，方正字库一向以字款丰富、品质精良、适用面广、能迅速满足客户多样化需求而在专业出版、印刷领域中享有盛誉。

王选教授在发明汉字激光照排技术之初，就完成了 1：500 高倍率汉字字形信息压缩方案。此后，他又发明了汉字字形信息高速还原技术、不失真的文字变倍技术，从而为方正字形字库技术的发展

① 张伟：《汉语言文字产业陷入信息化时代维权困境》，《中国经济周刊》2009 年 8 月。

奠定了坚实的基础。1986 年，北大新科技公司成立（北大方正前身），开始利用高分辨字形压缩技术和高速复原方法进行中文字库产品的研制。如今，方正字库已拥有 160 多种、数百款字体。

目前，国内有近 90% 的报刊社、出版社、印刷厂每天使用方正字库排印大量的报纸、书籍、杂志、教材、文件、包装等，在海外的中文报刊中，这个比例也已经达到 80%。由于国内主要视频设备厂商选用方正字库，使中央电视台、北京电视台、凤凰卫视等大型电视机构每天向千家万户播出使用方正字库制作的新闻、体育和文艺节目。方正字库成为市场上使用最多的中文字库产品。

2005 年，为加强汉字字体研究和促进汉字字库开发，国家语委将“中国文字字体设计与研究中心”设在了北大方正。

（2）是垄断还是自救？

方正诉宝洁案之后，社会上争论四起。有网友评论：“方正疯了，想垄断汉字”。也有人担心，以后我们是不是都不能写字了，而必须交钱才能使用汉字。

其实一直以来，人们都不了解字库经济，认为字库是天生就有的，是从前人的书法作品中继承过来的。“字体不等于汉字，这是两个概念”。北京方正电子有限公司字模开发部部长黄学钧表示，字体是汉字的风格，就像汉字的衣服，方正的各款计算机字库都是投入巨大的人力、物力、财力开发出来的，具有软件和美术作品的著作权。

根据方正字库的授权模式，用户购买了一套正版的方正字库即拥有了字库软件的使用权，可以安装到一台计算机上使用。个人用户可用于个人非商业目的，企业用户可用于内部编辑、打印、设计小样等工作。如果企业要将方正字体应用于广告、产品包装等商业目的，必须得到方正电子专门的授权。根据用户选择的字体、使用范围和使用时间，方正电子根据现有价格体系提供相应的授权价格。

当前，字库产业面临的最大问题就是盗版问题。以方正静蕾简体字库为例，自推出到现在，10 元一套的字库，方正电子只卖出了 2000 多套，而网上的非法免费下载，据方正电子估计，应该不少于 100 万套。用百度检索“方正字库下载”和“方正字体下载”，分别有 27, 800 和 33, 800 个页面。而这 6 万多个下载链接中，没有一个是方正授权的。方正诉暴雪、宝洁字体侵权案反映了字体产业发展过程中所凸显的知识产权保护问题。知识产权保护的匮乏，使字库字体创作企业的投入产出面临巨大的挑战。某字库企业的老总在接受《中国经济周刊》记者采访时说："如果方正输了，我们就死了。"

而在国外，对于计算机字体知识产权的保护已相对成熟。英国早在1916年的一个案例中即承认了字体的著作权，现行的英国版权法也明确地将字体作为艺术作品加以保护。意大利和德国则是在工业设计的立法中对字体产权予以保护。在美国，具有新颖性的字体设计还可以寻求专利保护，其名称可以注册为商标，显示字体的技术可以申请软件专利。世界上最好、最大的中文字库在日本。据方正电子介绍，目前，大陆有421款中文字库，香港有106款，台湾有296款，三者相加，也不及日本字库总数的零头，日本有2973款字库，仅宋体就有300多款，每一款字库中，除几十个片假名、平假名外，其他几千个字都是汉字。受盗版所累，国内的字库产品不仅字体少，字体质量也差，技术也落后。

在2009年4月召开的"字体产业发展及知识产权保护研讨会"上，北京方正电子有限公司董事长兼总裁刘晓昆表示："方正诉暴雪、宝洁侵权案，相对于赔偿金额，方正更希望借此能让国人更加关注计算机字体的知识产权保护，在促进字体产业发展的同时，更保护、传承并创新我们的文字、我们的文明。"

3. 方正做人，实在做事

1991年，"方正"品牌诞生。方正的徽标（LOGO）是由两个箭头组成的：一个向上的箭头代表技术，是企业生命的源泉；一个向下的箭头代表市场，是企业的立身之本；中间的正方形，朴实无华，象征"方方正正做人，实实在在做事"的精神。

"方正"，即一方之正、一方之中、一方之主，意寓北大方正电子出版系统为世界中文电子排版技术的主体和正宗，在中文电子排版领域居于国际领先地位；"方正"，即方方正正、规规矩矩，既体现了公司依法经营、诚实经商之道，又反映了公司从领导到职工的朴实无华、诚恳待人的处世态度和严谨、求实的科学精神；"方正"，即八方之正，有包容各方优势的含义，寓巧于拙，富有沉稳感，体现了方正集团广采世界最新技术的开阔视野和吸纳天下一流人才的博大胸怀。

与方正品牌涵义相得益彰的，是方正一直以来坚守的核心价值观，即“持续创新”和“方方正正做人，实实在在做事”。

（1）持续创新

“持续创新”，就是要敢为人先、追求卓越、标新立异；提倡开放、平等的精神，尊重、鼓励并激发员工的自主性和创新活力；追求产品与服务创新、技术创新、管理创新，通过创新产生高附加值的产品与服务。

方正认为，自主创新是一国之根本，更是一个企业的生命之源。自主创新已经成为方正集团的一种战略导向，持续创新已经融为方正人的一种文化积淀。在方正的发展历程中，持续创新被赋予重要内涵：

一是使命与信念。方正是由富有历史使命感和社会责任感的北大人创办的，以国家天下为己任是北大的文化，正是这种使命感让方正人敢为天下先。更重要的是将这一使命感转化为一种信念，坚信自主持续创新这条路能走通能走成。

二是冒险与价值。创新需要勇气和胆识，因为任何创新都要冒风险，一个创新型企业一定具备的冒险精神。勇于创新，敢于实践，是方正的持续健康发展之本。

三是战略与文化。以创新为战略导向是确保持续健康发展的关键因素，企业不确立创新战略，就不可能目光远大，不可能高瞻远瞩。同时创新的文化也在营造一种氛围，更易于全体员工对创新达成共识，形成整体一致的创新行动。

方正的持续创新得益于完善的创新体系，这一体系主要由方正集团四大创新主体驱动：

其一，北京大学：北大是其他企业无法企及的资源，依托北大优势以及与北大计算机研究所、北大医学部等的合作是方正创新的最大保障。

其二，创新中心：方正内部成立了专门的创新中心，从事针对IT技术与医药医疗技术的创新研究，包括方正技术研究院、方正医药创新研究基金等。

其三，产品事业部：依产品而划分的方正集团旗下所属企业各事业部，广泛搜集、调研产品在研发、制造、使用方面的各种信息，不断在市场竞争中完善创新。

其四，创新资源：与国内外企业共同合作研发创新科技，同时借助国外企业学习先进技术拓展创新实力，包括方正—欧姆龙联合研发中心、方正—英特尔联合实验室等。

方正凭借自身的创新和技术优势，在多个领域的关键性技术研发上取得了突破性进展，以引领者的身份推动着产业发展。作为一个有社会责任感的企业公民，方正在知识产权维护方面做出了巨大的努力，以此来推动我国信息产业、文化产业、语言产业的健康发展。持续创新在推动产业发展同时，方正对社会公众生活品质的提高和对企事业单位工作品质的提升也做出了极大的贡献。

方正是诠释中国政府“创新”理念中的“企业为主体、市场为导向、产学研结合”的典范企业之一。自成立以来，方正一直秉承“创造科技与文明”的理念和宗旨，将“技术顶天”与“市场立地”相结合，走出了一条产、学、研一体化的特色道路。方正引领全球华文报刊业出版业实现了“告别铅与火，迎来光与电”的产业革命。方正核心技术产品成功进入了日文、韩文等东方文字市场和西文出版领域。方正在传媒及信息技术、电子书出版、数字广播电视等领域都开发出了一系列先进技术和产品，推动着中国信息产业、文化产业、语言产业的持续进步。

（2）方方正正做人，实实在在做事

“方方正正做人，实实在在做事”，是企业及其员工一切行为的原则与根本。方方正正做人，就是要诚信、忠诚；实实在在做事，就是要尽心尽责。总之，就是要：依法经营，诚实经商，追求多赢；言必信，行必果；正而不迂，直而不拙；自觉承担社会责任，有意识地使公司的利益与社会发展的总体利益相一致。

从技术到市场，从客户到国家，“方方正正做人，实实在在做事”的理念已经融进了方正的每一个行动中。

方正字库的维权案接二连三，然而每次，方正都会在艰难的维权路上据理力争。官司的输赢和赔偿的多少对于方正这样一个大型企业集团来说并不算什么，方正只是想通过这一次次的努力起到宣传教育作用，告诉人们保护字体知识产权的重要性。我国知识产权法律与保护的现状，与西方发达国家相比还有很大差距。方正进行的一系列维护知识产权的努力，在普及尊重知识产权理念的同时，也推动了我国知识产权法律的健全和完善。

方正始终认为企业利益与社会利益在根本上是一致的。国家

“十一五”发展规划中将数字出版技术列入科技创新的重点，方正充分运用多年来在数字出版技术研发方面的优势，承担了国家数字复合出版系统工程的总体任务。

在社会事业方面，方正集团多方面体现着自己的社会责任意识。方正为社会提供了丰富的就业机会，同时也为保障残疾人就业做出了巨大贡献；“百年大计，教育为本”，自成立至今，方正在援助教育项目方面的资金超过20亿元；汶川大地震发生后，方正向四川地震灾区捐款捐物总额近1000万元……这些事例都在传递着方正集团诚信做人、诚实做事的企业理念和方正人立得方、行得正的积极形象。方正坚持经济效益和社会效益的有机结合，努力为社会创造价值，在社会责任方面倡导多做实事。2009年，方正集团首次发布企业社会责任报告，既是对过去二十多年履行社会责任的系统总结和思考，更是方正崭新未来的开始。

第五节　语言艺术业

一、语言艺术业概述

语言是人类敞开心扉的交流形式，是人类搭架心灵桥梁的快捷方式，是人类情感交集的抒发模式，是人类释放悲喜的表达公式。如何淋漓尽致、唯美完善地运用语言，是一种学问，更是一门艺术。文字是人类用来记录语言的符号系统。广义的语言包含文字。

语言艺术是艺术的一个门类，是运用语言的手段创造审美形象的一种艺术形式。广义地说，文学、曲艺、戏剧、广播、影视、书法等都具有语言艺术的属性，但像电影、电视、戏剧、戏曲等属于综合性的艺术形式。狭义的语言艺术指纯粹的以语言为手段来创造审美形象的一系列艺术形式，比较典型的有相声、评书、二人转等说唱艺术（曲艺）、朗诵、播音主持、书法等。语言艺术具有形象创造与形象感受的想象性、叙事与抒情的兼长性、语言结构与话语情景的多样性等特征。

自语言作为人类最主要的交际工具后，语言的任务就变得不再单纯。当语言承载文化，进而形成艺术门类，具有了欣赏性和良好的受众基础，语言艺术进入人类经济活动领域，其消费需求及市场随之产生，这样也就形成了语言艺术产业。在人类艺术生产、生活中，依托语言表达的艺术形式占有很大的比例，如今，语言艺术业实际上已经成为比较成熟的业态，被包含在文化产业或文化创意产业之中，而“语言艺术产业”独立范畴在人们的观念中似乎还未普遍形成。

关于语言艺术业的演化，以相声的发展为例。“相声”一词，最早的涵义是指运用口技手段所进行的摹拟性表演，如宋代就已存在的“像生”，明代在表演技巧上已经十分成熟的“隔壁戏”，清代又称作“象声”或“像声”。

在艺术形式上，传统相声源自中国“戏谑”文学传统。东汉李尤所作《平乐观赋》中，“侏儒巨人，戏谑为偶”的描写，所传达出的是当时由一高一矮两名演员以“偶语”即对话的方式，进行诙谐调笑滑稽表演，被认为“与现代的相声相仿佛”。但作为一个具体的曲种，相声的历史并不是很长，从现在掌握的可信史料判断，其作为一个独立曲种的形成，大约是在清代道光至同治年间（1821～1874年）。

相声表演艺术形式得以最终确立，据说与北京的八角鼓“拆唱”表演名丑、清代道光年间（1821～1850年）张三禄的离群单干有关。相传张三禄为人机智诙谐，但性情刁钻好自我表现，常在“拆唱”演出八角鼓时，擅自临场抓哏使噱，使同台演员无法应对配合而丢脸伤面子。长此以往，导致同行不愿与其搭班演出，并且有意排挤他。在此情势下，他愤而“撂地”，一人以说演笑话的方式谋生，并在笑话说演中加入了“拆唱八角鼓”表演的“逗哏”技巧。他不愿称自己的表演为“八角鼓”，而是借用了当时个人行艺的口技性表演名目“相声”，由此开创了相声单口表演的先河。

张三禄之后，相声表演渐成气候，形成了三个师承系统或曰支脉，即朱绍文派、阿彦涛派、沈春和派。其中的朱绍文（1829～1904年），艺名“穷不怕”，“汉军旗人，世居（北京）地安门外毡子房。幼习二黄小花脸，曾搭‘嵩祝成’（班），因不能唱红，遂弃本业，改习架子前脸（彩扮莲花落的丑角）”。据传咸丰帝驾崩之后，勒令百日之内不许动乐演戏，朱绍文为生计所迫，同治元年（1862年）改行到天桥一带撂地说相声。他有四个艺徒：贫有本、富有根、徐有禄和范有缘。在此之前，相声演出都是一个人的单口表演，他则常常与徒弟搭档表演，开创了对口相声的先河。之后，多人表演的“群口”形式也出现了。至清末民初，相声不仅在京津地区广为流行，而且远传到东北、山东和江苏等地，成为影响较大又风格独具的曲艺品种。①

新中国成立之初，以侯宝林、刘宝瑞、罗荣寿为核心的“相声改革小组”，对传统相声进行改革，传统相声进入“新相声”时代。“新相声”的风格可以分为“赞美”与“讽刺”两种类型，格调向上，主题鲜明，与传统相声有较大差别。“赞美—讽刺”相声风格一直延续到上世纪九十年代，是中国相声发展史上的辉煌一页，代表人物包括马季、姜昆、李金斗等人。

上世纪九十年代以来，电视晚会相声盛行。以“春晚”相声为代表，相声开始脱离现场，按限定时间进行表演，在获得较大成功的同时也逐渐显露出僵化、形式主义的弊病。直到今天，相声形成多元发展局面。1999 年天津众友相声艺术团“重返茶馆”，新世纪初北京李金斗提出相声“重返剧场”，这些尝试开启了相声表演的多种形态。尤其是 2006 年郭德纲“德云社”的成功，为相声发展突破晚会形式而自我创新树立了典范。

1994 年，中国第一部情景喜剧《我爱我家》大量借鉴相声艺术元素，取得极大成功，为中国情景剧奠定了基本的艺术构架，这是相声艺术向新媒介渗透扩散的开始。2005 年，天津杨少华父子的《杨光的快乐生活》同样以相声做骨架，取得空前成功，进一步表明相声艺术与多媒介形态的融合共生将是未来相声艺术发展的第一命题。②

下面再例举三项典型的语言艺术业态。

1. 影视配音

需要配音的作品有译制片、专题片、动画片、广告、电脑游戏等。中国传媒大学播音主持艺术学院副教授、知名配音演员王明军认为配音是一项对艺术性和技术性要求均很高的工作，“这一行没有想象的那么浪漫。它是一门艺术，也是一门技术。想急于出名不适

---

① 余钊主编：《相声艺术入门》，北京广播学院出版社，1992 年 6 月第 1 版，第 11～15 页。

② 耿波：《京、津地区相声演出生态调研报告》。

合干这行。它需要从事这个行业的人心里很安静，慢慢地去接近、体会。把它当成一个爱好，觉得这个声音艺术是有魅力的。”随着大量动漫作品和国外影视作品进入中国市场，对专业配音演员的需求越来越大，但与其相对的是高端配音演员人数稀少、配音人才培养的非专业化以及专业培训机构的不足。

“配音行业不像其他行业一样有一个开放式招聘，这个圈子相对封闭，基本上是依赖于‘师带徒’，或者是朋友介绍朋友。”北京中传文化教育培训中心校长田刚说，“2008 年，配音界的几个知名人士曾组织过在圈内有一定影响力的培训班，为期 1 个月。北京有两个文化制作公司也各开过一期培训班。这个专业不是太有经济效益的。因为它人数太少，极少有人拿它当一个专业来学，这是很多培训机构不做它的原因。”

目前，配音在高等学校还没有成为一个独立的专业。同济大学电影学院在本科阶段开设了配音专业方向。现在全国有 300 所左右的学校开设了播音与主持专业，开设表演专业的院校也很多，这两个专业都有能力培养配音演员。因此，很多专业人士建议在一些艺术院校设立配音专业，培养配音专门人才。同时提高配音从业人员待遇，完善配音质量评价标准。①

配音演员出身的张涵予认为，“配音演员的待遇 15 年没有什么改变。15 年前，配电影是 300 元到 500 元左右，现在也是这样。海外大片配主角也不过 1000 元到 2000 元左右”。电影学院学生满天说，“电视剧中，配主角，一般每集 250 元，配其他角色，一集就百元报酬。配音水平很难界定，不同水平配音演员没有收入差距，导致高水平的配音演员心里不平衡，逐渐转行或者把配音当成副业”。配音演员乔榛、王建新认为非专业人士配出来的效果、质量有很大的问题，有些译制片往往一个人要兼几个人的角色，结果出现声音撞车的情况。这些粗制滥造的译制电影的出现，让观众对配音工作不信任，让新人觉得这个行业不再神圣。②

---

① 滕兴才、陈兴忠、谭伟：《国内配音行业面临困境：基本没有专业的配音队伍》，《中国文化报》2010 年 8 月 26 日。

② 《译制片名嗓后继乏人 配音行业待遇十五年如一日》，http：//ent. sina. com. cn

2. 播音与主持

播音与主持专业产生于近代，国外著名的新闻传播学院如美国哥伦比亚大学的国际传播学院，俄亥俄大学、柏克莱加州大学、范德比尔特大学、麦迪逊威斯康辛大学等设有相关专业。这些学院历史悠久、力量雄厚、重视实践、教育水平高，在课程设计上安排了很多实践性操作性课程，学生毕业后能很快适应工作岗位。国际上的电视节目制度是“主持人中心制”，所以强调主持人再回到学院深造和充实自己。当前的播音与主持专业还要为第四媒体——网络媒体培养网络栏目主持人。虽然新闻传播在国际上还没有完全成熟的被公认的理论体系，但此专业的人才培养目标则已经成熟了。

播音与主持艺术在我国是一个新兴的专业，它应时代和社会的需求而生。在国际上，美国、加拿大、英国最早设立了此专业，我国较早设立此专业的院校有中国社会科学院新闻研究所、中国人民大学和中国传媒大学。中国传媒大学（原北京广播学院）是最早培养主持人、播音员的专业院校。早期在电台、电视台播音和配音的杰出人才，如方明、葛兰、夏青、林如、沈力等，都已成为播音与主持行业知名艺术家。因为此专业是在广播、电视媒体较为普及后才应运而生的，所以历史较短。

上世纪九十年代后期，为适应广播、电视大规模发展的形势，中国传媒大学成立了播音与主持艺术学院。之前，中国传媒大学播音系专门培养播音员和主持人。中央电视台播音员罗京、杨柳、贺红梅都毕业于此，“东方时空”栏目主持人敬一丹是中国传媒大学的第一代研究生。中国人民大学、复旦大学的新闻专业毕业生，也有很多走进电台、电视台担任节目主持人。

主持人在国外是个热门职业。发达国家都在加强新闻传播和播音主持艺术方面的理论研究。就我国而言，随着电视技术的发展和电视媒体的普及，节目越来越多样化，对主持人的要求也越来越高，对这一教育领域的需求也在不断地扩展和深化。这一职业已逐渐成为就业领域的一个热点，优秀的主持人会极为抢手。面临庞大的职业需求，播音与主持专业培训显得必要且迫切。

现在国内有主持人近一万人，而真正优秀的，在观众心目中有影响力的主持人却不是很多。当前存在院校培养学生后却对后续就业关注不够的问题，在调研中，一位即将从中国传媒大学播音主持专业毕业的学生说，这个专业当年招生的时候非常红火，人满为患，就业情况就是学校安排招聘会，但大多数人都选择了不对口的工作。

3. 演讲与朗诵

演讲，又称讲演或演说，指在公众场所，通过有声语言和体态语言，鲜明、完整地发表自己对某个问题的见解和主张，阐明事理或抒发情感的一种语言交际活动。从语言传播的角度来看，演讲无疑是一种艺术性的语言传播活动，因而被认为是一门语言艺术，在艺术化的语言表达中，调动听众情绪，引起听众共鸣，从而实现自己的传播意图。①

上世纪八十年代初，在刚刚改革开放的年代里，一本杂志掀起了一股演讲热，并形成了一个固定用语“演讲与口才”，这本杂志就是《演讲与口才》。1983 年，语言学家许嘉璐在一次演讲与口才座谈会上，对该杂志的创办给予了高度评价，认为“这个杂志的作用不可低估，我们这个民族需要演讲家。演讲除鼓动人民外，对内政、外交以及各行各业都很重要。……提倡演讲，培养口才，实际上是提高我们民族的思维能力和素质。”

《演讲与口才》的创办人邵守义撰写了新时期第一部演讲学专著《实用演讲学》，之后，邵守义又主编了《演讲学教程》，将演讲学理论知识引入了大学、中学课堂。说学（演讲学、口才学、论辩学、交际学）成为各类学校中的常设课程，演讲也成为同学们热衷开展的活动。口语交际的内容还进入了中小学的语文课程标准，口语表达能力的培养成了中小学的必修课，数以万计的中小学校开展了形式各异的学生口语训练。②

朗诵，就是用清晰、响亮的声音，结合各种语言手段来完善地表达作品思想感情的一种语言艺术。朗诵有助于培养对语言词汇细致入微的体味能力，以及确立口语表述最佳形式的自我鉴别能力。

作为一种语言艺术的朗诵，具有文学性、艺术性和表演性。

文学性方面，朗诵的内容一般都是诗歌、散文、小说等文学作

---

① http://baike.baidu.com/link?url = tRVIBqo4jCb - wunr3642pDc - Rp15W03rrVW9xYIGgg_a - M - vq - 4VRn2ibsjU8S24

② http://baike.baidu.com/link?url = NwfpdZivvZqZUdAnjyikXwWKEVe_lwPQ-AyU9b135cYP7eahGX - NNfw9ZCXERRmiP_SXjpXgxzPvO7 - yGxac8ltslnk - 6oNgb_Vmc-QY62wubOWQsIw_ELcWjOLW7BqO3d

品。文学作品通过朗诵可以再现作品描写的人物形象、环境气氛和生活场景，充分发挥它的艺术魅力和教育作用。

艺术性方面，朗诵者要具备综合艺术素养，包括较好地分析欣赏各种体裁的文学作品，熟练掌握标准发音和发声技巧，善于正确地运用语调语气，同时，还配合相应的表情。

表演性方面，朗诵者要有一定的表演技能，如对语音、仪态、表情的有效控制等，此外，朗诵者还可以巧妙运用灯光、背景和音乐，来增加表演效果。①

4. 书法艺术品经营

书法艺术即文字书写艺术，是语言艺术的组成部分。随着艺术市场的繁荣，中国书法艺术正处于高度活跃时期，虽然受到先进的现代传播媒介工具的冲击，但同时也带来了新的机遇：书法的使用性减弱，却使其艺术性显得更为突出。

中国书法是中国汉字特有的一种传统艺术，集构成艺术、表现性艺术、实用性艺术以及倾向于表现主观精神的艺术于一体，是书家以线条的形态、力度、徐捷、枯润以及字体结构、章法布局等变化，表现外在形式美和内心情感的一种高雅艺术。书法艺术发展至今，书法作品也逐渐将艺术与市场融合，以书法为主要内容的各种衍生商品也越来越多。书法艺术品的经营者包括书法创作者、书法收藏者、书法爱好者、画廊、拍卖公司和经纪人等。销售渠道可以是艺术家自己出售作品或通过画廊、拍卖公司、经纪人拍卖。

随着中国经济与文化全球影响力的提升，中国书法的独特魅力逐渐被世界所认识。中国书法融可读性与艺术性于一身，成为收藏家的选择，中国书法艺术品收藏市场随之形成，如今，书法艺术经营已经占有艺术市场的一定份额。但相比中国画、油画等艺术作品的经营，书法艺术品市场还存在以下问题：

一是缺少规范的定价机制。书法作者的身份、地位等因素成为左右作品价格的一个重要方面，较大程度上影响了对作品本身艺术价值的评价。

二是缺少规范的市场营销。一些书法作品经营者存在拔高作品、

① http：//baike. baidu. com/link? url = 9pRp0i0lKIb6CHAmZXDWwkgek6Jlma8UKU-akQbw1Jjei04oKY3MeZ2RT02167jbT

过度炒作的问题，市场营销尚未实现有序化、透明化。

三是缺少合理的评价体系。根据国际惯例，策展人不能拿自己的作品或有人情关系者的作品进入自己策划的展会。然而在我国，书协常常既是策展人，又是参展者，甚至是评奖者，这样无疑会影响对书法作品艺术水平的客观评价。①

以上问题的解决，直接关系到我国书法艺术市场的未来发展。具备一定资质的中介机构的参与，经验丰富的策展人的出现，以及相关市场规则的建立等，将对解决目前书法艺术品市场存在的问题起到积极的作用。

二、典型案例

（一）“嘻哈包袱铺”和“德云社”

相声属于民间说唱艺术，其演出内容、演出场所、演出形式都是亲民的，所以在语言艺术门类中，当属最具发展潜力的语言艺术业态之一。

相声作为我国一项传统曲艺形式，起源于北京民间，在清朝咸丰、同治年间形成，主要采用口头表演方式，并广泛吸取口技、说书等技艺之长，寓庄于谐，以讽刺笑料表现真善美，以引人发笑为艺术特点，是一种扎根于民间、源于生活、有着深厚群众基础的表演艺术。

相声以“说、学、逗、唱”为基本的艺术手段。“说”是说笑话和绕口令，“学”是模仿各种叫卖声、唱腔和各种人物的语言，“逗”是抓哏逗笑，“唱”是编一些滑稽可笑的词来用各种曲调演唱。在传统相声中，台上，演员身着青布大褂、手拿纸折扇，在一个小方桌后眉飞色舞、手舞足蹈，亮出各种绝活儿；台下，观众则目不转睛地欣赏，接台词，抢“包袱”。

“相声”一词经历了“像生——像声——相声”的发展过程。早期的相声艺人有朱绍文、阿彦涛、沈春和，他们把相声作为经营型行业，建立三派，自立门户，授徒传艺，制定行规、行话，形成惯例。

---

① 尧小锋：《中国书法市场 要过几道坎》，http：//auction. artron. net/20051129/n14760. html

下面以近年来在产业化方面程度很高的两个相声艺术团体作为本节案例加以说明。

“嘻哈包袱铺”成立于2008年5月，当时成员27人，大多是专职相声演员。这个相声团体的特色是年轻、流行，成员年龄多为“80后”。这一团体于2008年年底迅速蹿红，在豆瓣网等视频网站其表演的相声视频点击率飙升。目前在北京设有广茗阁剧场、东四环剧场、安贞剧场、崇文周末相声俱乐部等表演场地。剧场票价主打亲民牌，20元、30元、50元、80元、100元不等。在话剧最低学生票价50元、演唱会音乐会票价动辄成百上千元的演艺市场大背景下，嘻哈剧场的票价着实价廉，因此吸引了京城许多百姓前来观看这个主要由“80后”组成的文艺团体的演出。

笔者在东四环剧场观看的演出于某周日开演，场内有楼上楼下两层，楼上56个座位，楼下的侧包和主场共计208个座位，当场上座率在85%以上，可见小剧场是比较火爆的。那天还有日本国家级电视台NHK作现场采访。据了解，他们多次在场内观看演出并随机采访观众。中国的传统曲艺形式吸引了外国友人前来做专题片，足见其巨大的影响力。

“德云社”全称“北京相声大会德云社”，是以弘扬民族文化、培养曲艺人才、服务社会大众为主旨的曲艺演出团体，由相声演员郭德纲先生于1996年创建。当时“北京相声大会”每周都在北京天桥乐茶园等地演出五、六场，全体演员的艺术水平和艺德受到了京、津观众的交口称赞。

上世纪九十年代中期，相声艺术走入低谷，许多相声演员去影视界淘金。当时年仅20多岁的郭德纲认识到：相声艺术要生存、要发展必须回归剧场，民间艺术离不开生存发展的土壤，演员必须走近观众才能得到水乳交融般的互动。于是，郭德纲一方面在一批“文字辈”老艺术家的支持下组织北京相声大会，一方面挖掘整理了600多段濒于失传的曲艺节目。郭德纲成名后，“德云社”迅速扩张规模，增设剧场，优化硬件，在艺术追求上继续走亲民路线，调侃身边的人和事，议论社会万象，形成了自己的特色和不可取代的核心竞争力。

天桥乐茶园剧场位于旧北京天桥广场腹地，是北京传统市井文化最为浓厚且保留完整的地方，天桥杂技剧场、万胜剧场等具有悠久历史的演艺场所至今仍在使用中，是当今人们形成老北京印象的一处主要参照地。剧场入口两旁建筑夹道自然形成一小巷子，巷口高挂“德云社”牌匾，巷子里的两边墙上张贴着德云社的演出剧照，剧场内装潢突出市井风味，剧场分上下两层，下层36套桌椅，每桌可座6人，楼上有雅座、包厢若干，舞台仿戏台而稍简，演出票价自20元至100元不等。在德云社的剧场中，可以看到“一个百年沧桑的剧场 一个苦中求乐的行业 一个破冰远航的神话 中国相声中兴之地”的招贴。①

德云社是民营文化团体的佼佼者。作为民营文化团体，想要继续发展，还需要努力提高理性管理能力和危机处理能力。

相声表演中存在一些“荤段子”现象，往往还博得观众的喝彩，这在一定程度上反映了相声编剧的创意枯竭和部分观众的低俗心态。相声的振兴应该是平民化而不趋于低俗、高雅但又不曲高和寡。无论是小剧场相声，还是语言艺术产业的其他形式，最需要的是创新。物理学中有“短板效应”一说，即一只木桶的盛水量取决于最短的板而非最长的板，剧场相声的生存同样如此，只有相声演员的整体素质得到提高，才能有相声演艺的飞跃发展。市场期待脱俗而又叫座的相声作品，人们祝愿剧场相声走向兴旺繁荣。

（二）国际书法产业博览会（中国・乌海）

文字是人类用来记录语言的符号系统。广义的语言包含文字。所以书法艺术也就包含在广义的语言艺术之中，围绕书法作品的创作、买卖而形成的书法产业自然属于语言产业的业态形式。下面例举中国・乌海国际书法产业博览会。

内蒙古乌海市是一个新型能源城市，也是一个由矿工习练书法发展到全民普及书法的书法城市。全市53万人口中，拥有中国书法家协会会员21名、内蒙古自治区书法家协会会员121名，全市各类书法社团组织26个，按人口比例均居全国之首。书法课进入乌海市各级各类学校，成为中小学生的必修课程。这一独特的文化现象引起了中国书法家协会的高度重视。经过认真考察、审核，2008年9月，乌海市被中国书法家协会正式命名为“中国书法城”。

---

① 耿波：《京、津地区相声演出生态调研报告》。

乌海市委、市政府把书法城的建设作为提升城市品位的切入点，投入大量人财物力，精心打造“中国书法城”这一文化品牌。2008年举办万人共书“太阳神”活动，被上海大世界基尼斯总部授予“规模最大的书法活动”美誉。2009年举办中国少儿书法艺术节，又创两项基尼斯纪录，被称为“最大规模的青少年书法大赛”和“最多书爱灯笼组成的爱祖国造型”。

由中国书法家协会、国际书法家联谊会、中央数字电视书画频道、内蒙古乌海市联合举办的“2010中国·乌海首届国际书法产业博览会”于2010年8月28日至30日在内蒙古乌海市隆重举行。

博览会邀请了日本、韩国、法国、匈牙利等12个国家的著名书法家以及包括香港、澳门地区在内的国内著名书法家、文化史学界的专家、学者参加，堪称国际书法盛会，也是我国首次在中国西部少数民族地区举办的国际书法盛会。100名书法家在黄河岸边书写了130米的书法长卷，创造了“最多国籍书法家现场书写长卷活动”的上海大世界基尼斯之最。

博览会举办了当代国际书法展、当代国际书法艺术高端论坛、书法艺术产业展会、书法创作艺术交流会和群众书法文化活动。

这一国际书法盛会弘扬了中华书法艺术，展示了特色文化建设成果，构建了国际交流平台，促进了文化产业的发展。

“2011中国·乌海第二届国际书法产业博览会”于2011年9月3日至5日隆重举行。乌海市被中国硬笔书法协会命名为“中国硬笔书法名城”，海勃湾区被命名为“中国硬笔书法名区”，乌海市实验小学被命名为“中国硬笔书法名校”，由2000名学生和546名教师进行的书法教学活动作为“规模最大的户外软笔书法教学课”录入上海大世界基尼斯纪录。

博览会旨在探索中国书法产业发展新途径，推动书法文化在西部地区的产业化、规模化发展，以形成有权威、有规模、可持续发展的书法文化艺术市场，打造书法产业基地，推动乌海加快转型发展，为此举办了“展、赛、会、戏”四大类十余项活动，构建书法主题文化系统工程。“展”包括2011全国书法名家作品展、全国产业职工（石油、金融、铁路、电力、煤炭五大行业）书法联展、中国书法名城书画作品全国巡展、中国书法城乌海书法作品汇报展、乌海籍书法家作品邀请展、文房四宝展等12个系列书画展；“赛”

包括2011全国乌海杯书法大赛、乌海市群众书法大赛等；“会”包括国际书法产业发展高端论坛、书法创作笔会、书画作品拍卖会等；“戏”包括开闭幕式大型文艺演出活动、中国书法城乌海音舞诗画剧《大河书风》演出等。来自全国各地和日本、韩国、马来西亚等20个国家与地区的著名书法家、学者以及500多家艺术品和观赏石展商参加了活动，各地书法爱好者、观众12万余人次参观了博览会，充分体现了产业性、国际性、传承性、创新性、群众性的五大特点。博览会还特别设立了乌海展区，乌海本地的文房四宝、工艺美术、观赏石厂家和本地知名文化产品得到了集中推介和展示。

乌海书博会的举办，形成了健康高雅、文明和谐、独具特色的文化景观，增强了乌海市文化软实力，带动了文房四宝、文博会展、书画奇石等文化产业的发展，为乌海市实现经济和城市转型创造了有利的条件。正如中国书法家协会副主席赵长青所说，“在全球经济一体化的今天，乌海连续两届举办国际书法产业博览会，目的就是通过搭建广阔的平台，把书法产业链条做大做强，走出乌海，走向世界”。

第六节　语言康复业

一、语言康复业概述

2006年，国务院批准进行第二次全国残疾人抽样调查，此次调查选点统计了全国范围内视力残疾、听力残疾、语言残疾、肢体残疾、智力残疾、精神残疾、多重残疾等残疾类型数据。首次将语言残疾单独进行调查。根据调查数据推算，全国各类残疾人的总数为8296万人，占全国总人口的6.34%，其中语言残疾127万人，占残疾人总人数的1.53%。此次调查出的只是语言残疾的数字，实际上语言障碍、听力障碍患者数要远高于这一数字。据2011年数据，我国有约2780万听力障碍者，居各类残疾人群之首。其中0～6岁听障儿童13.7万，重度以上听力障碍者占84%。由于各种原因每年新生听障儿童约2.3万名。除了数以千万计的盲人聋哑人，还有大量的口吃症患者及由于其他损伤和疾病而引起的诸如失语症、语言发育迟缓等患者，不言而喻，他们都程度不同地存在着语言障碍，对语言诊断、治疗、康复以及盲文、手语相关产业有着庞大的市场需求，呼唤语言康复业的持续、快速发展。语言治疗师将成为一个响当当的职业。

语言康复是康复医学的重要组成部分，是对各种语言障碍和交流障碍进行评定、诊断、治疗和研究的综合医学门类，集临床医学、听力学、语言学、教育学、心理学、言语病理学及电声学等多学科为一体。

作为语言康复体系的核心环节，语言治疗是一门较新但发展较快的学科，美国在这一学科领域起步最早，处于世界领先水平，约有 90 年发展史。亚洲国家中日本发展相对较早，约有 40 年发展史，韩国和中国香港约有 30 年的历史。

在中国，语言治疗像康复医学的其他分支一样，是一门新兴学科，开始于二十世纪八十年代末，国外的一些语言治疗专家到国内讲学，同时国内的一些从事医学专业的人员到国外去进修学习，将语言治疗的知识和技术引进国内。一批临床医院和医学院校、科研机构如华中科技大学同济医学院、中山大学医学院、安徽医科大学、河北省人民医院、中国康复研究中心、中国聋儿康复研究中心、江苏省康复医学培训中心等单位，陆续开展语言治疗、教学和科研工作。他们根据国外的理论，结合我国的语言特点和文化习惯研制了各种语言障碍的评价方法，并采取国外现代的治疗技术和我国传统医学的方法进行治疗。①

在 20 年的发展中，语言治疗逐步被医学界所认识，也逐步被患者所接受。通过努力，很多患者的语言障碍得到及时的康复治疗和训练并取得较好的疗效。

语言康复业在我国属于新兴行业，近些年来，其规模不断壮大，形式也更为多样。随着语言康复业的发展，已由初期只对成人失语症、构音障碍进行治疗和评价发展到现在可以对各种语言障碍进行评价、诊断、治疗和研究。目前，我国共有 60 多个国家级语言康复机构，全国各大中型医院多设有语言康复相关科室，如北京博爱医院听力语言治疗科、北京同仁医院儿科听力言语康复等。

目前我国的语言康复业，以听力语言康复尤其是聋儿语言康复

① 李胜利：《语言治疗学》，人民卫生出版社，2008 年版。

最为成熟。到 2009 年，全国已建成各级聋儿康复机构 1592 个，其中，残联自办机构占到 50%。通过开展省级聋儿康复中心达标验收，省级中心建设进一步加强，其中，一类中心 12 个，二类中心 15 个，三类中心 3 个。累计有 79, 265 名聋儿得到康复服务，99, 027 名家长接受培训。初步形成了以中国聋儿康复研究中心为技术资源中心，以省级聋儿康复中心为龙头，以市级聋儿语训部为骨干，以基层聋儿语训班（点）为基础，以社区家庭为依托的聋儿康复工作体系。

按照规定，省级聋儿康复中心是省域聋儿康复工作的技术资源中心和业务管理部门，要具备听觉康复、语言训练和社区指导三项业务功能，除本身开展聋儿听力语言训练外，要直接参与本省聋儿康复工作的组织实施，尤其在指导各级聋儿康复机构的业务建设、提高聋儿康复质量方面负有主要责任。语训部是基层聋儿康复的常设机构，主要承担本地区聋儿听力语言训练和社区家庭聋儿康复的指导工作，具备聋儿康复评估、听觉语言训练和社区家庭指导等业务功能。语训班的建设要坚持社会化工作方针，鼓励在幼儿园、福利院等机构开办聋儿语训班，使聋儿能够就地就近得到康复训练。

为完善语言康复网络，加强语言康复机构建设，我国有关业务管理部门于 2005 年制定了《基层聋儿康复机构基本设置推荐规范》和《听力语言康复教师执业资格准入管理办法》，明确听力技术及语言训练服务的相关行业标准，建立听力技术及听力语言康复教师资格认证制度。地方各级语言康复机构发挥区域技术资源中心和区域行业指导作用，提供康复技术服务，规范技术操作流程，对语言康复工作的管理、技术人员进行培训。

我国语言治疗专业人才的培养工作经历了从无到有，不断壮大的发展历程。1991 年，中国康复研究中心与首都医科大学联合办学，开始举办以语言治疗为主的全国听力语言康复培训班，至今已举办 22 期，至 2006 年已培养专业人才 1200 余人。2000 年，中国康复研究中心建立了康复医学院，在日本 JICA 项目的支援下，率先在全国开设了康复治疗学专业，结束了国内没有语言治疗专业正规大学教育的历史。中国康复研究中心的康复医学教育不断完善和提高，培养层次涵盖博士、硕士、本科、在职教育和继续医学教育。

近年来，首都医科大学、吉林大学、华东师范大学等高校陆续开始招收语言听力康复方面的研究生，但语言治疗专业人才缺口仍然巨大。国际上目前SLP（语言病理学家）的需求量标准是每10万人口中20名，美国言语听力协会（ASHA）现有会员120,000人，资格认证的言语—语言病理学家98,334人，其中1371具有言语病理学家和听力学家两种资格认证，但仍面临不足。按国际上SLP标准推算，中国大约需要语言治疗专业人才26万名，可是目前我国经过培训的能治疗因大脑和神经损伤所致的语言障碍的专业人才大约1500名，包括全国的聋儿语训教师在内，总计大约6000余名，在水平和数量上远远不能适应大量语言障碍患者的需求，与发达国家还有很大差距。

为提高语言治疗专业人才的业务水平，促进语言康复业的持续、快速发展，应扩大开办语言治疗专业本科教育和研究生教育，继续举办全国和地区性培训班，对现从事语言治疗和聋儿语训的人员开设国家认证的继续教育课程，尽快建立全国性的语言治疗协会或学会，举办全国性和国际性学术活动以加强与国内外同行的学术交流。

以语言作为手段对其他疾病进行治疗而构成的语言疗法也是广义的语言康复业的重要内容。下面以语言障碍为例对语言康复业作一局部描述。

1. 语言障碍

语言障碍是指在口语和非口语的过程中词语应用出现障碍，代表性的语言障碍如失语症和语言发育迟缓，此外还有听力障碍所致的言语障碍、构音障碍、发声障碍、口吃以及由认知功能或精神心理障碍、痴呆、口颜面失用和言语失用、孤独症、缄默症所引起的语言障碍。

在语言康复机构陆续建立后，国内研究人员根据国外的检测，结合我国的语言特点，编制出了适用于我国的语言障碍评测方法。今后还应研制适合少数民族语言障碍的评测方法，这有利于对其实施语言康复治疗以及对双语者语言机制的研究。我国的语言障碍评测方法的编制和应用促进了语言康复业的快速发展。但与发达国家相比，在数量和质量上仍有相当的差距。

（1）失语症

失语症是语言获得后的障碍，是由于大脑损伤所引起的言语功能受损或丧失，常表现为听、说、读、写、计算等方面的障碍。语言交流的基本形式为口语的理解与表达、文字的理解与表达，包括听、说、读、写四种方式。由各种原因引起的失语症可表现为自发谈话、听理解、复述、命名、阅读、书写等六种基本障碍。

失语症评定是全面系统地诊断患者是否有失语症及其程度，鉴别失语类型，了解各种影响患者交流能力的因素，评定患者残存的交流能力，制订治疗计划。国际常用的失语症评定方法有：波士顿诊断性失语症检查法（Boston Diagnostic Aphasia Examination，BDAE）、西方失语症成套测验（Western Aphasia Battery，WAB）、Token测试等；国内常用的失语症评定方法有：汉语标准失语症检查、汉语失语成套测试（Aphasia Battery of Chinese，ABC）等。

失语症治疗方法主要有：一是改善语言功能的治疗方法，包括阻断去除法、Schuell刺激法、程序介绍法、脱抑制法、功能重组、非自主性言语的自主控制；二是改善日常生活交流能力的治疗方法，包括交流效果促进法（PACE）、功能性交际治疗（FCT）、小组治疗、交流板的应用、家庭训练指导和语言环境调整。

（2）儿童语言发育迟缓

儿童语言发育迟缓是指儿童在生长发育过程中其言语发育落后于实际年龄的状况，最常见的病因是大脑功能发育不全、自闭症、脑瘫等。儿童语言发育迟缓主要表现为言语表达障碍、语言理解障碍、交流障碍和行为异常。

儿童语言发育迟缓评价旨在发现和确定患儿是否存在语言发育迟缓及其所属类型，患儿的语言发育水平与正常儿童相比处于哪一个阶段，评价的结果将作为制订语言训练计划的依据。

评价儿童语言发育迟缓，其检查项目包括听力检查、体格检查、行为观察、智力检查、儿童语言发育检查。常用的语言发育评定方法有：皮博迪图片词汇检查（Peabody Picture Vocabulary Test，PPVT）、伊利诺斯心理语言能力测试（Illinois Test of Psycholinguistic Abilities，ITPA）、语言发育迟缓检查法（sign-significance，S－S法）、汉语儿童语言发育迟缓评价法等。治疗方法有符号形式与指示内容关系的训练、手势符号训练、文字训练、交流训练、家庭环境调整等。

（3）听力障碍所致的言语障碍

听力障碍是指听觉系统中的传音、感音以及对声音的综合分析的各种神经中枢发生器质性或功能性异常所致听力减退或听觉障碍。

听力语言障碍是指由于耳聋造成不同程度的听力损失而导致言语功能障碍的一组疾病。关于听力障碍的分类，临床上有许多方法，主要分为传导性耳聋、感觉神经性耳聋、混合性耳聋、中枢性耳聋、功能性耳聋。

听力检查是对受试者的听力情况作出量化评估，是听力学中的重要检查手段。在康复医学上，正确判断受试者的听力水平直接影响治疗所采用的康复手段。常用的评定方法有：行为测听法（行为观察测听法）、条件探索听力反应检查（Conditioning Orientation Reflex，COR）、听力计检查法（电测听法）、言语测听法等。

听力障碍儿童是指婴幼儿因先天因素或后天因素所导致的听力下降，而且经治疗不能回复正常听力的个体。他们往往不能获取真实的声音水平或根本不能获取声音的概念，也不能反馈调整自己所发出的声音，语言障碍表现为发音异常、构音异常和语言发育异常。听觉训练的目的是在听力得到补偿的前提下，最大限度地开发和利用聋儿的残余听力，尽量减少听觉障碍给聋儿带来的不利影响。聋儿康复训练有听觉训练，包括声刺激训练、乐音刺激训练、辨音训练；构音训练，包括呼吸训练、舌部训练、口部训练、鼻音训练、嗓音训练、拼音训练、四声训练；言语训练，包括理解性语言的培养、表达性语言的培养；语言环境的调整，包括父母指导、家庭训练及与他人的合作。

（4）构音障碍

构音障碍是指由于构音器官先天性或后天性的结构异常，神经、肌肉功能障碍所致的发音障碍以及非结构、神经、肌肉、听力障碍所致的言语障碍，主要表现为完全不能说话、构音异常、音调音量异常和吐字不清，不包括由于失语症、儿童语言发育迟缓、听力障碍所致的发音异常。构音障碍主要分为运动性构音障碍、器质性构音障碍、功能性构音障碍。

对于构音障碍的评价是指通过对构音器官进行功能检查和器械检查，判断言语产生过程中某一言语组成部分的受损情况，以确定治疗目标，评定治疗效果。诊断方法有 Frenchay 构音障碍评定法、中康汉语构音障碍评定法。

构音障碍的治疗主要采用放松训练、呼吸训练、构音运动训练、发音训练、纠音训练、韵律训练、语调训练、交流辅助系统的应用。

（5）发声障碍

发声是指由喉头（声门、声带）发出声波，通过喉头以上的共鸣腔产生声音即嗓音，故发声障碍又称嗓音障碍，是日常生活中常见的发声异常。多数情况下，发声障碍是由于呼吸及喉头调节存在器质或功能异常引起的，常见于声带和喉的炎症、新生物以及神经的功能失调。

发声障碍主要表现为不同程度的声音嘶哑和异常的共鸣方式。根据病变的不同，发声障碍可分为功能性发声障碍、慢性喉炎、声带小结、声带息肉、声带慢性水肿、喉麻痹、痉挛性发声障碍、精神性失声。

发声障碍的训练是指通过功能训练系统纠正患者错误的发声模式以及异常的音质、音调和音量的过程。训练方法可采用基础发声功能的训练和有针对性的训练。

（6）口吃

口吃是言语的流畅性障碍。口吃表现为重复初始的单词或语音、停顿、拖音等。部分儿童可随成长自愈，没有自愈的口吃常常伴随至成年或终生。通过训练，大多数可以得到改善。

由于每个口吃者其容易引起口吃的语音不同，所以在设定检查课题时，要考虑语言学方面的要素，包括语言的种类、词类、词汇的使用频率，抽象度，音的组合，词、句的长度及语法复杂程度等。

口吃矫正法有调气还气疗法、调音发音疗法、压声提声疗法、诱导疗法、心理疗法等。

2. 语言治疗的原则和途径

（1）治疗原则

语言治疗是促进语言能力获得、改善或再获得的过程，在这一过程中，语言治疗人员给予某种刺激，使患者做出反应，强化正确的反应，纠正错误的反应，最终达到形成正确反应的目的。

基本过程：出示给患者事先准备好的刺激，比如图片、文字或实物等；若患者反应正确（正反应），告诉他回答正确（正强化）；若患者反应不正确（错误反应），则告之错误（负强化）；通过患者和治疗师的努力，患者的正反应增多，并固定下来；正反应固定下来以后，则上移一阶段的课题；反复进行，达到目标阶段时结束。

治疗原则：评估准确、个性化的原则；难易适中、循序渐进的原则；重点突出、多反面综合的原则；积极参与、形式多样的原则；注重心理、环境调整的原则。

（2）治疗途径

语言障碍患者的治疗途径，包括训练和指导、手法介入、辅助具、替代方式等。

其一，训练和指导。训练是语言治疗的中心，包括听觉的活用、促进语言的理解、口语表达、恢复或改善构音功能、提高言语清晰度等。指导包括对患者本人进行训练指导，也包括对患者家属进行训练指导，特别是对重症患者的家属和患儿的家长进行训练和注意事项的指导。

其二，手法介入。对一些言语障碍的患者可以利用传统医学的手法帮助改善与言语产生有关的运动功能受限，适用于运动性构音障碍，特别是重症患者，也适用于重度神经性吞咽障碍的患者。

其三，辅助具。为了补偿功能受限，有时需要装配辅助具，如重度运动性构音障碍腭咽肌闭合不会时，可以给患者戴上腭托，以改善鼻音化构音。

其四，替代方式。当重度言语障碍很难达到正常的交流水平时，就要考虑使用替代交流方式，如手势、交流板和言语交流器等。

3. 语言治疗的要求和注意事项

（1）治疗的要求

一是训练场所：重症患者，病情许可时，可以在床边进行训练。当可以借助轮椅活动时，可到训练室进行训练。要尽量避开视觉和听觉上的干扰，最理想的是在有隔音设施的房间内进行。成人治疗的房间不要太大，一般10平方米即可，儿童训练室则要求较宽敞的房间，以方便一些需要在地板上进行的训练项目。

二是形式：原则上以一对一训练为主，有时要进行集体训练，可请心理治疗师、作业治疗师、社会工作者一起参加，这种训练可以增强患者的自信心和兴趣。

三是治疗次数和时间：治疗时间应保证每天0.5～1小时，幼儿可以是20分钟，住院患者一日一次，门诊患者可以间隔时间长一些。为使患者更好地康复，还应对患者家属提供指导。

四是卫生管理：训练时应注意预防各种传染病。训练前后要洗手，训练物品要定期消毒，直接接触患者口腔或皮肤的检查训练物品要尽量使用一次性的。

（2）注意事项

一是反馈的重要性：反馈有两种意义，一是对自己所进行的活动有意识地客观把握，二是能认识到反应正确与否。

二是关心患者状态：患者常存在注意力、观察力失常，抑郁，过度紧张等现象，要注意与患者的说话方式和调整环境，尊重患者人格，充分理解患者，增强患者的自信心。

三是确保交流：语言是交流的工具，对于重症患者，首先要用手势、笔谈、交流板等交流工具尽量建立基本的交流。这对于患者，特别是对失语症患者有很大的意义。

四是重视患者本人的训练：一般来说训练效果与训练时间成正比，因此，要充分调动患者及其家属的积极性，自主配合训练。

五是注意观察患者的异常反应：治疗前要了解患者原发病及合并症方面的资料以及可能出现的意外情况，还要经常注意患者的身体情况。

六是心理治疗：语言治疗的目的不仅使语言功能得到改善和恢复，与此同时也要设法使患者的心理—社会状态得到适应。

二、典型案例

（一）中国康复研究中心

中国康复研究中心于1988年10月28日落成开业，是中国残疾人联合会直属的全民所有制事业单位，是集康复医疗、康复科学技术研究、康复人才培养、康复信息服务、康复工程研究以及社会服务指导于一体的综合性康复机构和技术资源中心。

研究中心以康复医学为主导，将现代康复技术与中国传统医学相结合，运用医疗、工程、教育、职业、心理、社会等手段，对残疾人进行治疗、训练和辅导，提高或恢复其功能，使他们能重返社会。中心承担着残疾人的康复、康复科学技术研究、康复人才培养以及信息与社会服务工作，是中国康复领域的技术、信息和人力资源中心。作为我国唯一一家三级甲等康复专科医院，设有门诊、急诊、临床医疗、临床康复、康复技术和医技科室40多个，下设北京博爱医院、中国残疾人联合会社会服务指导中心、康复医学研究所、康复工程研究所、康复信息研究所、博大公司。在康复医学领域，中国康复研究中心具有建院时间最早、国内规模最大、康复模式先进、康复手段齐全、康复功能完备、康复流程完善、康复专家众多、与国内外有着广泛联系等优势，发展目标是“国内最强、亚洲一流、世界知名”。

中国康复研究中心听力语言康复科是我国从事各种语言治疗、听力康复和研究最早的专业科室，率先从国外引进先进的康复技术与理论，并结合汉语的特殊性制订出语言障碍诊断和汉语语言治疗的诸多方法，如标准失语症检查法、构音障碍检查法、语言发育迟缓检查法等。现已由建科初期只对成人失语症、构音障碍进行治疗和评价发展到可以对各种听力语言障碍进行评价、治疗和研究的专业科室。科室拥有现代化的检测仪器，如各种听力计、喉发声检测仪、助听器测试装置、可视语音语调测试仪以及各种言语成套测验。失语症、儿童语言发育迟缓、听力障碍、构音障碍、口吃、脑瘫儿童的语言障碍在这里可以得到及时准确的评价和诊断，并得到最好的治疗。该中心至今已经举办了 19 期全国言语听力康复培训班和多次语言障碍研讨会，来自全国的 700 多名语言治疗师和医师得到培训。2000 年成立了言语听力国际合作中心，在这一领域与发达国家保持密切联系，开展经常性的学术交流。言语听力国际合作中心是从事各种言语听力障碍诊断和治疗的专业科室，拥有现代化的言语和听力检测仪器。可以对各种语言障碍，如成人脑出血、脑梗死、脑外伤所致的失语症、构音障碍，儿童脑损伤所致的言语障碍，听力损伤所致的言语障碍以及儿童吐字不清进行诊断、评价和治疗，已有上万名各种言语听力障碍患者得到了及时治疗和康复。目前在对自闭症所致的语言障碍进行康复治疗的基础上开展了自闭症的综合康复治疗，取得了良好的效果。

（二）中国聋儿康复研究中心

中国聋儿康复研究中心成立于 1983 年，隶属于中国残疾人联合会。1991 年国务院残疾人工作协调委员会颁发的残疾人事业发展纲要文件中，把中国聋儿康复研究中心定位为全国聋儿康复工作的技术资源中心和业务管理部门，并承担全国聋儿康复协调组办公室职能。中心面向全国开展耳聋预防、听力筛查、助听器选配、聋儿听力语言训练、专业人员培训、新设备开发、教具学具研制、咨询服务、康复技术与方法研究；收集、分析助听器质量信息，开展助听器质量状况研究，为质量技术监督部门实施助听器质量监控提供咨询和建议。

中国聋儿康复研究中心已成为医、教、研一体化的言语听力康复机构，面向全国为言语听力障碍患者服务。中心拥有一大批由老中青各类专业人员组成的医、教、研专家队伍，具有康复医学、康复听力学、康复教育、康复评定、康复研究及康复管理的业务能力。针对听障儿童生理、心理特点，积极采取各种康复措施和手段，补偿听力缺陷，重建听觉能力，发展言语功能，开发智力潜能，培养良好性格，使其开口说话，增强聋儿接受教育和独立参与社会生活的能力。同时也为全年龄段听障者提供专业服务。

中国聋儿康复研究中心与北京联合大学、北京大学、华东师范大学、吉林大学、山西医科大学、首都医科大学等高等院校合作办学，创建言语听力康复学科专业，为行业培养专业技术人才。主持制定中国残疾人听力残疾实用评估标准、中国残疾人言语残疾实用评估标准，作为全国残疾人鉴定评估标准。加强国际交流与合作，中心已正式成为听力国际—国际耳鼻咽喉科联盟—国际听力学会—国家合作中心，并承担世界卫生组织关爱发展中国家听力康复实验项目。

中国聋儿康复研究中心牵头启动言语听力康复事业标准体系建设工程，组织力量针对机构建设、人才培养、服务管理等方面系统研究，制定了15项相关标准，完善了行业管理政策。“听障儿童康复机构基本建设标准”“助听器验配机构建设标准”“听障儿童机构康复训练操作规范”“听障儿童个别化教学操作规范”“助听器验配师国家职业标准”等已成为全国聋儿康复工作规范化指导依据。通过开展机构达标验收，强化各级聋儿康复中心的规范建设、规范服务与规范管理；通过开发职业标准，开展职业资格认证提升从业队伍的专业水平；通过实施项目定点服务机构审评，建立项目质量信息收集与评价制度，加强国家重点康复项目的质量管理。

2009年4月，中国聋儿康复研究中心被世界卫生组织正式批准为听力障碍预防与康复合作中心。同年，中心与台湾雅文儿童听语文教基金会合作在京举办了为期3个月的第一期全国中文听觉口语法培训。2009年12月，中心邀请国内外言语矫治专家举办了“全国首届言语矫治技术培训班”，成为我国聋康系统有组织推广言语矫治技术的开端。中心还组织言语听力康复及民族语言专家完成了藏语、维语聋儿语训教材的编写，填补了我国民族聋儿语训教材的空白。

中国聋儿康复研究中心言语矫治中心面向所有听力和语言障碍患者，为患者提供听觉能力、语言、发音矫正、认知和行为能力等各方面的康复训练，并可根据患者需要进行语言能力、发音能力、学习能力及行为能力等各方面的评估，制定训练计划。通过长期的实践，中心总结和整理了一套针对听觉和语言障碍患者个别化训练的方法，帮助大量儿童成功康复，回归主流社会。训练采用一对一个别化指导的形式，既对患者进行康复训练，也为家长提供指导，帮助家长掌握训练方法。中心提供聋儿康复教育，以“动中学、玩中学、做中学”的方式进行言语教学、综合主题教学、亲子教学、蒙台梭利教学、感觉统合教学、双语教学、兴趣班教学等。言语矫治中心还承担着言语矫治师资培训和向各地传播康复经验及指导地方的任务，并与医疗系统合作，为言语障碍病人提供一体化全面服务，同时从事专业领域的学术研究。

第七节 语言会展业

一、语言会展业概述

党的十八大报告强调要“促进文化和科技融合，发展新型文化业态，提高文化产业规模化、集约化、专业化水平。扩大文化领域对外开放，积极吸收借鉴国外优秀文化成果”。语言产业在我国属新兴文化业态，作为语言产业诸业态之一，语言会展业无疑是一种新型文化产业形态，是推动语言产业聚合、自觉发展的有效平台。

语言会展业是语言产业与会展业的有机结合。语言产业是以语言为内容、材料，或是以语言为加工、处理对象，生产出各种语言产品或提供各种语言服务的产业形态，是一个涵盖传统产业因素和当代产业因素的新型产业集群，包括语文教育培训、语文出版、语文翻译（口译、笔译、多语会议、机器翻译等）、语音信息处理（语音识别、语音合成等）、文字信息处理（键盘输入、文字识别、字形设计、激光照排、信息检索等）、语言与书法艺术、语言创意、语言康复、语言会展、语文能力测评等业态，与服务业、软件业、文化创意产业等相关联。据《国民经济行业分类与代码》（GB/T4754—2002），会展是指为商品流通、促销、展示、经贸洽谈、民间交流、企业沟通、国际往来而举办的展览和会议等活动。会展业在一定的地域空间和时间内，有组织地将许多人与物聚集在一起，形成具有物质交换、精神交流、信息传递等功能的社会活动。会展业关联度高，涉及各产业门类，其作用表现在：第一，能产生强大的互动共赢效应。会展业不仅能带来场租费、搭建费等直接收入，而且还能拉动或间接带动数十个行业的发展，直接创造商业、餐饮、住宿、娱乐、交通、通讯、广告、旅游、印刷、房地产等相关收入，不仅能集聚人气，而且能促进各大产业的发展，对一个城市或地区经济发展和社会进步产生重大影响和催化作用。国际上会展业的产业带动系数大约为1:9，即会展收入如果是1，相关的社会收入则为9。第二，能获得优质资源。会展业汇聚巨大的信息流、技术流、商品流和人才流，意味着各行业可在产品、技术、生产、营销等诸方面获取比较优势，促进资源优化配置，增强综合竞争力。会展业发展可以不断创造出“神话”，博鳌效应就是其中的一个最典型范例，琼海市小渔村博鳌建成国际会议中心后，以其良好的生态、人文、治安环境，吸引了众多海内外会议组织者、参会者、旅游者等，现在甚至很多人只知道博鳌，却不知道琼海。第三，能提升支持力度。各产业的发展，特别是制造业要生存和提升竞争力，需要相关服务行业的协作，其中会展是一项极其重要的服务内容，会展经济能服务和增强城市面向周边地区的辐射力和影响力。所以，会展经济有着巨大的效能。第四，能增加就业机会。随着会展活动的增多，会展业不仅能提供就业机会，而且还能拉动和促进就业。第五，能成为经济发展的“风向标”。通过展示经济发展成果，会展业直接刺激贸易、旅游、宾馆、交通、运输、金融、房地产、零售等行业的市场景气，大型和专业性会展往往是产品或技术市场占有率及盈利前景的晴雨表，推动商品贸易、投资合作、服务贸易、高层论坛、文化交流等各方面的发展与进步。2011 年，全国共举办 5000 平方米以上会展 6800 余场，同比增长 9.2%；会展业的直接产值达到 3016 亿元人民币，占全国国内生产总值的 0.64%，占全国第三产业产值的 1.47%，拉动相关产业的收入 2.7 万亿元人民币。

通过上述分析，我们可以这样来初步界定语言会展业：语言会展业是指为实现语言产品、语言服务领域的物质交换、精神交流、信息传递等目的，将语言产业所涵盖的相关业态的人与物聚集在一起进行展示与交流的一种社会经济活动。

语言会展业是随着语言产业概念的确立而提出的。巴黎、柏林、伦敦等国际性大都市都会举办一年一度的国际语言文化会展（博览会），语言文化、语言产业的发达已成为世界城市的标志之一。截至 2012 年，英国伦敦作为英语中心区，其伦敦国际语言展已举办 24 届；德国柏林作为德语中心区，其柏林国际语言文化展已举办 25 届；法国巴黎作为法语中心区，其巴黎国际语言博览会已举办 30 届。另外，加拿大、美国等国也有历史悠久的语言会展。语言文化会展的举办，为世界语言文化的交流和语言产业的合作搭建了平台，促进了语言产品、语言服务的贸易发展和举办国语言文化的国际传播，提升了举办城市的国际影响力、文化软实力和语言产业对经济增长的贡献率。北京近年来会展经济繁荣发展，科博会、文博会、金博会、教博会等品牌会展获得了巨大的成功，但作为汉语文化区的中心，还没有出现类似于巴黎、柏林、伦敦的“语博会”，期待北京国际语言文化博览会能早日成功举办并成为品牌盛会。

通过对语言会展的比较分析，我们发现语言会展业有这样几个明显特征：

一是国际性。语言会展一般都是国际性质的展览，参展商均来自本地的语言机构、语言企业和其他国家的语言机构、语言企业，带有鲜明的国际性。语言会展的作用是双向的，既是一个输入的过程，又是一个输出的过程。众所周知，语言是文化与文明的突出代表，一方面观众渴望通过语言会展了解异域的文化与文明，另一方面举办国和参展商又希望通过语言会展的形式将自己国家的文化成果传播出去，因此语言会展作为一个平台，沟通了本国文化与他国文化，加强了国际文化交流。

二是内容涉及范围广。由于语言的基础性、依附性和渗透性，语言文化内涵丰富，语言产业集群庞大。相应地，语言会展业所涉及的范围也相当广泛。如巴黎国际语言博览会的内容包括：语言教育与国际交流、多媒体、翻译、出版、旅游、历史地标、文化交流、国际企业教育及就业、企业内部语言训练课程。

三是适合普通观众和专业观众共同参与。从语言会展所涉及的内容来看，均适合普通观众和专业观众共同参与。国际文化交流、翻译、出版等较为适合专业观众参与，而旅游、留学和语言教育等则更适合普通观众参与。

随着经济全球化、贸易一体化、文化多元化的世界发展格局的形成，各国在处理语言文字的主体化与多样性方面有着许多值得交流和借鉴的地方，同时中华文化的研究与传播也面临着更大的发展和提升的机遇。信息技术的不断发展促使以语言文字为载体的产业平台追求更广泛的合作空间。正是在各国语言文化、语言产业交流亟待加强的大背景下，语言会展业显示了广阔的发展前景。

语言会展业的发展前景可以从经济效益和社会效益两方面来考察。从经济效益方面来看，据欧盟网站（europa. eu）公告，欧盟委员会委托完成的《欧盟语言产业规模研究报告》显示，2008 年欧盟语言产业营业额达到 84 亿欧元（涵盖笔译口译、定位联络、字幕配音、语言工具、多语会议和语言教学等活动），未来若干年将每年至少增长 10%，语言产业因此列入若干营业额最高增长产业之一。预计到 2015 年欧盟语言产业营业额将达到 165 亿至 200 亿欧元。由此可见，语言产业拥有巨大而持久的经济增长潜力，语言会展业无疑是语言产业不断向前发展的助推剂。语言会展业能够将庞大的语言产业集群聚集起来，促进世界各国语言文化的沟通与交流，加强语言资源的合理利用与开发，推动语言产业的合作与发展。同时，会展业可以产生直接的经济效益，这也是它能得以迅速发展的重要原因。会展经济涉及交通、旅游、广告、装饰、边检、海关、通信以及餐饮、住宿、购物等诸多业态，直接或间接刺激一系列相关产业的发展，会展经济已成为带动城市和区域经济发展新的增长点。

从社会效益方面来看，语言会展业能够促进语言文化建设，尤其是能够担当起提升保护和拯救人类语言文字类非物质文化遗产意识的作用。人类非物质文化遗产又称无形遗产，是相对于有形遗产即可传承的物质遗产而言的概念，是指各民族人民世代相承的、与群众生活密切相关的各种传统文化表现形式，包括民间文学、传统音乐、传统舞蹈、传统戏剧、曲艺、传统体育游艺与杂技、传统美术、传统技艺、传统医药、民俗等。国务院于分别 2006 年、2008 年、2011 年公布了三批国家级非物质文化遗产名录（含国家级非物质文化遗产名录扩展项目），共计1530项，其中已有36项入选世界非物质文化遗产名录。这中间近半数属于以语言文字为载体的非物质文化遗产，如书法、篆刻、民间故事、传说、笑话、童谣、谜语、相声、评书、快板、二人转、京剧等语言艺术形式。通过设立语言会展、建立语言文化博物馆，可以有效地搜集、整理、保护民族语言文化遗产，弘扬传统语言文化。

二、典型案例

（一）巴黎国际语言博览会（EXPOLANGUES）

巴黎国际语言博览会被誉为全世界语言文化领域的盛会，始于1980年，每年一届，为期四天，博览会地点为凡尔赛门展览中心，博览会内容为：语言教育与国际交流、多媒体、翻译、出版、旅游、历史地标、文化交流、国际企业教育及就业、企业内部语言课程培训。

第29届巴黎国际语言博览会于2011年2月2日至5日举行。来自世界各地的200家教育机构、出版商、语言培训及翻译机构在现场搭起展台，吸引了众多教育领域的专业人士和学生到场参观、咨询。在展厅中心，阿拉伯国家搭起一座颇具阿拉伯风情的房屋，里面陈列着大量阿拉伯历史典籍和语言教学图书，现场还有一位阿拉伯书法家做讲解及演示，并用阿拉伯文写下参观者的名字，让人兴味盎然。中国国家汉办第六次组团参加巴黎国际语言博览会，除带去大量汉语教材、文化读物和音像制品外，还精心策划了多场汉语推广活动，如写春联、贴福字、灯笼制作、窗花剪裁、春节传统食物品尝等，让参观者亲身体验中国农历新年，感受中国文化魅力。

第30届巴黎国际语言博览会于2012年2月1日至4日举行，展会主题是“法语——对全世界开放的语言”，共吸引参观者2.4万人次。中国国家汉办率团参展，五洲传播出版社、长城汉语中心、中央广播电视大学音像出版社、香港三联书店等知名出版社展出逾百种面向多语种的汉语教材、教辅书籍和文化读物。中国展台成为中法互办语言年的亮点之一。展会期间，国家汉办还分别为中国汉语教师志愿者及法国本土汉语教师举行了座谈会，围绕汉语教学近况、教材编写与研发及发行推广等议题广泛征求一线汉语教学工作者的高见。组织全法15家孔子学院举办多场妙趣横生的中国文化主题演讲、汉语示范体验课及教材推介会，及包括武术、书法、茶艺等在内的中华文化展示活动，向法国公众全面推介汉语和中国文化。

第31届巴黎国际语言博览会于2013年2月6日至9日举行，展会主题为“网络为语言服务”。来自包括中国在内的30个国家的180余家教育机构、出版商、语言培训学校及翻译机构参展。本届展会通过一系列交流和互动活动，如推介会、讲座、报告、电视节目和文艺表演等，强调数字技术在当下的语言学习中发挥的重要作用。中国国家汉办携1000多册汉语精品教材、工具书和文学读物参展，并组织策划多场汉语推广活动，如专家专题报告会、示范体验课和现场文化展示等。

（二）柏林国际语言文化展（International Fair for Languages and Cultures）

柏林国际语言文化展自1988年开始，每年一届，为期三天，展会地点为柏林俄罗斯科学与文化之家，是德语地区唯一的国际性语言文化展会，每年都会吸引来自30多个国家和地区的200余家参展商和超过15,000名观展者。展会内容集中在语言教育方面。

第23届柏林国际语言文化展于2010年11月19日至21日举行。汉语是本届展会的“主宾语言”，成为展会的亮点。开幕式上优美的扇子舞、精彩的武术表演……使中国展台前人头攒动，热闹非凡。除了富有文化特色的表演外，展台内精美的汉语读物、生动的汉语学习软件等各种展品也吸引了大批参观者。中国国家汉办和孔子学院总部联合全德12所孔子学院（课堂），设立了120多平方米的展台，向参观者和汉语爱好者提供全方位咨询服务和有关汉语的学习资料，展品包括上百种汉语读物、音像制品和多媒体课件等，在展出的新开发汉语教材和中国文化读物中，30多种有德语注释。在书架前翻阅汉语教材的瓦滕贝格女士10年前因痴迷太极拳而选择汉学作为大学专业，为继续学习汉语，她特地来此寻找新的学习资料。

第24届柏林国际语言文化展于2011年10月28日至30日举行。本届展会内容有：语言课程、出国留学、学生交流、互惠生计划、国外教育、跨文化培训、外国语言文学、有声读物、语言学习书籍、字典词典、语言学习软件、翻译、旅游、文化等。来自30多个国家和地区的200余家参展商提供语言学习机会和创新的语言学习方法。

展会举办了许多演讲和研讨会，广泛交流了各国的语言和文化，促进了相互间的合作。

第25届柏林国际语言文化展于2012年10月26日至28日举行。来自世界25个国家的128家展商参展，涉及语言50种。三天展期内，共吸引13,247名参观者到场。展会期间，举行了80多场免费语言类讲座，反响良好。很多小语种课程尤其引人注目，广受欢迎。参观者可以互动学习汉语、芬兰语、阿拉伯语和手语等。

（三）伦敦国际语言展（The Language Show）

伦敦国际语言展是英国面向语言学习者、兴趣者及语言教师和语言学家的最大展会，也是欧洲乃至世界重要的语言文化盛会，旨在为热衷语言的人群提供学习和教授语言的全方位帮助及资源，在世界语言文化传播领域有着重要的影响。每年一届，为期三天。每年有来自世界各国的150家以上的参展商与会，以生动有趣的方式推广不同的语言，推介教材并展示文化的多样性，展会期间还举办100场以上的示范课和专题报告会。

第22届伦敦国际语言展于2010年10月15日至17日举行。中国国家汉办/孔子学院总部以全场最大展台亮相，吸引众多观众，成为全场焦点。国家汉办除了为公众提供各种汉语教学信息咨询服务外，还展出数百种汉语教材、文化读物，同时举办了以“中国体验”、“智慧的语言”为主题的专题报告会。现场更有来自伦敦大学孔子学院、伦敦商务孔子学院、伦敦中医孔子学院、曼彻斯特大学孔子学院等全英十二所孔子学院的院长亲自示范授课，并携英国“洋弟子”表演书法、绘画、太极等才艺。本届展会吸引了包括英国文化委员会、英国国家语言中心、歌德学院、BBC英文学习、剑桥大学出版社、牛津大学出版社等185家参展单位。展会除提供语言学习方面的资料外，还准备了大量的免费讲座和适合不同水平学习者的近20种语言的试听课，参加人数达万余人。

第23届伦敦国际语言展于2011年10月21日至23日举行。来自世界各地的160余家参展方聚集一堂，以不同形式展现“语言的魅力”。中国国家汉办/孔子学院总部以全场最大展台参展，其丰富的汉语学习教材、生动精彩的中华文化表演、汉语示范课等赢得参观者的关注和好评，再掀汉语学习热潮。这是国家汉办第四次参加伦敦国际语言展，展出了数百种精品汉语教材和文化读物，吸引了众多语言爱好者和汉语教学从业人员，现场反响热烈。同时，全英多个孔子学院还给语言展带来了众多优秀的特色文化节目，包括武术、舞蹈、传统乐器、剪纸、茶艺表演等，赢得观众的赞许。此外，来自英国各地孔子学院的多位优秀汉语教师奉上了形式活泼的示范课以及关于“中国文化的过去与现在”主题演讲，受到与会者欢迎。这些活动不仅展示了中国文化，更激起与会者对于汉语学习的浓厚兴趣。展会的最后一天，中国的武术表演在展会中心舞台压轴出场，为与会者上演了一道真正的“中国功夫盛宴”。在英国，汉语学习和交流已经成为当前中英关系中最热门、最活跃的领域。国家汉办/孔子学院驻英国代表处负责人陈同度表示，汉办展台能在伦敦国际语言展上深受关注，是在中国经济快速发展和影响力日益提高的背景下，汉语文化和汉语学习日益升温的缩影，也将进一步提升孔子学院、孔子课堂在英国的知名度，并掀起汉语学习热潮。

第24届伦敦国际语言展于2012年10月19日至21日举行。来自世界各地的160多家展商参展，展示并推广超过50余种语言。包括英国文化委员会、歌德学院、塞万提斯学院、AQA、BBC英文学习、TDA（英国教师培训及发展委员会）等在内的多家语言机构、出版机构、考试机构及官方机构一齐亮相，为语言文化方面的合作和交流提供更加宽广有效的平台。汉语读物和文化表演深受关注。国家汉办/孔子学院总部以全场最大展台参展，展出的数百种精品汉语教材和文化读物，吸引了众多来自各地的汉语教职人员和语言爱好者，现场反响热烈，图书销售再创新高。英国各地孔子学院的多位汉语教师演示了六堂内容丰富、形式多样的示范语言课程，报名踊跃，课堂内座无虚席，教师和听众热情互动。

第八节　语言创意业

一、广告语言创意业概述

与语言培训、语言翻译、语言文字信息处理、语言康复等行业不尽相同，语言创意并非局限于某一具体行业，而是作为一种元素、一种方式存在于某些行业当中，如广告业及新兴的命名业等。

语言创意业的基本特征是以语言文字作为产品设计、表达的主要符号，以创意作为实现产品差异化的重要手段，使得产品在众多竞争者中脱颖而出，获得目标受众的青睐。

这里以广告业为例对语言创意业的起源、发展、现状及趋势进行分析。

选择广告业的原因在于，广告无处不在，是当今人们日常生活中接受频次最高的一个语言创意来源。在高速运转的城市中，一个人的一天几乎被各种各类广告所包围着：早晨，你出了家门走到公寓电梯前，或许会赫然发现电梯门上一瓶硕大的“康师傅”绿茶，原来是新换了电梯广告；走进电梯，三面箱壁上都悬挂着镜框广告，或许有郊区草莓基地的，有瘦身网站的，有楼盘的。

如果需要乘坐公共交通工具，在公交车站你可能会看到“‘春天里’汪峰四月演唱会”的户外广告；等车时，一辆辆被涂绘上食品、服装等各类产品广告的公交车五颜六色地驶过；直到你登上其中的一辆，或许会发现车窗两侧、座位背面都贴上了某大型超市、商城打折酬宾的广告，车载移动电视也在播放广告，可能是肯德基六元早餐、“早餐喝一瓶，营养一上午”的某饮料广告等等。下了公交车，换乘地铁，站台上、车厢里、拉环上以及隧道两侧，目光所及之处，除了广告，很难再看到其他，你的大脑被灌输进“爱网络，爱自由，爱晚起，爱夜间大排档，爱赛车，也爱 29 块的 T－SHIRT，我不是什么旗手，不是谁的代言，我是韩寒，我只代表我自己。我和你一样，我是凡客”的“凡客体”广告以及其他或开门见山、或故作含蓄的“营销企图”。如果你自驾车，会发现地下停车场的通道两侧也已经被广告占据，广告商连你不会太长的泊车时间也不愿放弃。

到达办公地点后，同样，电梯间、餐厅里，甚至洗手间里，无一例外地都是广告的身影。打开电脑，网页上弹出的又是广告。忙碌一天，回到家里，打开电视，还是广告。

在从早晨睁开眼到深夜进入梦乡的一天当中，你几乎是在广告的包围中度过的，有许多广告语已经进入你的潜意识，你会在不经意中熟练地蹦出几句来——“神州行，我看行”，“人类失去联想，世界将会怎样”，“怕上火，喝王老吉”……

从单纯的文字广告到在平面广告中加入图片，再到广播广告、电视广告，以及具有交互特征的网络广告等，虽然传播技术、理念不断进步，表达方式不断多元化，但不可否认的一点是，高度提炼出的、浓缩产品特征的广告语是每一条广告所不可缺少的重要元素，如耐克的“just do it”、polo 汽车的“polo，small but tough”、飞利浦电子的“Let’s make things better”，言简意赅、便于记忆，耐人寻味、传达理念。这些成功的广告语令人耳熟能详，而且帮助产品成功地塑造出差异化的气质风格。这就是广告语的功能与魅力所在。

（一）广告起源

广告是由已经确定的出资人通过各种媒介进行的有关产品（商品、服务、观点）的信息传播活动，这种传播活动通常是有偿的、有组织的、综合的、劝服性的、非人员的信息传播活动。①

从远古时代到 1450 年德国人约翰·谷登堡发明用铅活字与机械来印制书籍的方法，这一阶段是原始广告时期，当时的广告只能是手工抄写。出现于公元前 3000 年埃及尼罗河畔的古城底比斯的一条广告被认为是世界上最早的文字广告。这是一则写在莎草纸上的奴隶主悬赏缉拿逃奴的广告，内容如下：“奴仆谢姆（Sham）从织布店主人哈布处逃走，坦诚善良的市民们，请协助按布告所说将其带回。他身高 5 英尺 2 英寸，面红目褐，有告知其下落者，奉送金环一只；将其带回店者，愿奉送金环一副。——能按您的愿望织就最好布料的织布师哈布。”这则广告，现存英国博物馆中，是手抄式的“广告传单”，有现在的 32 开大小。广告主“哈布”在悬赏缉拿逃奴的同时，也不忘营销自己。在 2000 年前被火山爆发所掩埋的庞培古城，经考古发现，纵横交错的街道建筑物的墙上和柱子上，刻满了各种广告文字和图画。

1450 年之后，进入印刷广告时期，但直至 1850 年的 400 年间，由于报纸杂志发行范围有限，制约了广告的传播范围。1704 年，美国的第一份报纸《波士顿新闻报》创刊，在其创刊号上刊发了一则广告，这是美国的第一份报纸广告。到 1830 年，美国已有报纸 1200 种，其中 65 种为日报。英国在 1837 年有报纸 400 多种，刊出广告 8 万余条。但是，在这一时期，报纸的发行量很小，作为传播媒介，

① ［美］阿伦斯著，丁俊杰等译：《当代广告学》，华夏出版社，1999 年版。

远未达到大众化，因而，报纸广告的影响面较小。

1850 年之后，英国的《泰晤士报》和《每日邮报》、美国的《纽约时报》、日本的《读卖新闻》和《朝日新闻》，以及法国的《镜报》等相继创刊。在当时，所有报纸的主要收入来源都是广告，更多的工商企业开始利用报纸这一媒介来推销产品。1869 年，在美国费城出现了第一家具有现代意义的广告公司——艾尔父子广告公司。他们通过代理报纸的广告业务，为报纸承揽客户，并从报纸收取佣金。这个办法，后来推广到杂志。此后，不同规模的广告公司相继出现。

1815 年 8 月，英国传教士米怜在马六甲创办了《察世俗每月统纪传》，这是最早刊登广告的定期中文刊物。1853 年，由英国传教士在香港发行并销售到广州、上海等地的《遐尔贯珍》，首先利用刊物兼办广告业务。1858 年，在香港出版的《孖刺报》，增出中文版《中外新报》，最早刊登了商业广告。1904 年，国人开办闵泰广告社。在国人开办的广告公司中，规模较大的有成立于 1926 年的华商广告公司和成立于 1930 年的联合广告公司。

1979 年初，中国广告业开始全面恢复。1 月 14 日，《文汇报》发表文章《为广告正名》。1 月 25 日，上海电视台成立了广告业务科。1 月 28 日，上海电视台播出中国电视广告史上的首条商业广告——参桂补酒。2 月，《文汇报》率先恢复中国报纸广告。3 月 5 日，上海电台恢复广告业务。3 月 15 日，中央电视台首次播出外商广告——西铁城手表。4 月 15 日，广东电视台设立中国电视史上第一个广告节目。11 月，中宣部发布《报刊、广播、电视刊登和播放中国广告的通知》。12 月，中央电视台开辟“商品信息”节目，集中播放国内外广告。1979 年成为新中国广告元年。

此后，传播媒介以及商品经济的发展，成为促动广告业飞速发展的两种重要力量。继报纸、杂志、广播、电视之后，网络及户外媒介成为日趋重要的广告发布平台。传播技术的发展，使得媒介产品极大丰富，受众由原来被动接受变为了主动选择者；商品经济的发展，使得同类商品品种繁多，消费者的挑选余地大大增加。这两者的合力，使得语言创意对于广告的重要意义不言而喻，不能吸引受众的广告、不能令人回味的广告，难以在众多的广告中脱颖而出，从而也就谈不上使产品在货架上被消费者从众多商品中挑选出来。

（二）广告语言创意的内涵及其实现方法

创意是什么？一个作品是否具有创意，创意体现在哪里？虽然不同受众的感受及评判标准不尽相同，不过，一般情况下，人们对好的想法、做法会有大致相同的判断，即那些有创新性、创造性的，在前人的基础上有所突破的，能够让人眼前一亮、拍案叫绝的设计和表达。如某品牌痔疮栓的广告语是“屁股笑了”，配合线条明了的简图，起到了一语双关的作用，令人忍俊不禁、印象深刻。这种创意方式就是大胆地将通常不会被人们联系在一起的两个概念“屁股”“微笑”勾连在一起，借助简图的造型效果，幽默呼之欲出，而且准确地将产品效用传达了出来。由广东黑马广告公司创作的这幅广告作品在我国第八届广告节上获得平面广告金奖，评语是这样的——“痔疮药广告本身就难做，易雷同。但创作者执简去繁，避实就虚，慧眼独具，一下子捕捉了隐伏在产品和受众二者逻辑定理之下的潜在关联性，用毛笔勾勒了一道弯弯的弧线，将屁股（药品的治疗部位）和微笑嘴形（疗后的肯定）同构在一起，通过超现实的重新组合，以反空间、反结构的异常面貌出现，在视觉上有强烈的吸引力，同时也使受众从心理、物理、生理诸角度引起新的联想和撞击。……好的广告作品，的确是视觉冲击力和市场渗透力的整合。”①

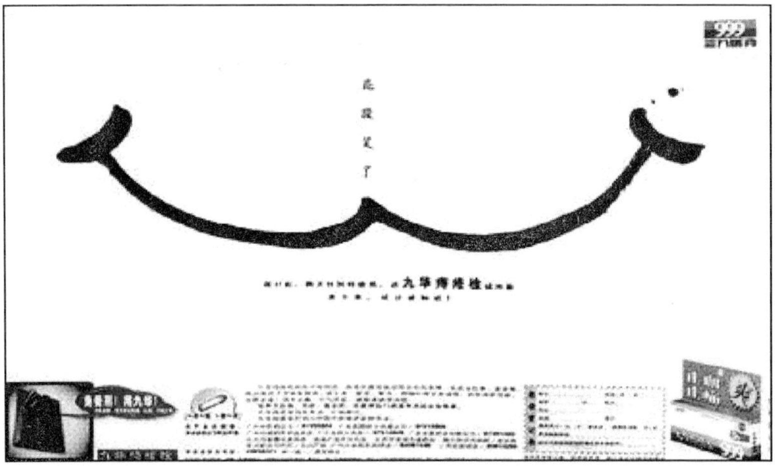

① 该广告图片及评语来源于品牌中国网 http：//www. brandcn. com/chuangyi/ShowArticle. asp？ArticleID＝12670

广告并非单纯的艺术作品，其首要的功能是对产品进行营销，服务于产品的品牌构建。因此，广告语言连同其他元素的创意是要以提升产品的认知度、美誉度和销售量为目标的。在对创意做进一步分析之前，我们先来对品牌的内涵作一了解。

美国营销协会（American Marketing Association）是这样定义品牌的——品牌（brand）是“一种名称、术语、标记、符号或设计，或是它们的组合运用，其目的是借以辨认某个销售者或某群销售者的产品或服务，并使之同竞争对手的产品和服务区别开来”①。

可见，品牌的首要功能是将自我与其他产品或服务区分开来，这一功能实现的前提在于对自我与其他同类之间差异性的强调。这些差异既可以与品牌所代表的产品性能有关（比如功能的、理性的、有形的等），也可以与品牌所代表的观念有关（比如象征性的、感性的、无形的等）。而寻找与众不同的表达方式，就是实现差异化营销的关键所在。因此，可以说，创意是进行有效品牌构建的灵魂。

有效的品牌塑造，不仅可以使品牌成为消费者选购产品的主要依据，而且还可以为产品与消费者之间的沟通架起桥梁，以良好的品牌形象维系消费者的忠诚度，提升品牌价值。这种价值反映在消费者如何思考、感受某一品牌并作出购买行动，以及该品牌对公司的价值、市场份额和盈利能力的影响。

2004 年，可口可乐、微软、IBM 名列全球最具价值品牌的前三位，品牌价值分别为 673.9 亿美元、613.7 亿美元、537.9 亿美元。评估认为，包括英特尔、迪斯尼、麦当劳、诺基亚、丰田、万宝路等在内的知名公司的品牌价值往往超过整个公司资本价值的一半。

消费者对某一品牌的营销效用的不同反应称为“基于顾客的品牌资产”②。当消费者对某一产品以及它的营销方式反应积极时，标志着一个品牌拥有良性的品牌资产；如果消费者对品牌的营销活动表示不喜欢，意味着这个品牌基于消费者的品牌资产是负面的；如果消费者没有反应，意味着品牌资产没有形成，产品的竞争只能以

---

① ［美］菲利普·科特勒、凯文·莱恩·凯勒著，梅清豪译：《营销管理》（第 12 版），上海人民出版社，2006 年版，第 304 页。

② Strategic Brand Management, Kelin Lane Keller, 2nd edition, Upper Saddle River, NJ: Prentice Hall, 2003.

价格为基础。

所以，创意是以目标受众的认知心理为前提的，创意人所要做的是知道产品的目标受众是谁，他有着怎样的家庭环境、教育背景、收入水平、消费喜好以及他的道德观、价值观等等。这样可以帮助创意人知道什么样的创意有可能获得消费者的好评，什么样的表达有可能适得其反。例如，2010 年，江西宜春在其旅游局的官方网站上打出一条广告语——“宜春，一座叫春的城市”。据该市发言人说，这一广告语出自某著名策划人之手，显然，“叫春”一词以及因此而引发的批评为该市增添了不少关注度，但从塑造城市的良好形象，乃至构建城市品牌方面来看，这一营销方式是得不偿失的，因为，它挑战了人们普遍认同的价值观。

同样，大胆的挑战者还有恒源祥，其在 2008 年除夕夜推出的“12 生肖”广告，可谓是对观众忍耐能力的挑战。在长达 1 分钟的时间内，由北京奥运会会徽和恒源祥商标组成的画面一直静止不动，广告语则由“恒源祥，北京奥运会赞助商，鼠鼠鼠”开始，依次将 12 生肖叫了个遍，直至“恒源祥，北京奥运会赞助商，猪猪猪”结束。该广告播出后，骂评如潮。恒源祥并非一个新入市场的寂寂无名企业，经过长期的积累，在消费者中是有一定的知名度的，因此，采用这种方式博知名度并不可取，适得其反，损害了其在消费者心目中的形象。当然，也有评论者以“为恒源祥平反昭雪”为题来辩护这一广告形式，理由是与众不同的简单重复，达到了让人印象深刻的效果。诚然，印象深刻的效果是达到了，但可能失去的是消费者的喜爱和购买愿望，如果印象不能换来实际的购买行动，对一个企业而言，又有何益呢？因此，并非与众不同的都是创意，广告作为文化产品，其创意有基本的审美要求，否则，会被受众在感知过程中“过滤”掉。

所谓感知，指消费者的个人感觉和消化、理解刺激的方式。对不同品牌的感知，决定着消费者的购买行为。任何信息在被感知之前，都会先通过一系列感知过滤（人们下意识地回避自己不需要的信息），包括生理过滤和心理过滤。生理过滤由五种感觉组成：视觉、听觉、触觉、味觉和嗅觉。如果广告主提供的信息不便于感官接收或者令人不快、厌恶，那么，信息就会被过滤掉，无法引发消费者的感知。心理过滤基于主观情感标准，包括先天因素（如个性、本能）和后天因素（如兴趣、态度、信念、经验、生活方式等）。所以，广告创意无论是语言、画面还是声音，最好不要将创意横陈在受众的忍受力之上，否则，只会让广告主的产品换来令人“敬而远之”的后果。

那么，围绕产品营销、品牌塑造，广告创意的基点是什么呢？

研究者认为品牌资产有四个关键因素：一是差异性，测量一个品牌被视为不同于其他品牌的程度；二是关联性，测量一个品牌对消费者的吸引程度；三是尊重性，测量一个品牌被看好和受尊重的程度；四是知识性，测量消费者对品牌的熟悉度和亲密度。其中，差异性和关联性决定了品牌力量，从这两个因素可以预测品牌的未来价值；尊重性和知识性则显示出品牌成就的大小。研究结果表明：新品牌更倾向于显示更高级别的差异性，尊重性、知识性处于较低状态；领导品牌的四个变量均呈现较高的水平；走向衰退的品牌则显示出较高的知识性，但尊重性较低，关联性和差异性更低。

对于广告语言创意来说，遵循以下策略是获得良好传播效果的基础：

1. 单一卖点策略

所谓单一卖点，即在营销时，突出强调本产品最为突出的某一特性，这样做的好处是可以十分清晰地传达主导信息，便于受众接受、理解和记忆。单一卖点，要求至少要做到“简单”，在本品牌、本产品的定位、理念和特性与消费者的心理、需求和习惯的交集中选择最有触动性、劝服力的一点予以强调；最好是做到“简约但不简单”，在强调产品功能特性的同时，能够以某种精神内涵引发消费者的共鸣，卖点单一、表述简洁，但却深含意蕴、耐人寻味。

在企业品牌中，我们可以列举一些耳熟能详的广告语。如汽车广告中，同属德国大众的 Polo 和 Beetle 在营销中非常好地运用了单一卖点策略，前者的广告语是“Small but tough，Polo”（小而强壮），后者的广告语是“Think small”（想想小的）。Polo 的主打卖点是虽小但非常结实，安全可靠，其一幅广告图片用幽默的手法凸现了这一卖点——“一群荷枪实弹的警察放弃了警车，纷纷躲在一辆小小的 Polo 后面，十分警觉地监视着目标，其中一人拿着喇叭在向犯罪嫌疑人喊话”，画外之音是，Polo 虽小但强壮，在关键时刻能够为你提供安全保护，值得托付。相比 Polo 广告语的直白，Beetle 广告语则显得更为含蓄一些，这一区别来自两种产品定位的不同，中国市场 Polo 的价位在 8 万元～12 万元人民币之间，在小型车中属于精品，但就价位看，在整个汽车市场中，又定位于中低档车；中国市场 Beetle 的价位在 30 万元人民币左右，定位于中高档车。不同的市场定位，目标消费者自然也不尽相同，所以，广告营销策略、表达风格和方式都有着一定的差异。相对 Polo 的“直抒胸臆”，Beetle 则是给人提供了一个想象的空间——“想想小的”，言外之意是小有小的好处，至于有什么好处，全待消费者自己去想，将思考的自由留给消费者，体现的是一种尊重的态度，站在消费者的立场上，表达出一种恰到好处的体贴。

我们还可以看一下作为高档轿车的奥迪在营销中的主打卖点是什么？“One can't see it，One must know it.”是一幅奥迪平面广告中的广告语，画面是汽车内部驱动装置的精致模型，卖点是奥迪汽车精工细作的完美工艺，值得拥有者引以为傲，因此，其广告语是“你可以看不到，但不可不知道”，意思是虽然你看不到汽车的内部制作工艺，但你应该知道它有多么完美。

2. 以情动人策略

以情动人策略，就是不仅要站在消费者的立场上说话，而且还要说得贴心，能够拨动消费者的心弦，让其感到这一产品与其精神气质、心理诉求恰好相符，或者使用这一产品，能够满足其表达某一情感、观念的需要。我们来看两个例子，一个是新竹国际商业银行的平面广告，一个是 Levis 休闲服饰的平面广告。

下面左图是新竹商业银行的广告：一辆汽车内，令人意外的是没有汽车座椅，空荡荡的车舱内摆放上了四把木头椅子，在椅子的空隙有一行小小的字，仿佛在悄声地问：“钱不够用吗？”这行小字令人恍然大悟，不禁会心一笑，同时，又感受到广告主努力传递出的温情。这种用心的交流自然会收到理想的回报，可以设想，消费者在“钱不够用”的时候，或许会很自然地想起这幅广告。

下面右图中，Levis 休闲服饰的广告语是“Stay True（真我）”。平面广告中，我们看到一个小伙子站在高楼顶上，颇有“将万丈高楼踏于足下”之势，身着一件白色休闲 T 恤，上面写着三个红色的词——束缚、封闭和自由，所不同的是前两个词都被“一笔勾销”，表示对“束缚”和“封闭”毫不留情、毅然决然地抛弃和颠覆，只

有“自由”在蓝天下自豪地矗立着。从中可以看出 Levis 运用的也是一种情感策略，其目标消费者是那些富有反叛精神、主张自由的年轻人，那么，这种对“真我”的强调无疑暗合了这一部分人的内心渴求。当 Levis 这一品牌与“自由自在，彰显真我”融为一体时，消费者会将着 Levis 品牌的服饰作为一种个性表达的方式。

所以说，消费者购买产品时，在追求实质利益（功能诉求）的基础上，还有心理和情感的利益诉求。因此，在营销中运用好情感策略，往往会事半功倍。

3. 整合营销策略

整合营销传播（ Integrated marketing communication，IMC）的观点是美国营销大师唐?舒尔茨在 20 世纪 80 年代中期提出的。美国西北大学的研究小组为 IMC 所做的定义是：“IMC 把品牌与企业的所有接触点作为信息传达渠道，以直接影响消费者的购买行为为目标，是从消费者出发，运用所有手段进行有力传播的过程”。舒尔茨教授对此定义进行了补充，他认为：“IMC 不是以一种表情、一种声音，而是以更多的要素构成的概念。IMC 是以现在顾客和潜在顾客为对象，开发并实行说服性传播的多种形态的过程。”可见，整合营销传播是企业在经营活动中，以由内而外的战略定位为基础，为了与利益相关者进行有效的沟通，围绕有效营销所进行的系统的传播活动。在现代企业营销中，整合营销传播被越来越多的企业所重视和运用。

在广告创意中，整合营销不仅包括语言创意与画面、声音创意的整合，也包括不同媒体平台的整合，还包括对广告投放时机的选择与把握等。

以统一润滑油的广告创意为例。2003 年 3 月 20 日 10:40，伊拉克战争爆发，统一润滑油的广告代理公司与中央电视台沟通后，迅速联系统一公司，把握住了广告插播的机会。当天下午，确定了广告语言创意方案“多一些润滑，少一些摩擦”。3 月 21 日，中央电视台对伊拉克战争进行了大规模直播报道，统一润滑油“多一些润滑，少一些摩擦”的广告出现在中央电视台战争直播报道特别广告中。“多一些润滑，少一些摩擦”的广告语紧贴在“伊拉克战争报道”之后，与新闻浑然一体。既准确地诉求了“多一些润滑”的产品特点，又一语双关道出了“少一些摩擦”的和平呼声，耐人寻味。

来自央视—索福瑞媒介研究有限公司的收视监视数据表明：3 月 20 日至 23 日伊拉克战争爆发后的前 4 天里，中央电视台一套、四套、九套节目的收视份额较平时提升 400%，全国人均每天收视时间增加 13 分钟。广告营销效果迅速显现，统一公司官网点击率提高了 4 倍，有不少人打公司的服务电话来讨论战争进展、战争与和平的话题，统一润滑油的品牌影响超出了产品销售和使用的范围，许多原来不卖统一产品的零售店主动联系，许多司机则点名要加统一润滑油，使得当月出货量比 2002 年同期增加了 100%，销售额历史性地突破了亿元大关。之后，统一润滑油的销量快速刷新，2003 年达到 12 亿元，2004 年以超过 21.5 亿元的销售额成为中国车用润滑油市场第一品牌，2005 年实现 60% 的市场增幅，销售额超过 30 亿元。①

4. 稳中渐变，不断求新

对一个品牌来说，其核心理念、主要识别体系要尽量保持稳定，因为根据消费者行为学，营销传播的信息只有经过相当频次的重复，才能渗透进受众的有意接收层面，穿过受众的感知过滤层，得到受

① http://dmt.gnnu.cn/ggx/_private/%B6%A5%B2%E3%CD%F8%D2%B310.htm

众对信息的有效解读。同时，绝大多数消费行为都是有习惯性的，这一习惯性来源于安全、简单、本能。对于品牌营销者来说，营销的主要目标就是培养受众的购买习惯，即受众对其品牌的忠诚度。品牌忠诚度是重复购买和持续广告巩固的直接结果，是消费者通过意愿或行为而表现出来的、有意或无意持续购买某一品牌的购买决策，原因在丁消费者认为他们购买的这一品牌具备合理的产品特性、形象、质量和价格。①

绝对伏特加的广告创意是一个典型的案例。绝对伏特加以其独特的酒瓶形状作为创意灵感之源，在广告语上以“绝对 + ……”的结构为基础，不断推陈出新，从第一则平面广告“绝对完美”开始，采用这一标准格式（瓶子加两个词的标题）先后制作了一千多幅平面广告，形成了绝对城市（如绝对日内瓦、绝对维也纳、绝对芝加哥、绝对北京、绝对台北等）、绝对口味（如辣椒味、柠檬味、柑橘味等）、绝对季节以及抽象广告、时尚广告、话题广告等 12 大主题。表现手法千变万化，将普通的酒瓶形象置于不断变化的、出人意料的背景之中。因此，绝对伏特加的平面广告创意总是能够给人惊喜，广告海报被许多人当作艺术品收藏。

① ［美］威廉·阿伦斯著，丁俊杰、程坪等译：《当代广告学》（第 8 版），人民邮电出版社，2006 年版，第 193 页。

（三）广告语言创意业现状及其趋势

1979～1990 年是我国广告业发展迅速的一个时期，每年平均以 43% 的速度出现了大量的广告公司，最高年份达到 134.4% 的增长速度。在这个阶段建立的广告公司基本上属于全民所有制和集体所有制性质的广告公司，其中全民所有制广告公司占绝对优势。

1991～2000 年为我国广告公司的迅猛发展时期，广告公司数量从 1156 家猛增到 40,497 家，从业人员从 29,073 人增加到 40,8250 人，营业额从 6.9264 亿元增加到 317.7333 亿元。这一阶段，我国的广告公司实现了跨越式、超常规发展。经济的持续、稳定发展是广告业高速增长的主要原因，从体制上讲，在于多元化的投资体制、经营体制对广告业的直接拉动。

目前，我国广告业主要由“国有广告公司”“集体广告公司”、“外商投资（中外合资）广告公司”“私营广告公司”构成。在广告市场的贡献力上，1999 年以来，私营广告公司发展迅速，以占 58.85% 的经营单位、58.9% 的从业人员，赢得了 42.8% 的营业额，成为专业广告公司中的主导力量。

2005 年，全球前 10 名综合性跨国广告专业公司全部在中国设立了合资公司，如盛世长城、麦肯·光明、智威汤逊、北京电通、上海李奥贝纳、上海奥美、上海灵狮等。2010 年，在中国前 50 名的广告公司中，仅有经营自有媒体的 2 家公司为本土广告公司，其他均为国际型的广告公司。这些公司凭借经营实力强、营业规模大、专业水平高、客户资源广的优势，在中国市场上迅速扩展。

围绕中国广告业发展现状与趋势这一问题，我们对业界人士进行了采访。①

中国传媒大学广告学院的张老师说广告专业的毕业生专门从事创意的并不是很多，他认为“创意并不是凭空想象，它的产生实际上是一个很科学的过程”，“很多人的积累并不全面，包括我们自己的学生，一学《调查统计》都不爱学，都觉得这个东西是没有用的，其实你的创意就是从这些基础里面提炼出来的。创意有点像水到渠成的感觉，当你掌握了大量的相关信息之后，你自然会从里面提炼

① 采访工作由首都师范大学文学院文化产业系 2009 级本科生赵凡伊、徐戎、张旭、章诗雯完成。

出一些有意思的东西，这其实是创意的源泉”。在创意专业人才培养方面，张老师认为“从教学者的角度看，我们也没有一个关于创意的系统的教学方法，只是有一些独立的课程，如培养创意思维方面的课，但现在还没有一个对创意进行训练的课程体系”。张老师谈到了创意的评价标准问题，“因为创意的归属性很弱，创意很可能就是一个点子或一句话，很容易就被别人剽窃走了”。《国际广告》的资深编辑郭瑾博士同样谈到了广告创意的价值判定以及知识产权保护问题，“我主要负责报道这个行业的发展状况，杂志最后面这几页消息，登得最多的信息是人事变动。我就特别怕看这些，因为这让人觉得这个行业没有安全感。我觉得现在跳槽的情况，跟以前大不一样。在上世纪九十年代初的时候，广告作为一个创意行业，它是一个特别向上、特别阳光、让人充满了向往的行业。但现在有所不同，我前一阵子去采访一个资深创意人，他就挺忧虑的，他觉得现在由于对创意的知识产权保护不力，使得创意人员的生存环境受到影响”。

通过对访谈及相关资料的分析，对于广告创意（包括广告语言创意）业来说，从根本上解决广告创意评价标准问题，将《知识产权保护法》有效地落实到广告创意中去，以及解决好广告创意人才的培养模式优化问题，才能确保这一行业的健康发展、可持续发展。

二、命名业概述

《中国名茶志》记载，清康熙三十八年，康熙第三次南巡太湖时，巡抚宋荦从当地茶师朱元正处购得“吓杀人香”精品茶进贡，康熙以其名不雅，遂赐茶名“碧螺春”。此刻，我们在惊叹古人语言能力的同时，深切感到“名”和“命名”的重要性。日本索尼公司的董事长曾经说：“我们最大的资产是 4 个字母：SONY。”

美国命名业领军企业 Lexicon（词霸命名公司）总裁大卫认为：“好的名称就像诗歌一样，把丰富的含义和暗指压缩到一个词语之内。”命名是指以语言文字为主要符号，创意化地为各种机构、组织、产品以及个人取名。社会存在着大量的取名需求，取名行为的商业化、市场化便构成了命名业。所取名称既要符合国家法律的有关规定，又要能够在众多选择中脱颖而出；既要朗朗上口、便于记忆，又要有良好的寓意、且符合审美标准。

随着经济全球化、信息化时代的到来，欧美命名业早已完成与广告业的切割，实现了集聚化发展和产业化经营，形成了一个巨大的产业，成长为语言创意产业的重要支流。依托命名业的发展，国外已形成众多的著名机构，如英国的 Znterbrand（国际品牌集团）和 Novamance（新标志公司），美国 Namestormers（命名风暴公司）、Landor（兰多）、Namelab（起名实验室）和 Lexicon（词霸命名公司）。

美国的命名业起步较早，发展也较为成熟。有学者对美国命名业进行了较为详细的介绍。美国命名公司出现于上世纪七十年代末，在九十年代中期以后获得迅猛发展并趋于成熟，提供公司品牌名称、产品品牌名称、服务品牌名称、域名、标志语等的服务。Rivkin 调查公司从 1991 年以来就对全美企业的命名状况作跟踪调查，结果显示到 1999 年美国的所有品牌命名总量为 600 万次，命名公司完成其中的 12%，广告公司完成了 27%，产值总计 150 亿美元，占同时期美国广告业总产值的 6%。《财富杂志》认为命名业是美国增长最快的新产业之一，并且还将业务延伸到了国际市场。Sony，Stylus，Lexus，Acura，Infiniti，Acer，Midea 就是美国命名业为国外公司输出的品牌命名实例。①

在美国命名业的确立过程中，广告公司是最初的实践者。长期以来，广告公司的服务中包括了产品命名，这一工作主要由文案人员承担。我们熟悉的一些著名品牌名称就出自于广告公司之手，如 Acer（宏基）、Lucent（朗讯）、FedEx（联邦快递）、Duracell（金霸王）、Citibank（花旗银行）、Sprite（雪碧）等。1978 年，纽约的 ABC Namebank——一家专门从事品牌命名的公司成立。该公司是从广告公司分离出来的一种新型机构，是命名产业化确立的标志。它的工作就是为企业提供一整套的命名服务，包括公司品牌名称、产品品牌名称、服务品牌名称、域名、标志语等。

美国近 80% 的命名公司位于加利福尼亚州的海湾地区和硅谷地区，它们拥有全职语言学专家和商标专家，指导产品命名顺利通过商标法，并避免全球语言歧义，确保为产品赢得稳固的市场。命名

---

① 贺川生：《美国语言新产业调查报告：品牌命名》，《当代语言学》2003 年第 1 期。

公司根据一定的规范化程序来命名，其程序一般是：品牌名称定位—品牌命名—语言特征分析—商标域名检测—消费者测试。语言学专家几乎全程参与，在候选名称的创造过程中，需要运用词源学、形态学、构词法知识产生出尽可能多的候选名称。众多候选名称被设计出来之后，下一步是对这些原始材料进行语言特征分析检测，包括语音分析、语义分析，目的是删除不合格的名称，最终确保品牌名称能够适应多语言文化环境下的传播。消费者测试是检测品牌名称在消费者心目中产生什么样的联想，是否易于记忆和阅读，以及哪些品牌名称更受到消费者的喜爱，它包括联想测试（association test）、阅读测试（reading test）、记忆测试（memory test）、偏好测试（preference test）等。一个命名任务一般在 4 ~5 周完成，收费一般在 2 万 ~4 万美元，著名公司可收到 7 万美元以上，小公司也可收到 1 万 ~2 万美元。

由于看到了品牌命名的前景以及硅谷地区新技术新产品对品牌命名有着巨大的市场需要，1981 年，Ira Bachrach 在旧金山创立了 NameLab，这是硅谷地区第一家专门从事品牌命名的专业机构。利用构造语言学（constructional linguistics）的原理和词素工具，Ira Bachrach 已经为美国和其他国家的企业命名了 800 多个品牌名称，最著名的同时也是我们非常熟悉的有 Acura，Compaq，CompUSA，Lexus，Sony 等。对于国际品牌的命名，Ira Bachrach 的观点是：由于语言翻译可能会引发法律或文化问题，所以新创词比某些特定词汇在多数语言中更容易注册一些，为全球传播而设计的品牌名称一般不会含有文化上的偏见。他对国际品牌命名的方法概括为四个 Trans-，即 Translation（意译）、Transliteration（音译）、Transparency（直观透明度）、Transculture（超文化）。早期的命名主要受结构语言学的影响，命名主要是从形态、语义、词源方面考虑，注重意义。近年来，他接受了符号学理论，认为一个名称的语义仅能提示商品信息是不够的，它的语音和字体也应该与商品属性相关，并且认为象似性（iconicity）将是二十一世纪品牌命名的主要思路。①

我国现代命名业起步稍晚。1993 年“圆顺取名”作为全国第一

① 以上关于美国命名公司的表述均参见贺川生：《美国语言新产业调查报告：品牌命名》，《当代语言学》2003 年第 1 期。

家正式注册的专业命名机构在西安成立。2000 年左右取名风在南方特别是广东、深圳等沿海地区颇为流行，命名机构如雨后春笋，遍地开花。仅就命名网站而言，全国已从 2000 年的七八家发展到 2002 年的 70 多家，再到如今的 310 多家，逐年成倍增长。命名公司业务范围十分广泛，包括为婴儿取名、成人改名、个人笔名、艺名、网站名称、风景区名称、街道名称、楼宇名称、企业名称、产品名称、品牌命名、商标、口号、域名等。

国内命名机构业务发展模式有两种：一是通过口口相传，拓展业务；一是借助网络、电商平台占领市场。目前，后者渐成主流，以其中影响力较大的中华取名网为例。中华取名网依托固定资深命名团队开展工作，从业经验丰富，利用多元理论，以头脑风暴方式产生 6 套最佳命名方案供客户定夺，收费标准较高。个人取名收费标准："传统风格，五行调补"的吉祥型套餐为 588 元，"时尚艺术，气质非凡"的时尚型套餐为 688 元，"财富人生，财运亨通"的财富型套餐为 888 元，"智慧人生，才华横溢"的智慧型套餐为 1388 元，"时代骄子，卓越非凡"的精英型套餐为 1888 元，"富贵人生，稳健威仪" VIP 富贵型套餐为 5888 元。个人取名原则："符合个人的命理，也就是说通过命理选出您的喜用神，然后根据您喜欢的字进行组合；符合易理，其寓意是达到阴阳平衡；符合数理，具体的说就是做到天格、地格、人格、总格、外格在数理上要大吉，不能在名字中出现凶格；符合字音、字形、字意，就是指在名中取用的字，不能生僻、难认，应利于书写和辨认，也不能有谐音，让人产生不好的遐想，一个名字要有好的寓意，因为名字有暗示的作用，积极向上的名字总能给人朝气蓬勃的感觉；符合五格剖象，在整个取名流程中只起参考的作用，不是主要的因素；符合三才配置，也就是俗称的天时、地利、人和，用意在于把这三方面好的运势都揉合到名字中去，这样产生的名字能起到增运的作用；符合个人风格及个性，取名要根据本人的性格信息来取，尽量弥补性格中的劣势，突显本身的优势，避免和家族中的同性特别是长辈重名；符合音律学、音韵学，指取好的名字，要豪放大气、朗朗上口、好听好记，因为名字从心理学上讲，叫首因效应，是给人的第一感受，好听的名字是很容易让别人对自己产生好感的；所取名字具有丰富的民族传统文化底蕴；姓名字形美观利于签名设计。”①

较有影响的还有猪八戒网。猪八戒网是全国最大的在线服务交易平台，由原《重庆晚报》首席记者朱明跃创办于2006年，服务交易品类涵盖创意设计、网站建设、网络营销、文案策划、生活服务等多种行业。从2006年猪八戒网成立到现在，已经为超过29万家公司成功命名。其中不乏世界500强大企业，以及一些规模在10～30人的小公司等，甚至有不少仅几个人的工作室。取名需求赏金征集平均价位在200～500元之间不等。2011年，中国威客②网站排名前5名的总交易金额突破5.1亿元，其中猪八戒网以总交易金额4亿元居首。目前，猪八戒网共拥有超过800万名的用户总数，除中国而外还有部分用户分布在美国、英国、印度等国家和地区。在800多万名威客中，写作策划、起名取名等类目的威客近151万。其中有的取名威客是大公司策划职员、高层管理，有的是精通五行、易经、星座等的取名专家，甚至是一些在校学生，可谓汇集了全国各地的文字高手，能很好的满足来自个人、团体、企业公司等各类需求客户的要求。服务性价比方面，取名价格由客户自己定。猪八戒网提供的此类服务，可为客户节省约线下成本的30%—50%左右；而且，可以收获多个而不止一个稿件，客户再从众多稿件中选出最满意的设计稿件付款即可。此外，消费者满意度有保障。2012年8月，猪八戒网开通消费者保障服务，在该网站上为客户提供专业服务的威客，均100%通过网站实名认证；客户在猪八戒网发布需求，但却未获得有效稿件，猪八戒网全额退款；作为第三方交易担保平台，猪八戒网向客户承诺满意后付款。

作为语言文化的特殊载体，命名具有鲜明的民族性。命名方法方面，大多数公司命名都是采用“五格剖象法”（1918年初，由日本人熊崎健翁根据数理学开创，其核心是将人的姓名按五格剖象法来解释）为个人命名。为公司、机构命名则大都以《易经》、风水理论等中华传统文化为理论支撑。市场美誉度较好、占有率较高的

---

① http：//www.chinaname.cn/charge/

② “威客”，由wit智慧、key钥匙两个单词组成，也是The key of wisdom的缩写，指通过互联网把自己的智慧、知识、能力、经验转换成实际收益的人，威客通过解决科学、技术、工作、生活、学习中的问题从而让知识、智慧、经验、技能体现经济价值。

取名机构，如中华取名网，已逐渐将业务主体转向公司、机构命名领域，并开始借鉴、引入世界主流命名工作程序，初步形成了根据行业性质、汉字特点、CI（Corporate Identity）原理、美学理论，结合市场营销学、消费心理学、广告设计、品牌设计等理论的语言创意模式。

总的说来，命名业在我国还处于起步阶段，行业理念尚不成熟，目前，国内命名机构无照经营现象较为普遍，消费者利益得不到保障；许多从业人员文化、知识欠缺，学者型专业人才匮乏，服务质量难以保障；命名大都基于中华传统文化、阴阳五行八卦学说，没有对命名机理进行充分的科学解释；在营销宣传上，粉饰、噱头性的内容过多，使受众对服务的可信程度难免打上问号；个人取名多于机构命名，竞争激烈；从收费标准来看，尚未形成统一的管理规范，各个公司间相差较大，同行竞相压价，价格有不断走低的趋势；公司普遍较小，短期内难以实现规模化经营。

通过上述材料可以看出，中国的命名公司在定位、运作以及营销上需要更加科学、严谨的精神，多从语言文化本体来进行策划设计和宣传营销；同时，在命名流程上可以借鉴美国公司的做法，加入消费者测试等环节，使命名创意更符合市场需要。目前，我们还难以选择出一个具有领军气质的企业。客观地看，中国的命名企业还有很长的路要走。首先，应从国家层面，加强法制、资质和职业道德建设，促进规范经营；其次，命名业应加强行业自律，拓宽视野，扎根于民族文化土壤的同时，须着眼于多元文化背景下的兼容性，积极引入世界先进命名理论、工作规范，不断增强核心竞争力，逐步实现理性、有序竞争；另外，消费者也应树立健康消费心理，正确看待命名。多管齐下，最终引导命名业走上良性发展之路，早日形成产业汇聚，走向繁荣。

三、典型案例

（一）大卫·奥格威与奥美广告公司

大卫·奥格威（David Ogilvy），奥美国际广告公司创始人，1911年生于英国苏格兰，早期曾做过厨师、厨具推销员、市场调查员、农民及英国情报局职员。1948年在美国创立奥美广告公司，随后以创作许多极富创意的广告而赢得盛誉。

1982 年，印度《周日》杂志评出当年的新闻人物，第一位是刚上台的苏共总书记安德罗波夫，第二位是统治了苏联二十年之久的勃列日涅夫，第三位就是大卫·奥格威，第四位是教皇保罗二世。当年的《扩张》杂志特别对工业革命作了回顾，在列出的 11 位对工业革命具有影响的人物中，第一位是发明家爱迪生，第二位是科学家爱因斯坦，大卫·奥格威名列第七位，被称为“现代广告教皇”。《时代》周刊称奥格威是“当今广告业最抢手的奇才”。《纽约时报》称其为“现代广告业最具创造力的推动者”。

1971 年，《财富》杂志在一篇报道奥格威的文章里，提到当年他担任厨具推销员时写的一篇计划书，称其为“有史以来写得最好的销售手册”。推销计划书分《前言》《出击》《防卫》三大部分，各部分又列出若干细则，如《出击》篇分为“概论；经济效益；随时待命；清洁干净；烹饪艺术；对厨师的诉求；对男士的诉求；对特殊阶层的诉求；厨房专用暖气与空调设备；说俏皮话”。奥格威制定了一系列“推销原则”——拜访原则；说话原则；时间原则；自信原则。

正是凭借这份销售手册，奥格威进入了广告界。1935 年，奥格威把销售手册的副本寄给了伦敦美瑟—克劳瑟广告公司，并声称自己“不曾写过任何广告文案”，但是希望能在广告行里闯出一番事业。没想到，他还真被录用了，依然做推销，不过是改成了广告推销。1938 年，奥格威受公司委派，前往美国学习广告业务。他在美国的第一份工作是在普林斯顿盖洛普博士的受众调查所为好莱坞制片商做民意测验。38 岁时，奥格威在纽约的麦迪逊大道创办了奥美广告公司。第二天，他写了一个单子，列出他最想争取到的 5 家客户：通用食品公司、布里斯托—迈尔药厂、康宝汤业、利弗兄弟公司、壳牌石油公司。接着，他发表演说，评论广告业的各种问题，在麦迪逊大道制造尽可能大的影响；与媒体合作，不断地把奥美公司的动作告诉他的目标读者；发挥外交才能，利用一切社会关系为他制造社会声望；经常把公司的进展报告发送给他挑选的 600 人——各个行业的目标客户首脑。那时，他能争取到什么客户就接什么客户，曾为玩具乌龟厂、专利发刷厂之类的商家做过策划。他把很大的精力花费在为那些有希望争取到的目标客户做产品调查，拿出广告方案进行投标，新泽西标准石油公司和海伦娜·鲁宾斯坦

（注：与雅诗兰黛齐名的化妆品公司）就是这样争取来的。

作为世界上最有名的广告撰文者，奥格威的经典之作被一代又一代广告人传诵着：如：劳斯莱斯汽车——在时速 60 英里时，这辆新款劳斯莱斯汽车上的最大噪声来自它的电子钟。多芬香皂——多芬香皂不但能深层清洁皮肤，同时它对皮肤还有保护和润泽作用，洗澡特别舒服。

海撒威衬衫广告可谓是广告界绝无仅有的一个范例——以最快的速度最低的广告预算，让默默无闻了 116 年的海撒威制衣厂一夜走红。海撒威衬衫的广告预算只有 3 万美金，奥格威为其设计了 18 种广告方案。“让模特戴上眼罩”本来是最后一套被大家否决了的方案，但在去摄影棚的路上，他突发冲动，钻进药店，花 1.5 美元买了一只眼罩。连奥格威自己也不明白它为什么会大获成功。奥格威用一个戴眼罩的男士穿着海撒威衬衫，表示衣服与众不同，个性独特。

奥格威善于使用视觉效果强烈的画面，并配以简明生动、具有说服力的文字来突出产品的个性和质量，这种广告设计风格给他带来了巨大成功。在麦迪逊大道，奥格威所具有的几乎独一无二的优势，使他能够抢占先机——从市场调查出发，从消费者的角度思考创意，从而推出吸引人的广告活动。作为一个优秀的推销员，争取新客户一直是他的看家本领。

“除非广告源自一个大创意，否则它将如同夜晚航行的船只无人知晓。”这是奥格威的一句名言。每时每刻都强调“创意”，是奥格威设定的一条基本原则。他要求主管人员不容许员工提出草率的计划或平淡无奇的广告作品。在竞争激烈的广告业，接受二流的工作成绩无异于自掘坟墓、死路一条。奥格威要求的“创意”广告，是让人耳目一新、看了就忘不了的杰出之作。他要奥美在世界各地的分公司的创意指导能创造出全美国乃至全世界最杰出的广告，在新客户面前至少能提出 4 套使对方感到震撼的广告活动，这样才能使奥美的作品具有“令人无法抗拒的魅力。”

现在，奥美集团（www.ogilvy.com）已成为世界最大的营销传播集团之一，在 120 个国家设有 474 个办事机构，拥有近 2 万名员工，为众多的世界知名品牌提供专业性的策略顾问和传播服务，奥格威当年写在单子上的那 5 家目标客户早在 1960 年之前就已经被他揽入囊中了。在奥美的数百家客户名单里，我们看到了那些熟悉的名字：美国运通、福特、壳牌、美国政府、英国政府、法国政府、西尔斯百货、雅芳、旁氏、强生、麦斯威尔、IBM、柯达……

1963年，奥格威出版了他的第一本著作《一个广告人的自白》。他把这本书的版权送给儿子做21岁的生日礼物，原以为最多可以卖掉4000册，结果到目前为止，销售量已经超过100万册，成为欧美广告专业学生的必读书。①

奥格威提出的广告信条，成为当今优秀广告公司广告运作的参考准则。②

在广告文本方面，奥格威提出：

1. 不要期待消费者会阅读令人心烦的散文。

2. 要直截了当地述说要点，不要有迂回的表现。

3. 避免“好象”“例如”的比喻。

4. “最高级”的词句、概括性的说法、重复的表现，都是不妥当的。

5. 不要叙述商品范围以外的事情，事实即是事实。

6. 要写得象私人谈话，而且是热心而容易记忆的，象宴会时对着邻座讲话似的。

7. 不要令人心烦的文句。

8. 要写得真实，而且要使这个真实加上魅力的色彩。

9. 利用名人推荐，名人的推荐比无名人的推荐更具有效果。

……

在广告标题方面，奥格威认为：

1. 标题比文本多5倍的阅读力，如果在标题里未能畅所欲言，就等于浪费了80%的广告费。

2. 标题向消费者承诺其所能获得的利益，这个利益就是商品所具备的基本效果。

3. 要把最大的消息贯注于标题当中。

---

① 上文有关材料参见《奥格威：广告之父生平》，http：//www.niwota.com/submsg/4629335

② 参见《奥格威的广告准则》，http：//www.cg3000.com/html/cgTheory/DesignThesis/20080916/dawei_ aogewei_ David_ Ogilvy_ _ aogeweideguanggaozhunze_ 180525.shtml

4. 标题里最好包括商品名称。

5. 唯有富有魅力的标题，才能引导阅读副标题及文本。

6. 从推销而言，较长的标题比词不达意的短标题，更有说服力。

7. 不要写有待消费者研读文本后，才能了解整个广告内容的标题。

8. 不要写迷阵式的标题。

9. 使用适合于商品诉求对象的语调。

10. 使用情绪上、气氛上具有冲击力的语调。

1991 年，奥美与中国内地最大的国有广告公司上海广告公司合资成立了“上海奥美”。目前，“奥美中国”已在上海、北京、广州、香港、台湾等地开设办事处，员工达 1500 余名，其客户包括 IBM、摩托罗拉、宝马、壳牌、中美史克、柯达、肯德基、上海大众、联合利华、统一食品等，成为中国最大的营销传播公司，提供全方位的传播服务，包括广告、直效行销、互动媒体、媒介策划与购买、数据库管理、电话行销、公共关系、促销、图文设计及其他相关的营销传播服务。奥美运用 360 度的品牌管家工具将所有这些传播专业的服务整合起来，通过每一个触点来建立品牌。

奥美围绕“品牌”构建的文化理念包括“想要与众不同，立志成为一个强大的品牌；一个值得尊重、高品质、有着非凡创造力和才智的品牌；一个可以激发起大众与客户强烈的忠诚感、具有一流运作规范的品牌”，“如果没有精彩的创意，你将永远无法赢得名望与财富”。大卫·奥格威及其创立的奥美广告在广告语言创意发展史上的地位是毋庸置疑的。

（二）中华取名网

中华取名网（http：//www. chinaname. cn）2000 年创建于西安，致力于科学的取名策划，从而传播名称艺术，净化语言环境，弘扬民族文化。专业从事品牌研究和品牌命名及推广，包括公司名称、产品名称，以及在商品、服务及企业推广宣传过程中涉及到的各种名称和语言要素。

十余年来，中华取名网在华语世界企业、产品、服务等命名市场表现突出，业务拓展到美国、澳大利亚、意大利、新加坡、韩国等国家和台湾、香港地区，目前已经形成了独具特色的理论模型、营运模式和稳定的作业内容。

中华取名网进行品牌命名开发研究，通过市场分析工具，在解析不同消费者的认知习惯和品牌印象的基础上，勾勒出某一品牌的特质，从而为品牌命名者提供创意开发和决策依据，通过品牌定位、命名要素、名称联想、名称评估四指标构建品牌命名开发定量研究体系。

品牌定位：

◆对于待命名的品牌，设计一组适当的尺度，了解它的内容、特长、目标、市场、销售渠道和竞争状况，以及人们在选择该类商品时考虑的主要因素；

◆根据获取的信息和已完成的问卷分析，从各种各样的角度对思路、取向性和命名的切入点进行综合考虑，减少相关尺度的数量，确定最合适的开发取向和表现手法；

◆使用判别分析法对主要竞争品牌的商品特性、市场和竞争状况等进行分析，形成品牌定位；

◆根据品牌定位中各品牌与各尺度的距离、方位，进行实际的“命名样本”的开发与制作，方案基本上以中文呈现和提供。

命名要素：

◆确定开发取向和创意方向，针对实际方向进行示范（可能性）命名，并结合各种创意和创意策略，提出覆盖所有角度的名称，编制各种命名方案的概念图表，提出命名建议方案；

◆选取命名语符和要素，构建语言学筛选逻辑，形成名称基础词汇来源，并根据品牌概念的取向和相应的关键词，从大量的辞典或用头脑风暴法提取词素；

◆考察相关品牌名称，根据参考数据和选出的词素，进行名称创意、组合、开发、评介、初步核实，并进行语言、法律方面的筛选和评估。

名称联想：

◆该品牌名称第一未提示指名度、总体未提示指名度、提示指名度；

◆该品牌名称实际使用品牌概念；

◆研究品牌名称的指名因素、认知渠道；

◆研究品牌名称的广告印象；

◆研究品牌名称的传播信度；

◆对于开发的品牌名称，受访者最先想到的3个形容词是什么？

◆对于该类商品的理想品牌，受访者最先想到的3个形容词是什么？

名称评估：

◆研究品牌名称涵义、音韵、语义、寓意、社会文化价值、品牌力等方面的意义；

◆研究品牌名称满足所有的沟通条件，针对识别性（引人注目）、个性（与众不同）、与消费者的距离感（值得信赖）、符合语言文字规范和传播学的基本逻辑与规律（简明易记，上口）；

◆研究品牌名称是否从品牌战略角度深思熟虑的结果。换言之，名称会不会限制概念或商品的将来发展；

◆研究品牌名称在不同市场不会引发任何语言或文化问题；

◆研究品牌名称能否作为商标合法注册并受保护；

◆如果需要，研究品牌名称还能否用作因特网域名；

命名小词典：

◆名称库；按含义、种类、法律地位排列；

◆名称搜查数据库；含有不同词性档案；

◆语言库；含有不同地域的方言俚语，名称可在其中检测是否有不好含义；

◆命名工具；通过创意设计出符合目标和要求的名称。

提取名称想要表达讯息的可能语素，结合这些语义，运用存贮各种语言和构思的数据库，进行有效率的命名开发，通过商标数据库进行网络同语确认，提供战略化的命名方案，供客户选择。

中华取名网已成功地为上市公司上海天地源股份有限公司、西安咸阳国际机场迅邦达商务贵宾厅、北京国际机场丰荣君华酒店、人民日报社大地正元杂志社、香港龙健行集团、深圳鼎天赫电子科技公司、西安宝路通物流公司、兰州碧富邦园林绿业有限公司、济世堂医药集团的“脑神通”胶囊、春晖药业集团的“肺克通”清肺丸、双龙“享御”汽车、枫林绿洲楼盘、曲江华府楼盘等企业及产品做取名策划，并为中海油、扬子石化、中海物业、TCL、西旅集团、劲牌、东阿阿胶、上海大众汽车、韩国双龙汽车、广州云峰集团、包百集团时代蓝天购物广场、西安兴正元购物广场、高科集团、逸铭国学书院、诗仙太白酒、西安高新地产等知名企业进行公司、楼盘命名设计及地产环境风水策划。已为影视名流及大众设计人名近万次。

第九节　语文能力测评业

一、语文能力测评业概述

（一）语文能力测评业的内涵与外延

“语文能力测评”，其一是语文能力的测试，其二是语文能力的评定。“语文”在此应理解为“大语文”的概念，而不仅是在学校中所学的汉语语文学科。

“语文”，《现代汉语词典》将其解释为“语言和文字”①，在《现代汉语规范词典》中除“语言和文字”的释义外，还有“语言和文学简称”② 的释义。《中学语文教学法》认为：“语文是口头语言和书面语言的简称。”③《修辞学发凡》则认为：“‘语’是来源于口语的书面语，‘文’是来源于文言（文饰之言）的书面语，未形成文字的口语叫‘话’，形成了文字的是‘文’。”④ 在《现代汉英词典》中，翻查“语文”词条，则有三种释义：一是指作为学习类的中文学科（Chinese as a subject of study），二是指一种沟通途径（a means of communication），三是包括语言和文学的一个较为宏观的范围（language and literature）⑤。上文所说的“大语文”则可以理解为泛指一切语言的口头语言与书面文字乃至文学文化的内容，这一理解将狭义的“语文”推广铺陈开来，在较为宽泛的范畴中讨论包括中外语文在内的“语文能力测评”。

在明确了“语文”一词后，再来看“能力测评”所包含的“测试”及“评定”。

---

① 《现代汉语词典》，商务印书馆，2009 年第 5 版，第 1665 页“语文”词条。

② 李行健主编：《现代汉语规范词典》，外语教学与研究出版社、语文出版社，2004 年 1 月版，第 1601 页。

③ 钱威、徐越化：《中学语文教学法》，华东师范大学出版社，2000 年 6 月版。

④ 陈道旺：《修辞学发凡》，复旦大学出版社，2008 年 1 月版。

⑤ 《现代汉英词典》，外语教学与研究出版社，2001 年 7 月版，第 1134 页。

我们看看《教育心理学》对二者进行的讨论："测试是测量一个行为样本的一种系统程序。这里的'系统程序'是指测试在编制和评分等方面均依据确定的法则；'行为'是指受测者对测试题目所做的反映；'样本'则是指测验所包含的只是所有题目总体中的一个样组，不是全部。测试要回答的问题是：某生在某学科的测验分数是多少？或他的成绩比同龄组同伴的成绩高多少？评价指的是根据测验分数做出解释，它超出了上述那种描述而力图确定行为的价值。即评价是对测验分数进行估计，并进一步根据估计做出决定。评价便要回答某生在某学科中的成绩好到什么程度，即'多么好'或'等级多高'。"①

至此，我们可以在明确了基本概念后，对语文能力测评进行整体统观。语文能力测评业是在语言文化融合与冲撞的大环境下不断发展壮大起来的，是语言教学的必然结果，旨在为有需要的群体提供语文能力测试，如出国、移民或工作需要等；或者是作为语言学习者的一种学习检测与评定的平台，并由相关机构出具有效力的语言能力认定证书。

语文能力测评业在项目形态上的具体显现不仅是丰富的、多层次的，而且是在不断发展和变化的，其内涵与外延的边界也都在不断移动、扩大。目前，我们可以看到在中国市场中不断扩张的托福（TOEFL）、雅思（IELTS）等语文能力测评项目，还有那些为了通过大学英语四、六级等外语能力测评而挑灯夜读的莘莘学子；同时，随着中国经济实力的不断提高以及"软实力"的增长，"汉语热"开始在全世界范围兴盛，汉语能力测评、孔子学院、对外汉语教育专业等，如雨后春笋般涌现。伴随新世纪以来日趋火爆的留学热潮及相应的各类语文能力测评，语言培训行业的巨额利润吸引着各方商家与创业者，中国本土培训机构不断崛起，而且市场竞争异常激烈，语文能力测评体系的持续发展，催生出新型产业。下文将针对该领域进行简要梳理，分别对西方及国内语文能力测评业的现状进行分析，旨在借鉴已有经验，希望能够对汉语能力测评业的发展繁荣起到一定的促进作用。

---

① 邵瑞珍：《教育心理学》，上海教育出版社，1997年6月版，第390页。

（二）西方语文能力测评业概述

尽管很多外语语种都有针对外国公民的不同分级的社会语言能力测试并先后引入中国，如法语语言测试（TCF）、德语语言测试（DAF）等，但最为人熟知的外语能力测试则主要集中于英语，其考试规模和社会影响也相对较大，如托福（TOEFL）、GRE、雅思（IELTS）、托业（TOEIC）等。在近二十几年中，这些西方的语文能力测试不断走入国人视野。

1. 托福考试（TOEFL）

托福考试（Test of English as a Foreign Language）是为需要留学北美等国家的学生提供的一种评定英语水平等级的语言应用能力测试，分为网络式（IBT-Internet Based Test）和纸式（PBT-Paper Based Test）。现多数考点已改为网络式，PBT 则为尚不能进行互联网考试的考点准备。托福考试主要面对国际学生英语非母语的人群，是由美国教育考试服务中心（ETS）和教育机构共同开发的、侧重于学术性考查的语言测试，以此评定国际学生需要达到的各层级的英语要求，运用综合指标体系对学生沟通中需要的四项技能进行考查：阅读、听力、口语和写作。托福考试用六种不同的目标模块，模拟并且力求达到真正的专业英语需求水平，为考生在专业语言水平方面提供了三项反馈内容：一是有关学术课程内容，二是学校情况，三是熟悉和常见的话题。

由此可以看出，托福考试的宗旨并非是一个入学的硬性标准，而是一个灵活多变的引导体系，可以为受试者提供反馈信息以便对自己的英语学习进行相应的调整。考查内容全面且测评历史的长久使托福考试相对其他语言能力测试更加完善，从一些关于测评的介绍到在线注册预定考位，到考后的成绩递送，都能够顺畅地进行。值得一提的是，受试人员在报名时可以根据自己的留学需要，选择由 ETS 提供的免费递送考试成绩的服务，这为考试准备充分并且已经选定好留学高校的考生提供了便利。在测试内容及整体难度水平上，亦相对稳定，ETS 也会根据参测人员成绩和答题状况不断反馈总结，对测试题目进行调整。这些都使得它能够在多年来不断积累经验、适应时代与发展完善。

2. 研究生入学考试（GRE）

研究生入学考试（Graduate Record Examination）由美国教育考

试服务中心（ETS）承办，是美国、加拿大的大学和研究生院尤其商学院（除管理学院和法学院）要求申请者所必须具备的成绩，也是是否对申请者授予奖学金所依据的重要标准。

相比托福的日常化、课堂化用词和考查来讲，GRE 在语言词汇的要求上似乎要更为专业，学术化倾向也更强。GRE 分为一般能力测验（General Test）和专业测验（Subject Test）两类。多数情况下考生只需要参加 General Test 即可，如个别院校和专业有特殊要求，则需参加专业测验。GRE 是通向研究生学习之路的敲门砖，同时也往往被视为人生事业发展之路的基石。研究生院和一些商学院用 GRE 成绩来评定考生是否已经具备参与项目研究的能力。GRE（General Test）的测试内容包括：分析写作、词汇推理（包含阅读）以及数理分析（也就是平时所说的数学）；测试的目的是对参试者的语文能力、数理逻辑能力进行考查，考查内容几乎不涉及各种专业学术知识领域。

3. 国际交流英语考试（TOEIC）

除了上述的托福和 GRE 考试外，美国教育考试服务中心（ETS）自 1979 年起在全球范围内研发推出了国际交流英语考试（Test of English for International Communication，英文缩写为 TOEIC，即托业）。托业考试用于测试母语非英语人员在国际环境中的日常英语能力，旨在衡量受试者在国际商业、贸易环境中使用英语的熟练程度。

托业考试已成为全球众多公司、企业评估待聘用人员和现有员工英语能力的标准之一。作为一种参考值，它的分数无及格与不及格之分。托业考试以选择题形式出现，美国教育考试服务中心（ETS）承诺尽一切努力保证考试内容对全世界考生无偏见，并与文化背景无关。目前，已有 1 万多家国际跨国公司正式承认并使用托业考试成绩作为聘用、考核员工英语交际能力的标准。2002 年中国劳动部正式将托业考试引入中国，并由 ATA 公司全面负责在中国推广实施。2011 年，全球 120 多个国家 600 多万人次的考生参加了托业考试，其中中国考生达到 22 万人次。

4. 美国教育考试服务中心（ETS）

以上所述的三种权威考试的主办和研发单位均为美国教育考试服务中心（简称 ETS—English Test Servicing），这三种测评项目在语文能力测评产业中可以占据强势领先地位，显然有其在产业运营策略层面的深刻原因。

ETS 官方网站引用了 ETS 第一任总裁的一段话，根据其表述的内容以及相关材料，我们可以了解到 ETS 最初的成立动因，即通过对已有测试和未开发的测试领域进行有效且优质的研究，或者为大、中院校提供有效的咨询服务，以达到研发与实践高水平高质量的英语测试、为美国教育做出一己之重大贡献的目的。也就是说在创立之初，ETS 就有了一个宏大而又切实可行的目标。当然，这和综合国力密不可分，但更重要的是它在庞大的测评业中准确合理的自我定位和对象选择。九层之台，始于垒土，最初的方向定位与价值取向对于培训业、测评业的发展至关重要。

ETS 自 1947 年正式成立以来就开始提供各种测试和语言能力等级评定服务，至今范围已遍布全世界。随着 ETS 的不断发展，该机构现已每年组织超过 5000 万场考试，其中包括托福、托业、GRE 以及 Praxis（美国中小学任教资格考试一种），范围覆盖世界上 180 多个国家的 9000 多个地区。

根据 ETS 官方提供的材料，可以了解到 ETS 是一个非营利性教育机构（Non-profit Organization），其任务在于为美国教育中的语文能力测评业做研究和辅助，不依托美国政府或任何州政府而自主运转，且不受国家或者州政府政治背景庇护。ETS 的测评研究人员由来自各地的优秀科研人员、心理测评师和测评专员组成，来支持这一非营利性机构与教育测评相关的各项工作，具体分为测评发展和分析、测评研发及政策研究三方面。

在 ETS 发展的数十年中，还有一些产生过重要作用或作为重要转折点的事件，如 1947 年，ETS 确立非营利性教育机构的性质并正式成立，建构并提升科学人文教育领域内的测评机制。二十世纪六十年代，ETS 的研究者致力于开发能够使测评更具有效性的发展策略，如验证性因子分析方法，如今已经应用到了包括语文能力测评业在内的众多社会科学领域中。其后，ETS 更多地致力于通过研究自身反馈理论来促进教育和心理测评机制，具有很强的开创性与先驱性。在现今世界中，它的测评机制已成为一种普遍的、针对广泛多样的实践性测评问题的族群式统计工具体系。二十世纪七十年代，ETS 研究者开发出一种实验性的适用于计算机的测评机制，开发出一种统计分析的方法，可以用来找出丢失数据，并且被普遍应用于社会科学领域。二十世纪八十年代中期，ETS 开始致力于计算机科学、数学以及建筑方面开放问题的自动评分系统研发，且开始实践可操作性极强的适用于计算机的测试，经过不断改进完善，最终形成了后来的“机考”。

进入二十一世纪后，ETS 开始了更为广泛的测评内容开发和数据统计系统研发。主要服务于 K－12（截至高中教育阶段）用户并为英语学习者提供更为满意的、切实可行的语文能力测评系统。事实上，这也是 ETS 在遭遇了危机后所采取的一个较大的转变举措，因此随着社会各界对于初等教育的不断重视，ETS 便在原本有些单一的服务对象中注入了新的血液。针对 K－12 的服务项目的具体内容包括测评衡量学生成绩，达到符合联邦、州政府所提出的教育责任的要求，为教师、学校、学生实现各自教育目标，在此基础上辅助基础教育以及高中教育全面提高，制定个性化的测评机制以及标准。可以看到，ETS 曾经长期主要依靠托福与 GRE 在全世界范围内的普及性以及认可度来不断地扩张市场，但在产业链条中，对象过于单一或者说过分地依靠某一项目，虽然在短时期内可能会达到一定的效果，但长期下去则可能导致产业链单一，缺乏多元化的目标对象，难以在竞争日益激烈的市场中长久挺立。

（三）国内语文能力测评业概述

近年来中国国内的语文能力测评业同样在迅速发展着，有些项目已经有了相对较长的历史，例如全国大学英语四级、六级考试，专业英语四级、八级考试等。大学英语四级、六级考试是由教育部主办的一项英语能力测评，旨在对大学生的实际英语能力进行客观、准确的测量，为大学英语教学提供服务。大学英语考试是一项大规模标准化考试，在设计上必须满足教育测量理论对大规模标准化考试的质量要求。教育部任命成立“全国大学英语考试委员会”，设顾问二人，主任委员一人，副主任委员若干人，专业委员会委员和咨询委员会委员各若干人。具体考务工作由教育部考试中心负责。可见，大学英语四级、六级考试是由政府力量主导并组织的，这和美国的 ETS 有颇多不同。近些年来，大学英语四级与六级考试虽然在内容上有所变化，但整体形式与计分方式等却没有明显改革。

此外，国内还有全国英语等级考试（Public English Test System，

简称 PETS)，由教育部考试中心设计并负责实施。它作为中、英两国政府的教育交流合作项目，在设计过程中得到了英国专家的技术支持，共分五个等级，考试内容包括笔试和口试，两部分均合格者，由教育部考试中心颁发《全国英语等级考试合格证书》。该证书既可作为持有者英语能力水平的权威性证明，又可为各单位判断待聘人员和在职人员的英语水平提供标准。其中 PETS－5 是最高级别，是为申请公派出国留学人员设立的英语水平考试。

普通话水平测试（PSC）是我国为加快国家通用语言的普及进程、提高全社会普通话水平而设置的一项口语测试，全部测试内容均以口头方式进行。普通话水平测试不是对口才的评定，而是对应试人掌握运用普通话所达到的规范程度的测查和评定，是应试人的汉语标准语测试。普通话水平分三级，每级分甲、乙两等，一级为标准普通话，二级为比较标准的普通话，三级为一般水平的普通话。《中华人民共和国国家通用语言文字法》规定："以普通话作为工作语言的播音员、节目主持人和影视话剧演员、教师、国家机关工作人员的普通话水平，应当分别达到国家规定的等级标准；对尚未达到国家规定的普通话等级标准的，分别情况进行培训。"据此，国家有关部门作出规定：播音员、节目主持人和影视话剧演员的普通话水平应达到一级甲等，语文教师应达到二级甲等以上，其他教师最低应达到二级乙等。《普通话水平测试等级证书》是证明应试人普通话水平的有效凭证，由国家语言文字工作委员会统一印制，全国通用。普通话水平测试具有国家法定效力，这也在很大程度上有助于其实现推广的速度与广度，全国每年都有超过百万人参加测试，其推广与传播发展也切实有效地促进了各民族、各地区的经济、文化交流。据统计，2011 年度，全国共有 4, 090, 167 人次参加了普通话水平测试，其中公务员 99, 469 人次，教师 338, 752 人次，学生 3, 378, 127 人次，广播电影电视系统 7127 人次，社会其他人员 266, 692 人次。

为了建构覆盖听、说、读、写以及分别针对母语为汉语的人士、母语为非汉语的人士的全方位的语文能力测评体系，近些年来，国家语委还相继推出汉字应用水平测试（HZC）、汉语口语水平测试（HKC）、汉语综合能力测试（HNC），三项测试目前都还处于试点阶段。其中汉字应用水平测试、汉语综合能力测试为汉语母语测试。

由天津市语言文字测试中心研发的汉语口语水平测试专为母语非汉语人士设立，该项测试为计算机辅助的口语测试，分三级九等，在韩国、日本及东南亚产生了一定的影响。此外，在国家语委支持下，天津市语言文字测试中心还研发了“普通话演讲水平测试”“普通话朗诵水平测试”等项目。

根据国内市场的需求，语文能力测评机构也在逐步推出新的测评项目，例如职业汉语能力测试（ZHC）。它由人力资源和社会保障部职业技能鉴定中心（OSTA）组织研发，测查应试者在职业活动中的汉语实际应用能力。该测试于 2003 年 12 月开始推广，主要面向以汉语为母语、有求职需求的人群。其功能在于：考查一个人运用汉语进行交际的能力和逻辑思维能力，衡量一个人解决问题的能力和再学习的能力，预测一个人在实际工作中的工作绩效和发展潜力。并且，在 ZHC 分析报告中提到“旨在以精确的测试数据、专业化的分析方法，为个人和单位提供特色增值服务”①。“根据某一特定人群的测试结果，对该单位汉语能力的整体水平做出评估，通过汉语能力的结构化分析，找出该单位在语言交际能力方面的优缺点，从而为企事业单位制定员工培训计划、改进职业培训工作、提高绩效水平提供可靠依据。并根据测试结果对应试者的汉语能力做出判断，并指出应试者在特定测试群体中所处的位置，同时根据单项分数进行个性化解释和能力描述。为科学、全面评价应试者作为核心能力的语言能力提供了有效工具，也为企事业单位招聘、选拔人才提供了重要依据。”② 可以说 ZHC 考查所涉及的专业性与针对性较强，且具有相对完善的测评反馈机制。

（四）语文能力测评业的开拓前景

在语文能力测评的产业链条中，要不断完善测评业的管控机制和服务对象的细分，还要重视反馈信息的提取和跟踪。此外，在产业链中向上追溯，语文能力测评业的上游还有语言培训业。语言培训业和语文能力测评业是相辅相成、密不可分的，二者的互利共生也是产业链能够完整并流畅的有利条件。语文能力测评的前期培训

① http：//yuce. cnu. edu. cn

② http：//yuce. cnu. edu. cn

主要包括以下几个要素：培训机构、师资、教学内容、教学形式与媒介。

当下，孔子学院虽已遍地开花，呈现一派欣欣向荣的景象，但其中也有不容忽视的问题。众所周知，我国的对外汉语教学与培训主要由国家汉办系统负责管理并组织测评。孔子学院作为非营利性机构，完全由国家投入，并未真正进入市场，这不仅使其自身运转压力加大，也不利于汉语培训及测评的产业化发展。法国设在各地的法语文化中心、西班牙的塞万提斯学院、美国的 ETS，虽然同是语言和文化传播机构，但它们的运转方式、工作机制却与孔子学院大不相同。

在 2010 年“两会”期间，新东方总裁俞敏洪提出“关于国家大力支持民间力量参与对外汉语教学的建议”。俞敏洪一直致力于英语培训，正是由于这个坚实的基础，他关于对外汉语教学的意见也就更值得参考。他的建议如下：

1. 国家鼓励民间力量参与对外汉语教学，对从事对外汉语教学的民办教育机构给予政策支持、税收优惠和政府奖励。

2. 将民间对外汉语教学机构纳入到国家汉语对外推广的体系中来，由国家汉语国际推广领导小组办公室对其进行宏观指导、统筹规划、资源整合和对口管理。

3. 采取国家投资、民办教育机构管理运营的模式在海内外开设市场化运作的对外汉语教学机构，通过商业模式维持营收平衡，减轻国家投资的压力。

4. 国家为民办教育机构在海外建设汉语教学基地提供外交支持和舆论宣传。在国家投资和非营利性的原则下，允许民办教育机构参与孔子学院的运营管理。

5. 国家投入资金，支持民办教育机构建设对外汉语网络教学系统，通过在国外被广泛应用和认可的互联网教学模式，让更多的人群能够便捷地接受汉语教学服务。

6. 政府相关机构、公办对外汉语教学组织、民办教育机构互相开放、共享对外汉语教学的理论成果、办学经验和知识资源库，合作开展教材研发和师资培养。

7. 设立对外汉语教学及汉语推广机构协会，作为对外汉语教学机构和政府相关组织沟通的桥梁，负责协调各级各类对外汉语教学机构的合作和交流。

8. 授予符合条件的民办教育机构对外汉语教学师资培养资质，设立专项基金，支持民办教育机构开展对外汉语教学师资培训和志愿者培训，以加大对外汉语教学师资培养力度，鼓励更多青年加入对外汉语教学事业。①

关于汉语培训及其测评的产业化问题，新东方教育发展研究院院长王强认为："中国要和目前在华以及即将来华的企业之间形成一种战略伙伴关系，即由中国自己的教育机构来完成汉语教学、汉语推广的知识产权的研究，要借鉴英国当年将英语作为世界语言的做法"，"在如今的现实中，中外教育机构其实是同时起步，中国人有先天的优势，就应该迅速利用这种优势，成为知识产权的拥有者，新的汉语教学方法论、新的推广平台，有效的系统必须迅速地来构建起个平台，才能变成中国人的商机"，"中国学英语的人一提起教材，马上就想到《新概念英语》，现在国内一年有三百万人在使用这套教材，如果产权属于中国人，效益就可想而知了。所以商机不是某个具体产品的推出，更重要的是平台的构架。当你已经形成汉语大系统，别人又要跟你对接的时候，你就是商机的获益者"。②

我们也要看到现在已有的成果。例如"2007 年 2 月 10 日在印尼阿森加新雅学院举办汉语教学讲座，邀请来自中国燕京文化专科学校潘汉亮副校长和董玉国教授主讲了《燕京教学法》，这是一项全新的汉语教学法。并且介绍了燕京文化专科学校新开发的《读写汉字》、《燕京教学法》和《中国通》汉语学习软件等。"③

此外，除自身内容的不断更新与调整，国内语文能力测评业的发展与产业化推进还需重视自身传播效能与市场周知度及认可度的提升。无论何种产业，如欲不断发展，不断增加市场占有份额，一套完善的传播体系是不可或缺的。如今，信息传媒不断翻新，微博、微电影、静态电影、各类媒体的手机客户端以及智能手机的不断普及与技术创新，都为信息传播与产业推广提供了很好的平台和途径。

---

① 参见 2010 年"两会"期间俞敏洪提案《关于国家大力支持民间力量参与对外汉语教学的建议》。

② 《华声报》2006 年 10 月 25 日。

③ 中国侨网 2007 年 2 月 12 日。

国内语文能力测评可以尝试放下某种“权威”或刻板姿态，真正接地气，搭建一个与广大考生乃至社会公众进行双向沟通交流的广阔平台。语文能力测评项目的研发与管理者也可深入开展“语文测评访听解”工作，了解目前社会各类人群的语文能力测评需求与困难所在，进行基层调研与走访，搜集问题，最终通过各类传播平台与途径解疑答惑。微博等新媒体可以为语文能力测评带来全新的沟通交流渠道，让更多的人通过形象直观、自由发言且具较高参与感的途径了解我国目前的语文能力测评形式及内容。同时，机遇往往也伴随风险，在瞄准机遇时需注意风险管控，制定相关风险防控方案，搭建绿色和谐的传播互动平台。紧跟社会动态，及时更新测试内容与传播展示内容也将成为未来语文能力测评业的主要任务之一。如果在较长时期内呈现一成不变的用户界面、传统刻板的操作方式、相对灰暗的色调，就将对语文测评的推广形成某种阻碍。语文能力测评的重要目的之一是为更多人提供相互交流的机会，提供了解语言背后文化和历史的窗口，那么在与之相配合的产业宣传层面，在线下场地活动宣传推广的同时，也应充分利用网络实时发布的功能，形成“线上＋线下”双重传播体系，为广大关注者带来新鲜及时的内容。简而言之，语言测评机制的系统建构是产业化的重要根基，测评内容的不断调适更新是产业化的内核驱动，为更广大的人群提供符合需求的服务是完善产业链条的关键，良好的传播途径及宣传规划是丰富产业链的抓手。

最后，在所有的语文能力测评及培训产业中，都需要时时兼顾语言与社会的紧密关联及互动影响，并处理好一系列存在已久的问题。例如方言与普通话的关系、母语与外语的关系、母语的水平及其自我认同、区域性的地方语言的自我认同等等。诚然，在商言商，但万物一理，其极一也。形而下之商、形而上之文化、宇宙苍生之大道，三者都必须秉承一以贯之之道。也就是说，语言产业、中国的整体语言文化之命运、语言理论的研究探索、人道关注与社会责任感，都必须作为一个整体结合起来考虑和参与运作。其实，语言文字作为国家民族智慧的结晶与文化的承载，从来都关系着世风国运，也牵连着世道人心，这个看似过高的目标，反而是最实实在在的。每一个运作语文产业的人，都应当在商业竞争与牟利的同时，考虑到社会语言生活的走向、民众生活的状态与各民族文化的可持续的传承发展。语文能力测评业是一个充满潜力的朝阳产业，努力解决其中存在的问题，成功的将不仅是语文能力测评业自身，而且是国民语文能力的提升，更是国家文化的被认可及广泛传播。

二、典型案例

（一）托福考试（TOEFL）

上文已做简要介绍，托福考试（Test of English as a Foreign Language）是目前国内参与测评人数较多的国外语文能力测评，也是众多渴望留学者的重要硬件条件。作为世界上接受度极高的英语语言测试之一，托福考试被全球130个国家超过8500所学院、大学和教育机构认可。测试点分布在165个国家，约4500个。据统计，截至2013年3月，已有超过27，000，000人次参加过托福考试，平均水平在中级和高级之间。

由统计数字不难看出，在过去的几年中，托福考试进一步推动着在全球范围内更强大的普适度。托福考点数量没有增长，然而全球范围内接受并认可托福测试成绩的院校增加了1000所，参加测试人数由2400万增加至2700万。据ETS官方调查统计，在对全美263所院校招生处的抽测中，其中212所表示认可托福与雅思测试成绩，但有152所表示更倾向于托福成绩。

在过去的三年中，托福在相关服务与产品优化方面有了较大提升。首先，ETS官方网站推出了TOEFL TV Chanel和TOEFL Video Library服务，为广大考生提供了官方参考素材。教学视频和图书馆服务属于测评产业的周边衍生产品，ETS已经充分意识到外围市场的可为性和广阔性，在沉淀几年后推出了官方考试指导，这两类服务为广大需要提升英语水平的人群提供了重要辅助，也是对测评系统本身的一种巩固与延展。托福电视频道被放在了全球视频访问最集中、最大的网站Youtube，此外，考生还可以通过耳机和托福电视频道进行交互式口语训练。当然，这些视频中，有些部分是需要另付费用的。其次，ETS为需要参加托福考试而身体有残疾的考生提供住宿和必要的医疗服务。在这项收费服务中，ETS向考生提供技术性辅助（屏幕放大、选择性背景颜色、Kensington球轨迹鼠标、触摸板键盘等），专业辅助（口语的手语翻译、试题朗读等），适应性服务（测试的音频卡带、延长测试时长、测试内容放大等）。首次向

ETS 提出申请住宿的考生，在二次参加测评时可继续在登记后使用前一次申请的住宿资格，无需重复申请。从诸如此类的细节设置中可以看出托福为身体残障受试人员提供了全方位、个性化的服务，同时也让测评更具人性化关怀，体现了在语言和文化面前每个人享有的平等权利。

托福考试在几年内所做的调适更新，使之由一种单纯的认可度较高的语言测试向具有更完善体系及周边产品与服务的语文能力测评产业链延伸，在保障获得可观经济效益的同时为考生提供了专业且更具人性化的服务。但其中也存在一些问题，例如托福目前大范围采取的网络机考模式，会由于考生提交试题速度过快，并且同一时间提交数量过多致使系统识别能力降低，造成系统无法记录参试者答题情况，只得做零分处理。这对考生的影响是十分严重的，目前这种现象仍然时有发生，且未能得到妥善处理，考生有苦难言，只得待时再战，而同时自然也伴随着考生自己承担的经济损失。ETS 关于托福网考的费用给出范围是“US $ 150 to US $ 225”，根据国家不同而有不同标准。按照美国教育考试服务中心（ETS）通知，托福网考（TOEFL IBT）调整相关服务收费标准。自 2012 年 10 月 10 日 0 时起，考生须按调整后的金额支付考试相关费用。托福网考相关项目费用调整后标准如下：考试费 1500 元，逾期报名附加费 235 元，转考费 535 元，恢复已取消的成绩 135 元，成绩单增送费（每份）120 元，口语或写作单项成绩复议 535 元，口语和写作双项成绩复议 1067 元，托福复习套餐（1）1195 元，托福复习套餐（2）660 元，托福复习套餐（3）325 元，托福复习套餐（4，仅模拟考试）180 元。

（二）研究生入学考试（GRE）

研究生入学考试（Graduate Record Examination）是曾一度被戏称为“God Read English”的“天书英语”，但这并不能阻止其在中国的广泛拓展，数量巨大的学生为了获得更好学校的青睐以及为留学加分，均参与由 ETS 主办的 GRE 考试。

在近几年的发展中，ETS 对所有网络宣传页面进行了较大修改，在 GRE 的宣介中这样写道：“参加测试进入研究生院或商学院，获得更多成功机会。”这样的宣传语对于想要参加语言能力测评的考生来讲显然具有很大的吸引力。通过这类宣传，GRE 不是将自身定位于普通的语言类测试，而是将自身与考生未来的生活与机遇联系在一起。ETS 在描述 GRE 时称“GRE 会让你更轻松地开启你的未来”，这与商品广告极其相似，某某品牌的用品往往在广告语中与人们生活品质的提升或者获得更好生活体验的标志联结在一起，GRE 通过这样的语言切中考生迫切需要改变自己现状并获得更好院校青睐的渴望，以及希望在同辈人中出类拔萃的“从优”心理。近几年，GRE 对考试内容、成绩派送服务、测评增值及免费服务等均进行了较多调整与改革。2011 年 8 月，为了更好地检测考生的思维能力及相关知识水平，同时为了扩大 GRE 对商学院录取的影响，ETS 决定对传统的 GRE 考试进行改革。新 GRE 考试借鉴 TOEFL IBT 的测试方式，采取基于网络的考试方式，同时增加考试次数以提供更多机会。GRE 在考试内容方面，不仅进行题型改革，而且增加了“加试”部分，该部分内容不计入成绩，但是由于考生并不知道此加试部分出现在考试的哪些板块中，所以每一题仍需全力作答。

此外，ETS 在 GRE 用户注册及使用界面设计上也进行了完善，使 UI 界面更加友好和易于操作及查询所需信息。不仅如此，ETS 还紧密配合当前新媒体平台开发增值服务内容并针对 Iphone 手机用户推出了 GRE 手机应用，这一应用也在苹果网络商店中热销。由此，用户可以随时随地掌握 GRE 考试动态，并通过付费购买方式获取特别服务。在这一点上，ETS 可谓抢得先机，从而将语言能力测评与产业运作结合，立即占据了市场优势。

GRE 相对于托福的不同之处在于，不对口语表达和听力进行考查。通常留学申请者要分别参加两种考试，并将成绩提供给申报学校。但由于两种考试的认可度较高，同时考试成绩高低和被认可度的高低也成正比，所以考生也就多次参加考试以求高分。另外一点不同之处则在于考试场次安排方面。GRE 根据北美众多学校的开学时间，每年只安排两次考试，如果考生抓不住这两次考试机会，只得收拾行装另待来年。似乎也正由于这一原因，使得 GRE 的考试成绩更具权威效力。在成绩递送方面，与托福类似，可由考生自行选择 5 所学校，由 ETS 免费递送。尽管 GRE 的难度较高，然而每年仍有来自全球 230 个国家和地区的 60 余万名申请者参加 GRE 通用考试。参试者学术背景与国籍不尽相同，但 GRE 通用考试成绩只提供作为比较他们自身条件的最为一般的衡量标准。

ETS不断发展，走向更加系统完善的产业化经营，随着GRE和托福在世界各大院校认可度和接受度的不断提升，ETS测评产业的市场份额占有也持续推进。这是因为，首先，ETS的产业化举措基于对自身测试产品的清晰定位、对测试内容的相应调整，拓宽测评产业增值服务，发展人性化的“菜单式”服务等。产业化不仅形成具有严格流程与完整体系的语言测评链，而且通过产业化的方式成功地向全世界推广英语文化，进而形成具有文化影响力的语言产业经济圈。ETS将托福与GRE的功能与相应的参与人群作出某种区分：托福主要针对那些希望对自己英语语言水平进行细致分类检测的更广泛人群，GRE则是针对那些迫切希望改变自己境遇得到更好院校青睐的群体。其次，ETS在市场推广中还不断强化不同测试的作用及能够达到的目标，如GRE强调能够让考生获取更多机遇和选择，当然这也和ETS根据院校所需的高标准人才能力对试题进行不断更新有着不可分割的关系，由此也进一步加强了测试的权威性与认可度。再次，ETS注重对周边产品的开发与服务的人性化，让考生能够通过新媒体的便捷渠道获取最新考试信息，无处不在的传播与信息递送让GRE考生体会便利及测评项目与日常生活的紧密衔接。

（三）雅思考试（IELTS）

雅思考试全称为International English Language Testing System（国际英语语言测试系统），由英国文化协会、剑桥大学考试委员会和澳大利亚国际教育开发署三方共同合作研发与管理，是为打算到英语国家学习、工作或定居的人们设置的英语水平考试。该系统甫一面世，ETS立刻有了警觉。毕竟，雅思是由三方共同合作研发并管理，单就公平公开性来讲，似乎就要比ETS的垄断式管理更胜一筹。

雅思内容分为听、说、读、写四个部分。在阅读与写作部分中，根据需要不同分为两种：学术类（Academic），多用于留学；培训类（General Training），多用于移民。雅思与托福在考查分类上相同，区别之处在于雅思的听力考查形式更为灵活，不仅超越了四选一的单项选择模式，更有地图标记、表格填写、个人总结归纳式的开放性答卷等形式，内容更为多样并贴近社会日常生活，涉及从课堂讲座到租房、贷款、旅游、入学手续等，相比之下，托福内容似乎较为刻板。雅思目前仍采取纸考形式。但两种测试最大的区别在于雅思的口语测试采用考官与考生面对面对话方式，英国考官现场出题，考生在思考后作答并与考官进行交流。这与人机对话形式大为不同，可以有效降低由于某些考生因说话音量较小或其他情况造成系统无法或难以准确记录声音导致成绩不理想的可能性。为防止考官的主观性偏颇，2008 年推出了新的口语测试发音评估表，可以更精确地反映考生发音水平。不仅如此，面对面交流方式在要求考生准确流利地回答问题之外，更潜在地要求考生有相当的个人素养。例如，进门时能否主动向考官问好，离开时是否将椅子放回并对考官表示谢意等。雅思始终坚持纸质答题及人对人口语测试，这与美国 ETS 所开发的几类语言测评不断网络化不同。雅思测试一直秉承以语言沟通世界的原则不断改革考试内容与形式，并寻求为全世界广大考生提供更加完善的考务服务，也为院校提供择优录取学生的标准与参考。

雅思发展势头锐不可当，到 2008 年已获得 8 所美国常青藤联盟名校的认可，总计有超过 2000 所美国院校认可雅思成绩。据英国 BBC 英伦网报道，雅思越来越受欢迎，2010 年全球共有超过 150 万人次参加，其中北美地区人数增加最多，其次是菲律宾和中国香港，而中国大陆、澳大利亚和印度则是雅思最大的市场。全球已有超过 7000 个机构接受或承认雅思成绩，或依赖雅思成绩判断应试者的英语水平。雅思已在全球 130 多个国家和地区设有 800 多个考点。雅思在中国的报名考试费自 2011 年 3 月 16 日起，从 1450 元上调至 1550 元，而报名人数却仍在日益增多。

雅思自 1989 年进入中国，目前已有超过 20 年的发展历程。随着科技进步，雅思的运作与宣传也因地制宜、与时俱进，让更多的人了解和参与。近几年来，雅思在传播渠道上大做文章，更加灵活、多元并充分结合中国本土网络传播文化境况。在进入中国 20 周年之际还专门制作了 20 周年纪念短片，片中邀请了各类权威培训机构负责人表述自己对雅思的评论与认可，精心设计的视听材料在传播效能上胜于文字罗列，更具直观形象感与说服力。更重要的是全片以沟通、科学、权威作为雅思测评的文化定位，用明快、活力、青春、梦想的拍摄视角，传递一种积极向上的生活态度，同时有效引导考生认可雅思为自己生活带来的改变。全片围绕“Say Hello to the Future”展开，并反复强调其一贯的宣传宗旨“我们为更多有志中国青年提供更好的平台与途径接近梦想”。与 ETS 相比，这样直观与形象的表述更具号召力与目标延伸的长效性。此外，雅思官方比 ETS 更能够本土化，并深切意识到在产业化的路上交互式沟通平台至关重要。雅思在传播渠道上充分利用发展迅速的新媒体社交网络，开通新浪微博（粉丝人数 185, 814）、腾讯微博，同时也没有放弃 SNS 社交平台，并开通雅思人人网官方账号。微博内容有的与考试相关以向考生提供实时学习英语的机会，有的提供考试提示，有的转播各类英语创意视频等。这些都为广大英语学习者以及准备参加考试的人提供了直接交流沟通的平台。

雅思的迅猛发展让 ETS 不得不为自己的前途担忧。在同雅思的竞争中，愈发凸显了 ETS 测评内容与方式上的一些弊端，ETS 测评水准的有效性和权威性也因此受到了不同程度的挑战和质疑。如 GRE 未设置听力测试，在单词的考查上过于专业和刁钻，很多考生反映有些词只有在 GRE 中才会用到，在很大程度上脱离日常的学习、工作和生活。

这种危机的产生及应对均与 ETS 的体制有密切联系。ETS 是一所非营利性教育机构，其测试及研发不受政府政治权威的保护，在测评业中自主沉浮。这样的模式注定其可以在相对较大的自由度内为考生提供针对性测评。由于摆脱了政府政治力量的影响和干涉，ETS 更多地遵循市场规律，在一个开放的、自由竞争的市场中发展，如此一来，优胜劣汰的自然法则便时刻发挥作用。为了避免被市场淘汰，ETS 便需要不停地改革自己的测评内容及方式，以求能够适应最新的市场需求。ETS 在持续发展中相对地垄断了美国的测评业，直至雅思的出现，竞争使得整个市场不断繁荣进步。另一方面，这种不由政府力量推行的非营利性机构，需要时刻以高质量的测评系统和具有效力的测评结果来证明和维护自己的市场信誉。统观市场，托福、GRE 乃至整个 ETS 是不曾在商业广告中出现的，它们所能依赖的只有将份内之事做到优秀乃至完美，依靠口耳相传来博取市场的信赖，由此逐渐在市场中树立地位和专业权威性，让美国的高等院校充分地信任由 ETS 作出的测评结果。

然而 ETS 始终没有逃脱愈演愈烈的信任危机以及权威挑战，这个问题于2001年再度爆发。国内知名培训机构和美国ETS针对试题的知识产权以及中国学生成绩可信度问题争论不休，甚至要闹上法庭。也许是感到越来越多的中国考生及亚洲其他国家考生可以相对轻松地考取较高的分数甚至满分，然而有些高分考生却在生活中难以用英文沟通交流，这便致使ETS测评效力受到了美国一些高校的质疑，ETS对自己的权威性被撼动甚为惊慌。这是一场论战，一场美国ETS机构与中国广大考生之间的论战。然而，结果是显而易见的，ETS仍旧能够在这种博弈中占上风，因为ETS和各院校之间在诸多方面的相互关联程度较高，且ETS自身不断地修正、改进，它似乎永远不必担心没有考生参加测试，在中国看到的具体情况正是托福报名的考位紧张依旧。

在这场论战中，新东方教育科技集团董事、新东方文化发展研究院院长徐小平在接受采访时说："如果SAT（美国大学入学考试）被取消，ETS 70%的生意就没了，如果GRE的权威再受到挑战，ETS剩下的就只有20%了，托福正面临着来自英国雅思的全面挑战，雅思夺走了托福7/10的领地，这样ETS只剩下13%的市场份额。同时，GRE只在美国和加拿大有效，并且部分高等院校并不看重GRE成绩，澳大利亚马上要取消托福，ETS确实面临了生存的挑战。然而，它将来自全球的挑战转嫁到了新东方头上。所以纠纷的本质是ETS想转嫁危机，恢复其在美国大学里的可信度。解铃还需系铃人，其实，ETS解决危机的途径是将中国GRE的版权合法化。"① 这场论战最终不了了之。新东方几次请求"和平对话"，ETS都以"沉默是金"做出回应，并且高调宣称中国的培训机构盗取了ETS的试题版权。ETS应该看到，没有理由要求全世界的考生为考题保密，走出考场，难免会交头接耳几句，甚至在参加过多次考试后，考生自己也能发现ETS有些题目是重复使用的。这实际上对ETS提出了一个十分严峻的问题，究竟该采取什么样的测评机制，才能不只啃"寄托"，而让ETS真正有所寄托。

（四）我国对外汉语能力测评

目前，我国负责对外汉语能力测评的机构主要是国家汉语国际

---

① 《青年参考》2001年3月9日。

推广工作领导小组办公室（简称国家汉办）。国家汉办/孔子学院总部是教育部下属的事业单位，致力于为世界各国提供汉语言文化的教学资源和服务，最大限度地满足海外汉语学习者的需求，为携手发展多元文化、共同建设和谐世界做贡献。其职能主要包括：制订汉语国际传播的方针政策和发展规划；支持各国各级各类教育机构开展汉语教学；指导孔子学院总部建设孔子学院；制定对外汉语教学标准并组织评估，开发和推广汉语教材；制定对外汉语教师资格标准并开展培训，选派出国对外汉语教师和志愿者，实施汉语作为外语教学能力认证；制定对外汉语教学网络建设标准，构建相关网络平台并提供资源；开发和推广各种对外汉语考试。据国家汉办/孔子学院总部发布的数据，截至 2013 年 6 月，孔子学院总部已在 113 个国家和地区建立 420 所孔子学院和 591 个孔子课堂。2012 年全球孔子学院注册学员达到 65.5 万人，海外学习汉语人数超过 4000 万。孔子学院通过特色化办学与多角度的社会服务，不断拓宽办学渠道，并增进了中外文化的交流与合作。

汉语水平考试（HSK）、商务汉语考试（BCT）、中小学生汉语考试（YCT）由国家汉办组织测试并进行评定。

“新 HSK 是一项国际汉语能力标准化考试，重点考查汉语非第一语言的考生在生活、学习和工作中运用汉语进行交际的能力。新 HSK 分笔试和口试两部分，笔试和口试是相互独立的。笔试包括 HSK（一级）、HSK（二级）、HSK（三级）、HSK（四级）、HSK（五级）和 HSK（六级）；口试包括 HSK（初级）、HSK（中级）和 HSK（高级），口试采用录音形式。”①

“商务汉语考试是为测试第一语言非汉语者从事商务活动所应具有的汉语水平而设立的国家级标准化考试，由中国国家汉语国际推广领导小组办公室委托北京大学研制开发，英文名称为 Business Chinese Test，简称 BCT。商务汉语考试考查应试者在与商务有关的广泛的职业场合、日常生活、社会交往中运用汉语进行交际的能力。实用性、交际性是考试的主要特色。中国国家汉语国际推广领导小组办公室全权领导商务汉语考试，并颁发《商务汉语考试证书》。商务

① http：//www.hanban.edu.cn

汉语考试每年定期在中国和海外举行。”①

自2004年以来，国家汉办组织中外汉语教学、语言学、心理学和教育测量学等领域的专家，在充分调查、了解海外中小学实际汉语教学情况的基础上，开发了中小学生汉语考试（YCT），旨在鼓励汉语非第一语言的中小学生学习汉语，培养、提高他们的汉语能力。

汉语国际传播领域中的测评业实际上尚未开发完善，虽然已经有了较为明确的目标对象设定和针对不同层次的测试内容，但仍然未能形成成熟的产业化链条和经营模式。这涉及到汉语能力测评在实现产业化的过程中要注意些什么问题。

首先，分析测评业的整体管控机制，是由政府部门下属的事业单位负责。事业单位虽然不以营利为目的，但与脱离政府的非营利性机构是不同的。由事业单位组织的测评是没有真正投入到市场竞争中去的，换句话说是缺乏竞争对手的。所研发的测评项目是由国家保障其有效性和权威性，没有任何其他机构可以同其竞争或对它的权威性构成威胁。这对于初期的发展推广有一定的优势，避免了水准不一、半路夭折、搅乱市场等问题。“物竞天择，适者生存。”这样的组织管理机制从长远说是不利于产业化发展的，所形成的一种权威垄断，在无法对其进行质疑的同时，也便无法实现“公众监督—批评建议—自我反思—精准适应市场—与时俱进并创新完善”这样一条良性循环链条。产业化经济便是要真正投入到市场中去，接受市场需求的检验，根据需求来不断调整和改善。但现在的情况是需求者无法选择，造成了绝对的卖方市场。这有悖于产业化的自由竞争，只有在市场中不断磨练才能使项目更有针对性和效力。

其次在于市场定位。一个领域若想朝产业化方向发展，就要有对需求者的明确定位，针对不同需求来进行内容和形式的设置。我们看到了汉语能力测评领域的进步，从最初的HSK到改革后的HSK以及少儿汉语考试、商务汉语考试再到职业汉语能力测试。如果想在产业化浪潮中真正站稳脚跟，就必须细分市场和对象需求，这样才能多元化，才能更好地发展。例如，由于汉语本身的文字识别难度以及发音难度较拼音文字的难度更大，针对中小学的汉语能力测评，是否可以考虑增加更多的趣味性内容，如故事讲述或书法之类，

① http：//www.hanban.edu.cn

以增强语言学习的兴趣。又如，针对那些想要到中国深造学习、进一步了解中国文化的学生，可以增加考查其中国文化的基础内容，进行语言背后的深层文化思想的扩充与传播，而不仅限于一种语言能力测评。我们应该看到，在全球化的西方语言主导下，在中国民众特别是青少年将宝贵有限的时间普遍集中于学习西方语言的严重倾斜情势下，在当代中国社会自身对于本土语言文化的漠视背景下，汉语能力测评产业化的道路注定前途光明，同时也注定道路崎岖。

再次，除了客体分析外，更重要的因素在于主体。在国内，汉语学习与推广很容易遭到由主体性缺失引起的自我消解。例如，在外籍汉语学习者想要与国人交流、练习汉语时，国人却往往更愿意抓住这个机会锻炼外语口语，这种现象会使外籍汉语学习者产生一种虚幻的语言优越感。对比之下，我们在海外学习他国语言，对方却较少用汉语或者是为学习汉语而和我们交流，这背后固然是那些巨大深刻的政治经济因素在起着决定作用，但其中也多少包含着我们对自己的语言文化不够自信的因素。我们推广汉语及其测评的主要目的是要在全球化、多语种、多文化的世界中形成一种会通，并在会通中更强地认同和彰显自身。又如，有人戏用 HSK 的难度和托福、GRE 的难度作比较，为何我们要在英语有了相当水平的基础上，依然要费尽九牛二虎之力才能拿到一个相对满意的成绩，而外籍来华人员却能悠闲自得地参加似乎有些过易的汉语水平考试，GRE 的考题也从来不会因为考生每日挑灯夜读而进行任何难度调整。我们不能让汉语学习与推广还未走出国门就自我消解了。这与一直以来国内的语文教育及其测评有着重要的联动关系，似乎在各年级各层次学生的眼中，“语文”仅仅只是需要通过的考试中的一门而已，而在大学生中，无论学习何种专业，也大都是每天四、六级单词不离手，然而又有多少人能主动翻阅和熟读中华文化的古代典籍，作为母语的汉语教育及其测评走向了边缘，这些都值得我们深思。在此我们不妨回溯历史，中国比较文学先驱们的文化观点中包含的气度与科学精神，或可成为语言文化领域内许多事情的内在宗旨或实践操作之借鉴。一是吴宓所说的“昌明国粹，融化新知，学贯中西，博古通今”；一是鲁迅所说的“首在审己，亦必知人，比较既周，爰生自觉。与世界大势相接，思想为作，日趣于新。外之既不后于世界之思潮，内之弗失固有之血脉，取今复古，别立新宗”。

最后，是通过传播规划推动产业发展。近些年来，与国外语文能力测评相比较，国内语文能力测评业在官方网站设计、信息查询系统、网络服务系统等方面均稍逊一筹。如想推动产业化不断完善，形成完整流畅的产业信息流动与经济运转体系，良好的传播规划、全息的传播平台、多元的传媒渠道都是必不可少的，新工具与新方法的推进与创造在宣传推广方面非常重要。在信息化、全球化的时代，对于大众传媒的使用与合理占领，对于网络的拓展和主动出击，配合上有品位、有深度的文化宣传内容，必然能够在对外汉语培训与测评的组织与宣传上产生巨大能量。

后　记

因为对语言资源、语言产业问题有着共同的热情和关注，于是有了北京语言产业研究中心，有了《语言产业导论》，继而又有了《语言产业引论》作为《语言产业导论》的修订版。

《语言产业导论》从 2009 年上半年酝酿开始到结稿用了一年半时间，2012 年年初出版。同年 12 月 1 日，北京市语言文字工作委员会主办、北京语言产业研究中心承办的“第一届中国语言产业论坛”在北京成功举行。写作团队全体与会，受益匪浅，随即启动了对《导论》的修订。《语言产业引论》反映了写作团队一年多来的新思考新探索，如对“语言服务”“语言消费”等问题的讨论，同时，尽可能地更新了有关的数据，斟酌了有关的表述和体例并进行了勘误。从《导论》到《引论》，整个撰写过程始终得到时任教育部语信司司长、现任北京语言大学党委书记李宇明教授的关心和支持，他的一些见解为我们提供了思考的起点和重要的启示。

北京市语委办主任贺宏志博士是本研究项目的原始策划者，他为著作的撰写、修订和出版工作付出了大量的心血。北京语言产业研究中心主任陈鹏教授以及写作团队认真研究、反复研讨，大家都为能参与这一前瞻性的研究感到兴奋，并且珍惜这样的机遇。

本书撰写分工如下：第一章贺宏志负责，第二章李少春负责，第三章陈鹏负责，第四章姜国权负责，第五章李艳、李赫宇、高伟毅、王巍、戈兆一等负责。贺宏志、陈鹏负责全书的统稿。要特别感谢首都师范大学文学院研究生焦佳佳、孙雅坤、郭婷及文学院文化产业系本科生李烨、马晓雪、刘青等同学，他们为有关资料的收集整理付出了辛勤的努力。

虽经修订，但我们感到写作上的粗糙之处以及存在的问题肯定还有不少，敬请读者批评指正。

编写组

2013 年 10 月